日本語教員試験 対策用語集

岩田一成／大関浩美／篠﨑大司／世良時子／本田弘之

はじめに

これからの日本語教師として教壇に立つためには、どのような知識が必要なのでしょうか。平成31年に発表された「日本語教育人材の養成・研修の在り方について（報告）改訂版」では、日本語教師としての基盤となる「日本語教師【養成】に求められる資質・能力」が知識・技能・態度に分けて示され、それらを養うために必ず実施すべき教育内容が「必須の教育内容」と位置付けられました。必須の教育内容は3領域5区分50項目にもおよび、日本語そのものの知識や外国語としての指導法はもちろん、国内外における日本語学習者を取り巻く状況や環境に関わる社会情勢、学習者の心理など、非常に広い分野にわたります。これらに関する知識を身に付けて日本語教師としてのスタート地点に立つには、全ての用語をひたすら勉強していくのではなく、「本当に必要な用語」を効率的に身に付けていく必要があります。

本書は、過去23年分の日本語教育能力検定試験で実際に出題された試験データの分析結果に加え、新たに「必須の教育内容」に合わせこれからの日本語教育に必要と考える用語を厳選しました。それぞれの解説文は、今まで日本語教育に触れたことのない方でも無理なく理解できるよう、各分野の専門家が図解やワンポイントアドバイス、例を入れてしっかりと習得できるように工夫しました。

本書を手に取ってくださった皆さんが、しっかりと日本語教師として必要な基礎知識を身に付け、これからの日本語教育業界の担い手として活躍される人材になることを心より祈っております。

アルク　書籍編集部日本語チーム

※本書は、2019年アルク刊行の『改訂版 日本語教育能力検定試験に合格するための用語集』を増補改訂したものです。

日本語教師【養成】における教育内容
(必須の教育内容)

平成31年の「日本語教育人材の養成・研修の在り方について(報告)改定版」で示された日本語教師【養成】における教育内容(コミュニケーションを核とした3領域、5区分、16下位区分、必須の教育内容)を基に、令和6年に文部科学省は認定日本語教育機関で働く登録日本語教員を目指す人が最低限学んでおくべき「15下位区分」と「必須の教育内容」を「登録日本語教員　実践研修・養成課程コアカリキュラム」(以下、コアカリキュラム)にまとめ直しました。各分野でどのような知識が求められているのかを知っておけば、これから学ぶ新しい用語なども記憶に定着しやすくなりますので、一度目を通しておきましょう。

	3領域	5区分	15下位区分
コミュニケーション	社会・文化・地域に関わる領域	**【社会・文化・地域】** 日本語教師として、様々な国・地域からの学習者と関係を築き、教育実践を行うために、その背景となる、日本と諸外国の関係や国際社会の実情及び日本の外国人施策など日本の言語・文化・社会の特徴に関する基礎的な知識を有し、それらと日本語教育の実践とを関連づけて考えることができる。	①世界と日本
			②異文化接触
			③日本語教育の歴史と現状
		【言語と社会】 日本語教師として、学習者を取り巻く社会とことばの関係を常に考え続けるために、学習者が言語活動を行う社会とその社会において実際に使用されている言語との関係や、相互理解・相互尊重のためのコミュニケーションのあり方に関する基礎的な知識を有し、それらと日本語教育の実践とを関連づけて考えることができる。	④言語と社会の関係
			⑤言語使用と社会
			⑥異文化コミュニケーションと社会
	教育に関わる領域	**【言語と心理】** 日本語教師として、学習過程で起こる現象や問題、異文化に適応する際に生じる問題など学習者の内面で起こる問題の理解・解決に取り組むために、言語習得の仕組みや方法、異文化受容・適応に関する基礎的な知識を有し、それらと日本語教育の実践とを関連づけて考えることができる。	⑦言語理解の過程
			⑧言語習得・発達
			⑨異文化理解と心理
	言語に関わる領域	**【言語と教育】** 日本語教師として学習者の学習活動を支援するために、学習者の属性やニーズ等に応じた効果的な教授・評価の仕組みや、学習者を社会とつなげる様々な方略に関する基礎的な知識を有するとともに、それらを日本語教育の実践とを関連づけて考えることができる。	⑩言語教育法・実習
			⑪異文化間教育とコミュニケーション教育
			⑫言語教育と情報
		【言語】 日本語教師として学習者の日本語によるコミュニケーション能力を伸ばす効果的な教育実践を行うために、日本語及び言語一般に関する基礎的な知識及び教育を通じたエンパワーメントを行うためのコミュニケーション能力を有し、それらを日本語教育の実践に活用することができる。	⑬言語の構造一般
			⑭日本語の構造
			⑮コミュニケーション能力

「登録日本語教員　実践研修・養成課程コアカリキュラム」を元に作成

■必須の教育内容50一覧

養成課程コアカリキュラムには、P.3の5区分それぞれについての全体目標だけでなく、一般目標として15下位区分の解説も掲載されています。なお、「必須の教育内容」のうち〈28〉教育実習は実践研修コアカリキュラムに該当し、それ以外の49項目は「養成課程コアカリキュラム」に該当しています。

区分	15下位区分	必須の教育内容50
社会・文化・地域	**①世界と日本** 日本語教育が必要とされる社会的背景を考えるために、国際社会の実情と日本との関係、日本の社会・文化、学習者と日本との関係を理解する。	〈1〉世界と日本の社会と文化
	②異文化接触 多様な背景を持つ学習者個々に必要とされる日本語教育を考えるために、学習者が日本語を必要とするに至った経緯や、学習者と周囲との接触の状況を理解する。	〈2〉日本の在留外国人施策
		〈3〉多文化共生〈地域社会における共生〉
	③日本語教育の歴史と現状 学習者に適切に接する態度や学習者の背景及び将来を考えるために、日本語教育の歴史や現状、制度を理解する。	〈4〉日本語教育史
		〈5〉言語政策
		〈6〉日本語の試験
		〈7〉世界と日本の日本語教育事情
言語と社会	**④言語と社会の関係** 学習者の円滑な社会生活を実現するために、社会、文化、政策と言語との関係やそれによって生じる言語の有り様、また社会的な行動を支える社会的・文化的慣習について理解する。	〈8〉社会言語学
		〈9〉言語政策と「ことば」
	⑤言語使用と社会 様々な社会的状況において円滑なコミュニケーションを実現するために、社会や集団における言語・非言語行動の様相や方略について理解する。	〈10〉コミュニケーションストラテジー
		〈11〉待遇・敬意表現
		〈12〉言語・非言語行動
	⑥異文化コミュニケーションと社会 異なる文化・言語を持つ人々が共存する社会の在り方を考えるために、互いの文化・言語に対する態度や言語を用いた人との関係構築について理解する。	〈13〉多文化・多言語主義
言語と心理	**⑦言語理解の過程** 効果的な日本語教育を考えるために、学習者の言語情報の処理過程や学習の仕組み、学習の方法について理解する。	〈14〉談話理解
		〈15〉言語学習
	⑧言語習得・発達 個々の学習者に合わせた日本語教育を考えるために、言語の習得過程や学習者要因、また学習効果を高める方略について理解する。	〈16〉習得過程〈第一言語・第二言語〉
		〈17〉学習ストラテジー
	⑨異文化理解と心理 自文化とは異なる環境にある学習者に配慮した指導を考えるために、異文化接触によって生じる問題とその解決、また動機や不安などの心的側面について理解する。	〈18〉異文化受容・適応
		〈19〉日本語の学習・教育の情意的側面

	15下位区分	必須の教育内容50
言語と教育	**⑩言語教育法・実習** 学習者の日本語能力と求められる日本語教育プログラムの目的や目標を踏まえた日本語教育を考え、日本語教師として自律的に成長する力を養うために、コースを設計する方法、学習項目に合わせた教授法や教材の選択、授業を組み立てるための準備、学習の成果を測る観点と方法、教授能力を高めるための自他の授業分析に必要となる知識及び日本語教育を実践する力を身に付ける。	〈20〉日本語教師の資質・能力
		〈21〉日本語教育プログラムの理解と実践
		〈22〉教室・言語環境の設定
		〈23〉コースデザイン
		〈24〉教授法
		〈25〉教材分析・作成・開発
		〈26〉評価法
		〈27〉授業計画
		〈28〉教育実習※
		〈29〉中間言語分析
		〈30〉授業分析・自己点検能力
		〈31〉目的・対象別日本語教育法
	⑪異文化間教育とコミュニケーション教育 文化の多様性を尊重し、異なる文化背景を持つ者同士の円滑なコミュニケーションを実現するために、文化を異にする者の物事の捉え方やコミュニケーション方略について理解する。	〈32〉異文化間教育
		〈33〉異文化コミュニケーション
		〈34〉コミュニケーション教育
	⑫言語教育と情報 効率的で創造的な日本語教育を行うために、学習管理や教材作成等に必要となるICT活用方法を知るとともに、情報資源の扱い方について理解する。	〈35〉日本語教育とICT
		〈36〉著作権
言語	**⑬言語の構造一般** 学習をより効率的なものにするために、言語を分析的に観察する方法を理解し、世界の言語及び日本語を系統的・類型的に捉えるとともに、学習者の言語と日本語学習の関係を理解する。	〈37〉一般言語学
		〈38〉対照言語学
	⑭日本語の構造 日本語そのものに関する知識を学習者に正確に伝えるために、日本語を分析的に捉える方法を理解し、言語教育的な観点から多面的に整理された日本語に関する知識を体系的に身に付ける。	〈39〉日本語教育のための日本語分析
		〈40〉日本語教育のための音韻・音声体系
		〈41〉日本語教育のための文字と表記
		〈42〉日本語教育のための形態・語彙体系
		〈43〉日本語教育のための文法体系
		〈44〉日本語教育のための意味体系
		〈45〉日本語教育のための語用論的規範
	⑯コミュニケーション能力 学習者の日本語によるコミュニケーション能力を育成するために、コミュニケーション能力に関する知識を身に付ける。また、日本語教育を実践する上で必要となるコミュニケーション能力を向上させることができる。	〈46〉受容・理解能力
		〈47〉言語運用能力
		〈48〉社会文化能力
		〈49〉対人関係能力
		〈50〉異文化調整能力

※〈28〉教育実習は「実践研修コアカリキュラム」に該当。

これらの資料は以下で確認できるよ！

● **日本語教育人材の養成・研修の在り方について（報告）改訂版**

https://www.bunka.go.jp/seisaku/bunkashingikai/kokugo/kokugo/kokugo_70/pdf/r1414272_04.pdf

● **登録日本語教員　実践研修・養成課程コアカリキュラム**

https://www.mext.go.jp/content/20240321-ope_dev02-000034812_4.pdf

本書の特長

本書はここまで紹介した5区分がそのまま章立てになっており、一つの章は用語解説と用語チェック問題で構成されています。また、必要な章(「社会・文化・地域」「言語と教育」「言語」)に要点整理も付いていますので、用語を「覚えたつもり」になっていないか確認したりするためにご利用ください。要点整理は、一つ一つで覚えるよりまとめて覚えた方が効率のよいものを取り上げています。

■「大見出し」と「小見出し」について

各章の中で、用語は「大見出し」の用語とそれに関連の深い「小見出し」の用語にまとめられています。索引から目的の用語を探して解説を読んでも理解できますが、関連のある他の用語も一緒に読んでいくと、より深く理解できる構成となっています。

■「必須」「重要」「基本」のアイコンマークについて

見出し欄の右端に必須・重要・基本マークがついているものがあります。「必須」は過去に日本語教育能力検定試験で頻繁に出題され、日本語教師の基礎的教養として問われる可能性が高いもの、「基本」は全体を理解するための基礎となるので押さえておきたいもの、「重要」はこれからの日本語教育に携わる上で知っておいてほしいと著者が選んだ用語です。まずはマークのあるものから重点的に覚えるなど、学習のスタイルに合わせて参考にしてください。

■青文字について

見出しの用語はすべて青文字に、解説中の重要な部分も青文字になっています。解説を読むときに重点的に確認しましょう。

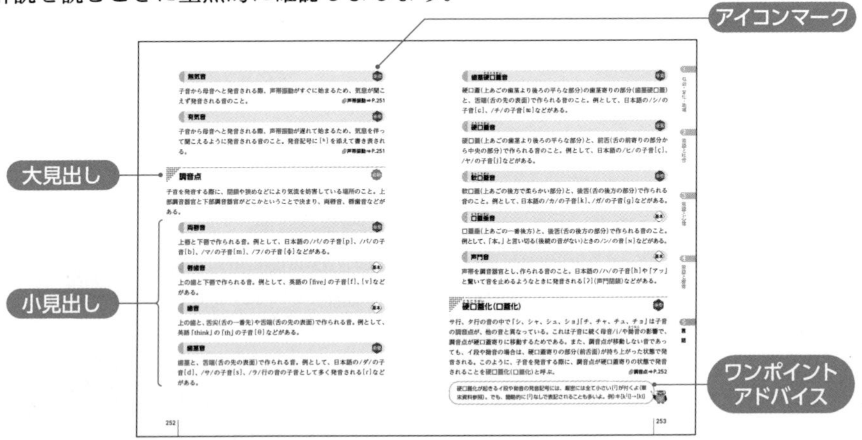

スキマ時間を
有効活用！

無料アプリ「booco（ブーコ）」の利用方法

2024年7月
クイズ追加予定!!

本書は、アルクが提供している総合語学学習アプリ「booco（ブーコ）」上で本書の電子書籍版の閲覧とクイズ学習機能がご利用いただけます。クイズ学習機能は、各章末にお手持ちのスマートフォンで書籍内の用語チェックをすることができます。クイズ機能の利用には、本書P.35に記載の「コード」が必要です。

STEP 1 boocoをダウンロード

App Store か Google Play で「booco」と検索して、アプリをダウンロードしてください。

重要！ 注意事項 boocoは電子書籍をアプリ上で購入し、閲覧したりクイズ機能を使って学習したりするのが本来の使い方です。そのため下記のSTEP 2で「¥2800で購入」というボタンが表示されますが、誤って購入しないようにご注意ください。既に本書を購入なさった方は、P.35に記載のコードを入力すればご利用いただけます。

STEP 2 アプリ内で本書を検索

画面下部の「さがす」を選択し、検索ウィンドウに「7024041」と入力して本書を表示させてください。

STEP 3 コードを入力

初めて本書をboocoで利用するときのみ、「コード適用」を選択→本書P.35に記載のコードを入力してください。boocoの電子書籍閲覧機能とクイズ機能が解放されます。

STEP 4 コンテンツを使う

コードを入力して「コードが適用されました」と表示されたら、「クイズ」「読む」がご利用いただけます。

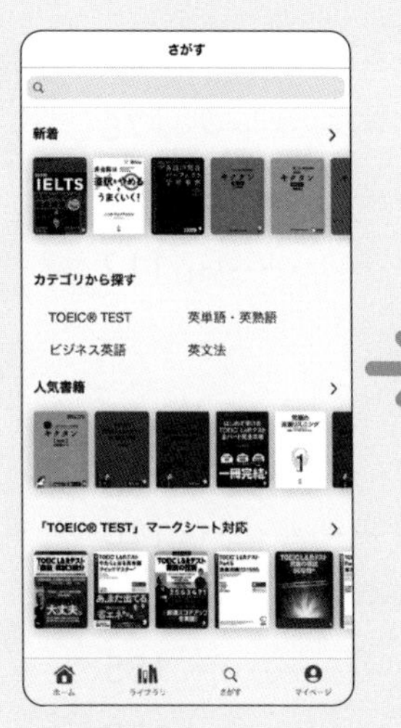

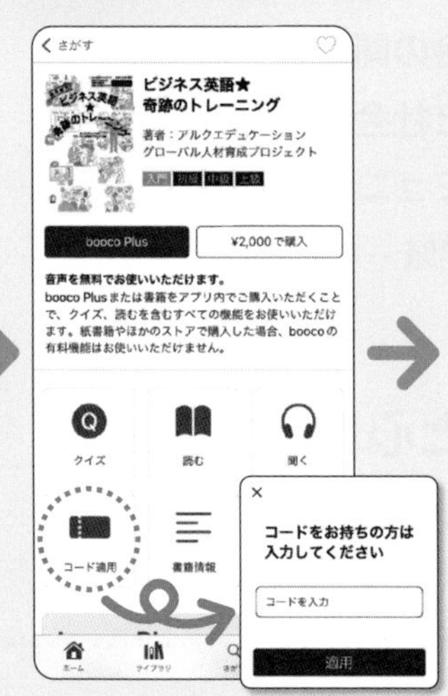

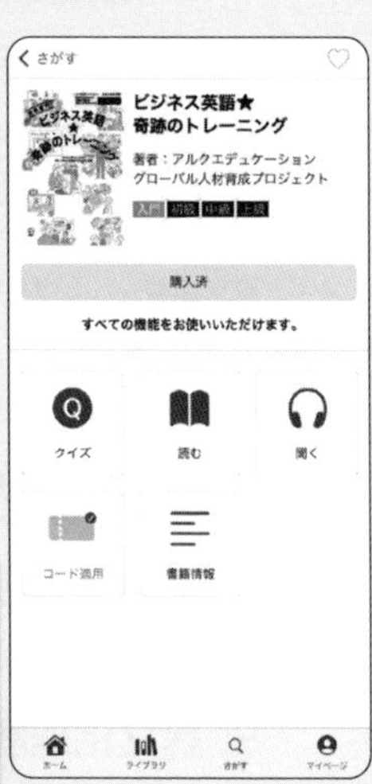

※本サービスは、予告なく仕様を変更／終了する可能性があります。予めご了承ください。

目　次

第4章 言語と教育

第5章 言　語

社会・文化・地域

1. 世界と日本

FTA（自由貿易協定） Free Trade Agreement

２国以上の間で結ぶ自由貿易の取り決め。関税や貿易に制約を与えるルールをなるべく取り除くことによって、自由貿易地域を作ろうとするもの。この**FTA**に制約を取り除く対象（労働者の移動、知的財産、投資保護のルールなど）を追加した発展形が**EPA（経済連携協定）**である。日本は2002年シンガポールとの締結を皮切りに、２国間のEPAを中心に進めている。

EPA（経済連携協定）➡P.16

WTO（世界貿易機関） World Trade Organization

国際貿易に関するルールを取り扱う国際機関。多国間の貿易がルールに従って行われるように促し、貿易紛争の解決を目指す。また自由で公正な貿易を進めるため多国間貿易交渉（ラウンド）を開催する。前身の**GATT**（ガット、関税および貿易に関する一般協定）が組織を強化する形で、1995年より**WTO**となる。

国際移住機関（IOM） International Organization for Migration

世界的な人の移動（移住）の問題を専門に扱う国際機関。具体的には戦争や災害によって生み出された避難民の支援、戦後の復興や平和構築、移民の強制労働や性的搾取を防ぐことなどが目的。日本においては1980年代に**インドシナ難民**の受け入れ支援という形で**IOM**の活動が始まっている。

インドシナ難民➡P.25

ユネスコ(UNESCO)

United Nations Educational, Scientific and Cultural Organization

国際連合教育科学文化機関。各国の教育、科学、文化の協力と交流を通じて、国際平和と人類の福祉を促進することを目的とする。具体的には平和の構築、貧困の削減、持続可能な開発、異文化間の対話に貢献することを目指す。日本の国内組織としては、日本ユネスコ協会連盟があり、**ユネスコ**と連携を取りながら活動を行っている。活動例としては、途上国での教育支援を行う「世界寺子屋運動」、文化・自然を守り伝える「世界遺産・地域遺産活動」、青少年向け国際理解教育を推進する「青少年活動」などがある。

国連難民高等弁務官事務所(UNHCR)

United Nations High Commissioner for Refugees

難民を国際的に保護し、支援することを目的とする機関。具体的には難民を出身国へ安全、自発的に帰還させること、または定住先社会に溶け込めるように援助をすることなどが高等弁務官の任務。

難民➡P.15

ODA(政府開発援助) Official Development Assistance

政府または政府の関係機関によって開発途上国(または国際機関)に行う援助のこと。開発途上国の経済・社会の発展や福祉の向上を目的とする。主に資金や技術提供の形で行われる協力を指す。この**ODA**を担当している国内機関が**JICA(国際協力機構)**である。

JICA(国際協力機構)➡P.41

経済協力開発機構（OECD）

先進諸国の経済政策を調整するために設置された国際機関の一つ。1961年に設立され、日本（1964年加盟）を含む30カ国以上が参加している（2019年1月現在）。先進国間の情報交流を通じて、経済成長、貿易自由化、途上国支援に貢献することを目的としている。外国人移住者統計（有効なビザを保有し、90日以上在留予定の外国人の数）を毎年発表しており、日本は加盟国中、常に上位に入る移民受け入れ国であるとされている。このことは日本のメディアで取り上げられることがあるが、各国が公開しているデータが同質ではない上に、外国人に発給する在留資格は条件が異なるため、簡単に比較はできない。また、日本には**技能実習生**のように数年で帰国する資格が存在するため、移民受け入れ国であることと在留外国人の割合が高いことは相関しない。

研修生・技能実習生➡P.23

日本語学習者

文字通り日本語を学んでいる人のことを指す。日本語教師として、学習者がどこにどの程度存在し、どのように日本語教育が行われているのかは把握しておきたい。まず日本語を学んでいる人は、日本国内だけでなく、むしろ国外の方が圧倒的に人数が多い。**日本語学習者**の数は、国内外ともに世界経済の状況や各国の政策の影響を受けて増減するが、全体的には増加傾向でここまで来ている。国内の日本語学習者は**文化庁**（→文化庁国語課 参照）が、海外の日本語学習者数は**国際交流基金**がそれぞれ定期的に調査を行い、「国内の日本語教育の概要」「海外の日本語教育の現状」という資料を公開している。

文化庁国語課➡P.43、国際交流基金➡P.41

日本語学習者数は試験問題にも登場しやすい情報だから、数年の傾向や直近の数字はチェックしておこう！

- 文化庁「日本語教育実態調査等」
  https://www.bunka.go.jp/tokei_hakusho_shuppan/tokeichosa/nihongokyoiku_jittai/index.html

- 国際交流基金「海外日本語教育機関調査」
  https://www.jpf.go.jp/j/project/japanese/survey/result/

2. 異文化接触

移民

母国から別の国に移り住んだ人たちのこと。労働力としての外国人を指すことが多い。また、この用語には、一時的滞在ではなく長期的滞在(一般に１年以上)の外国人というニュアンスが込められている。これまで日本では送り出し側の文脈で**移民**ということばが使われている。明治初期から多くの日本人が世界各地に移住しており、その代表的な移住先が南米(ブラジルやペルーなど)である。一方、受け入れについては移民という用語が長く避けられてきた。2008年、日本経済団体連合会の報告書や、自民党の議員による外国人材交流推進議員連盟の提言には「日本型移民政策」というフレーズが使用されるようになり、この状況に変化の兆しは見えたのだが、2018年の外国人労働者受け入れをめぐる議論では「移民ではない」というフレーズを政府は繰り返し主張し話題となっている。

難民

戦争や政治的理由などで母国から周辺国に逃れてきた人々。1981年、日本は国連の**難民条約**に加入し、母国で迫害される恐れがある外国人は、法務大臣に難民認定の申請ができるようになった。認定されれば**難民**として、日本での永住許可が付与され、難民条約に定める各種の権利を享受できるようになる。2017年は１万9629人が申請したが、難民認定されたのは20人のみ。審査が厳しく受け入れ数が少ないと国際社会から批判されている。(→インドシナ難民 参照)

難民条約➡P.15、インドシナ難民➡P.25

難民条約

国連加盟国で1951年に採択された「難民の地位に関する条約」と1967年に採択された「難民の地位に関する議定書」を合わせて**難民条約**という。難民を生命や自由が脅威にさらされる恐れのある国に強制的に追放してはいけない、難民に対して不法滞在の理由で罰してはいけないといった決まり(難民が保持する権利)が記されている。日本は1981年に加入し、1982年より発効している。

第三国定住

紛争や政治的迫害から周辺国に逃れた難民を第三国が受け入れる制度。日本政府はタイの難民キャンプに一時滞在するミャンマー難民を対象として試行的に(パイロットケースとして)受け入れる計画を発表。2010年度から3年間で90人を受け入れる予定だったが、応募者が少なく受け入れ予定人数を満たせなかった。理由の一つとして、ミャンマー難民は日本に親族や知人がいないためなじみにくいことが挙げられる。その後、受け入れ期間が延長され、2014年までの5年間で計18家族86名が受け入れられた。2015年からはパイロットケースではなく事業を続けている。

EPA(経済連携協定) Economic Partnership Agreement

複数の国・地域間で経済活動を活性化させるための各種取り決め。関税の撤廃や法整備など経済活動にかかわる制約の軽減を目指したものであるが、人の移動も対象としている。日本語教育との関係で言えば、**看護師・介護福祉士候補者**(→外国人看護師候補者・介護福祉士候補者 参照)の受け入れが挙げられる。医療部門への外国人労働者の参加により、彼らへの日本語教育の在り方、その重要性がさまざまな場で議論されることとなる。日本はすでにインドネシアとフィリピン(共に2008年発効)から受け入れている。またベトナムとも協定に合意し、2014年6月に第1陣が来日した。(→FTA 参照)

外国人看護師候補者・介護福祉士候補者 ➡ P.24、FTA ➡ P.12

入管法(出入国管理及び難民認定法)

外国人が日本へ出入国する際のさまざまなルールを規定した法律。在留資格の種類とその手続き、**難民**の認定などについても定めている。日本語教育とのかかわりにおいては、1989年成立(1990年施行)の入管法改正、2009年成立(2010年施行だが、項目によっては2012年までに施行)の入管法改正、2018年成立(2019年施行)がポイント。

難民 ➡ P.15

1989年の入管法改正

1989年の入管法改正では、新しく**定住者**という在留資格が加わったことにより、**日系人**3世までは日本で自由に就業できるようになった。これにより、日本には日本語ができず、顔もアジア系ではない外国人が一気に増えることとなり(2007年の最大時で在日ブラジル人は31万人)、日本社会に大きなインパクトを与えることとなる。

定住者➡P.26

2009年の入管法改正

2009年の入管法改正では、在留資格の増減があった。まず**就学**が**留学**に統合され、日本語学校で学ぶ学生も留学生となる。次に、**研修生・技能実習生**の在留資格として新たに「技能実習」が設けられ、1年目から労働基準法が適用されるようになった。これにより研修生・技能実習生の長時間労働、超低賃金労働といった問題を改善するのが狙い。また、外国人登録制度が廃止され、在留カードが発行されることとなった。これに連動して住民基本台帳法が改正(2009年成立、2012年施行)され、外国人も**住民票**に記載されるようになった。

研修生・技能実習生➡P.23

2018年の入管法改正

2018年の入管法改正では、在留資格「**特定技能**」が創設された。特定の産業分野で働くことを想定した在留資格である。厳密には、「特定技能1号」と「特定技能2号」がある。前者は在留期間が5年である。そして、家族を連れてくることができない。後者は在留期間がなく家族を連れてきてもよい。特定の産業分野とは、介護、農業、漁業、外食業など12分野が指定されている(2023年現在)。これは外国人労働者が単純労働に就けるようになったことを意味する。日本政府はこれを機に、外国人の受け入れに関する各種取り組みを行っている。その概要は、2018年から継続的に公開している『外国人材の受入れ・共生のための総合的対応策』に詳しい。2020年改訂版には、「行政・生活情報の多言語・やさしい日本語化」といった文言もある。

特定技能外国人➡P.22

高度人材ポイント制

高度外国人材が日本に来てくれることを促進するための制度。高度人材とは研究者や経営者などを想定しており、2012年から始まっている。制度の内容は、外国人人材の属性(学歴・職歴・年収・年齢など)をポイント化して、70点に達した場合には優遇措置を与えるというもの。属性のポイント化を具体的に言うと、博士号を持っている・職歴が長い・年収が多い・年齢が若い・日本語能力試験(N1・N2)取得済みなどという人は高得点がもらえるようになっており、その点数表は活動内容(仕事のタイプ)別に公開されている。優遇措置とは、長めの在留資格がもらえる・永住許可が取りやすくなる・親の帯同が可能になるといったものである。

外国人受け入れ政策

外国人の受け入れにかかわる政策。どういった外国人をどのように受け入れるかを政策として決定する。具体的には出入国の時点での政策(**出入国管理政策**)と受け入れた後での政策(**社会統合政策**)に分けられる。これらは車輪の両輪のようにどちらも重要である。

出入国管理政策

外国人の出入国管理にかかわる政策。さまざまな属性を持つ外国人の中から、どういう人の在留を認めて、どういう人は認めないのかを決定する。また難民の受け入れにもかかわる。2018年までの日本において、表向きは外国人による単純労働を認めておらず、建前上、単純労働ができる在留資格はなかった。しかし、実際はいくつかの在留資格で事実上の単純労働が可能であり、表口から単純労働を受け入れていないという意味でサイドドア・バックドア政策と呼ばれてきた。具体的には、**研修生・技能実習生**、**日系人**、資格外活動としてアルバイトをする留学生など、日本社会は外国人による単純労働によって支えられてきた部分がある。ところが2018年には外国人労働者の受け入れを拡大する改正出入国管理法が成立し、翌年から**特定技能**(→特定技能外国人 参照)という資格で受け入れを始めている。外国人労働者の存在を、国が認めたことになる。

研修生・技能実習生➡P.23、日系人➡P.24、特定技能外国人➡P.22、2018年の入管法改正➡P.17

社会統合政策

入国した外国人を社会の構成員として受け入れるための政策。社会のまとまりや安定を維持することが目的。外国人の基本的人権に配慮することが必要で、これが失敗すると2005年にフランスで起きた移民暴動のように悲しい出来事となって表れてしまう。日本国内では、留学生への就職支援、外国人児童生徒への対応、日系人就労準備研修などさまざまな取り組みが行われている。一方で、受け入れ側の日本人に対する教育も重要であるとされる。つまり、外国人がいかに日本社会を支えているか教育することで、彼らに対する敵対心や排他的な気持ちを抑えていく教育が必要である。なお、外国人が増えると凶悪犯罪が増えるというのは統計的に見て誤解であり、報道される割合が日本人より高いだけであるという報告が上がっている。こういった事実ももっと教育されるべきである。

エンパワーメント

力を与えること(自分から他者へのものだけではなく自分から自分へのものも含む)。権限を渡すという意味や能力を開花させるという意味で使われる。公民権運動や女性解放運動などの文脈では、弱者に対して力を与えるという意味で用いられている。この思想に大きな影響を与えたのは、**パウロ・フレイレ**(→**識字教育参照**)だとされている。日本語教育に関して言うと、**エンパワーメント**は外国人配偶者、**日系人**などを対象とした**地域日本語教育**の文脈で使用されることが多い。外国人であっても平等に社会参加できるようにすることが「エンパワーメント」であり、そのような社会を実現するための一つの手段が日本語支援であるという発想が背景にある。外国人を社会の構成員の一部であると考えると、日本語学習自体が目的ではなく、社会参加することが重要になってくる。

識字教育➡P.45、日系人➡P.24、地域日本語教育➡P.53

多文化共生推進プログラム

2006年に総務省が外国人住民支援施策として提言したプログラム。外国人登録者が増え続けているという社会状況を背景に、彼らを生活者・地域住民として認識した上で多文化共生を目指す。これまでお客さま扱いだった外国人住民(生活や労働をどうやって管理するかという視点で見てきた)を、共に住む隣人として見ていこうという趣旨。具体的には、コミュニケーション支援、生活支援、多文化共生の地域づくり、多文化共生施策の推進体制の整備という四つの柱からなる。

外国人受け入れ問題に関する提言

2004年に日本経済団体連合会が行った提言。日本の少子高齢化や国際人材市場の競争激化を受けて、外国人の受け入れについて提案を行っている。キーワードに「多様性のダイナミズム」と「共感と信頼」を掲げ、外国人受け入れは労働力不足の穴埋めではないことを強調している。各論では留学生の就職支援、外国人研修・技能実習制度の改善、**日系人**の入国・就労に関する課題の解決、治安問題など多岐にわたる提言を行っている。

日系人➡P.24

「多文化・多言語社会の実現とそのための教育に対する公的保障を目指す東京宣言」(東京宣言)

多文化・多言語社会の創造の実現を目指して2001年5月、**日本語フォーラム**によって採択される。長い名前が表す通り、外国人住民の教育を公的に行うべき(**公的保障**をすべき)であるという主張がなされた。外国人住民への支援がボランティアベースで行われていることを問題視して、こういった主張がなされている。

オールドカマー(在日韓国・朝鮮人)

オールドカマーとは、主に**在日韓国・朝鮮人**を指す。1980年代以降に定住した**ニューカマー**に対してこう呼ばれる。来日の理由はさまざまであるが、戦前日本領だった朝鮮半島から日本国民として徴用されて、もしくは自らの意思で来た人、終戦後、朝鮮半島の動乱を逃れて来日した人などがいる。在留資格は「特別永住者」であり、関西圏に多い(2017年の法務省の統計によると、韓国・朝鮮籍の「特別永住者」の人々が多い地域トップ3は、大阪府、東京都、兵庫県である)。

ニューカマー➡P.21

ニューカマー

1980年代以降に来日し、長期滞在(定住)している外国人。第2次世界大戦前後に定住している**オールドカマー**(在日韓国・朝鮮人)と区別するためにこう呼ばれる。1980年代に来日した**ニューカマー**としては、**インドシナ難民**、**中国帰国者**とその家族、かつての**就学生**(→留学生 参照)が挙げられる。1990年代には、**1989年の入管法改正**によって多く来日するようになった**日系人**も新たな構成員として加わっている。

オールドカマー➡P.21、インドシナ難民➡P.25、中国帰国者➡P.25、留学生➡P.22、1989年の入管法改正➡P.17、日系人➡P.24

在留外国人

日本に滞在する外国人は、**在留外国人**(日本で生活する人)と来日外国人(観光客)に大別される。在留外国人とは「出入国管理及び難民認定法上の在留資格を持って3カ月以上在留する人(中長期在留者)」と「特別永住者」のことを指す。

永住者➡P.26

直近の在留外国人数や国籍・地域別の上位ランクは試験にも出題される可能性大。2023年6月時点では、1位「中国」、2位「ベトナム」、3位「韓国」。「在留外国人」などで検索すると、公開されている報道発表資料が見られるから、押さえておこう！
法務省出入国在留管理庁の「在留外国人統計」だと、より細かい情報が確認できるよ。
https://www.moj.go.jp/isa/policies/statistics/toukei_ichiran_touroku.html

留学生

国内の日本語学習者のうち、日本の大学(大学院)、短期大学、高等専門学校、日本語学校で学ぶ外国人のこと(**2009年の入管法改正**により、日本語学校で学ぶものも**留学生**となる)。留学という在留資格は、**資格外活動**としてアルバイトが可能であるため、働きながら学べる国というイメージで来日する人が多い。圧倒的にアジアからの留学生が多く、2022年のデータでは中国、ベトナム、ネパールと、このトップ3で全体の7割を占める。

2009年までは、「留学」の**在留資格**よりも滞在期間などが短い「**就学**」という在留資格で滞在していた就学生と呼ばれる人も存在した。

2009年の入管法改正➡P.17、在留資格➡P.26

最新の留学生数などは、日本学生支援機構(JASSO)のホームページで確認しよう！
https://www.studyinjapan.go.jp/ja/statistics/zaiseki/index.html

特定技能外国人

日本で人手不足が深刻化している介護、外食業、農業などの特定産業分野への即戦力として、2018年に成立した**在留資格**「**特定技能**」で来日した外国人。在留資格が技能実習の人を**技能実習生**と呼ぶのに対し、特定技能で来日した人は**特定技能外国人**と呼ばれる。

2018年の入管法改正➡P.17、在留資格➡P.26、研修生・技能実習生➡P.23

介護分野の技能実習生は、特定技能外国人に許されている一人での夜勤や服薬の介助などが許されていないなど、従事できる内容に違いがあるよ。

研修生・技能実習生

日本で産業上の技能・技術を修得するために来日した外国人。**2009年の入管法改正**により「**技能実習**（細かくは6種類ある）」という在留資格になったが、改正前は、1年目が「**研修生**」（在留資格は研修）、2年目から「**技能実習生**」（在留資格は**特定活動**）で計3年滞在できた。技能・技術の習得とは名ばかりで、実際には単純労働に従事させられるケースがあり、かつ、長時間労働、超低賃金労働（通称「時給300円の労働者」）といった問題が以前から指摘されていた。国際的に批判が高まったこともあり、「技能実習」の在留資格に統一され、1年目から労働基準法が適用されるようになった（滞在期間は最大3年のまま）。衣服・繊維、食品、金属加工、建設、農業の分野に多い。2017年より、優良な監理団体が受け入れる場合に限り、滞在期間が5年となっている。2023年の国会で新たに「育成就労制度」の創設と技能実習制度の廃止の方向性が示された。

2009年の入管法改正➡P.17、特定活動➡P.27

デカセギ労働者

1980年代後半、日本の経済発展や円高を目当てに来日した労働目的の外国人。**査証相互免除協定**のあった**パキスタン**、**バングラデシュ**、**イラン**からは肉体労働に従事する男性が、また**韓国**や**フィリピン**からは飲食業に従事する女性が来日している。後者は「**ジャパゆきさん**」やエンターテイナー（歌手・ダンサーを指す用語）と呼ぶこともある。彼女たちは1980年代に**興行**などの在留資格で来日し、不法滞在のものもいた（日本も明治から大正にかけ「からゆきさん」と呼ばれる女性が海外に出ては、外貨を稼いでいた時代がある）。これら**デカセギ労働者**は日本政府が表向きに受け入れたわけではないので、国からの支援はまったくない。ここでは、日本が受け入れを明示している**日系人労働者**や**研修生・技能実習生**とは用語上区別して記述しているが、日系人労働者をデカセギ労働者と呼ぶこともある。

研修生・技能実習生➡P.23

日系人

かつて日本から海外に移住し、日本以外の国の国籍や永住権を取得した人たちとその子孫。特に19世紀の終わりに日本政府が行った移民政策により海外に移住した人を指すことが多い。**1989年の入管法改正**により、**ブラジルやペルー**から多くの**日系人**が来日し、日本の製造業を支えてきた。ところが、2008年のリーマン・ショックにより、多くの日系人がリストラされた。日本政府は帰国を希望する日系人に対して、帰国支援事業(ブラジルやペルーに戻ることを勧める政策)を行った(この事業は2010年3月終了)。

1989年の入管法改正➡P.17

外国人看護師候補者・介護福祉士候補者

EPAによって来日した外国人で、日本で看護師・介護福祉士として働くことを目指している者。彼らは医療機関において**特定活動**の在留資格で働いている。看護師は3年以内、介護福祉士は4年以内(どちらも条件を満たせば1年の延長が可能)に日本の国家試験に合格しなければならない。各地の支援者は彼らへの日本語教育を手探り状態で進めてきた。これまで**研修生・技能実習生**にしろ**日系人**にしろ、農業、建築業、製造業などあまり人と接することのない職場が多かった。しかし、EPAによって来日した人たちは医療・介護現場という、人と直接かかわる職場で仕事をしている点が従来と大きく異なる。

なお、EPA以外の方法で看護や介護の仕事に就く外国人も増えている。看護については、母国で看護資格を持っている者が**日本語能力試験**N1合格を条件に、日本の看護師国家試験を受験することができる。介護については、2017年には介護という在留資格が作られ、留学を経て介護職に就くことが可能になったほか、技能実習制度の職種の一つとして介護が追加されている。

EPA➡P.16、特定活動➡P.27、研修生・技能実習生➡P.23、
日系人➡P.24、日本語能力試験➡P.49

インドシナ難民

ベトナム戦争終結と前後して、インドシナ3国(**ベトナム・ラオス・カンボジア**)から国外に脱出した人々。陸路で隣国へ逃れた人もいれば、海路で逃れた人もいる(後者は通称**ボートピープル**)。日本政府は1979年に**インドシナ難民**の定住支援実施を決定し、**姫路市**(兵庫県)、**大和市**(神奈川県)に定住促進センターを開設した(どちらもすでに閉鎖)。そこでは日本語教育や職業訓練が行われた。1978年～2005年の間で1万1319人を受け入れているが、これらは難民条約による認定(→難民 参照)をせず、定住許可を出している。

難民➡P.15

中国帰国者

終戦後、中国大陸に取り残された日本人で、帰国事業によって帰国してくるようになった人々。中国大陸に取り残されたという意味で、**中国残留孤児**や**中国残留婦人**などと呼ばれることもある。日本政府は1984年に**中国帰国孤児定着促進センター**を開設し、来日直後の4カ月は日本語教育や生活指導などの集中研修を行うこととした。以後、1994年に「**中国帰国者定着促進センター**」に名称が変更され、2004年からは研修期間が6カ月に延長されている。永住帰国希望者がほとんど帰国したため、2016年に閉所。

外国人花嫁

主として経済的な理由であっせん業者などを通して日本に嫁いできた女性のこと。農村部に多いことから**農村花嫁**と呼ばれることもある。1985年には山形県の地方自治体が主体となって受け入れたこともあるが、「経済格差を背景にした人身売買」などと批判を浴び、行政は1、2年で撤退した。その後、民間の業者に引き継がれている。家という単位に入ることから、彼女たちの日本語教育は国の責任であるとは考えられていない。

在留資格

入国が許可された外国人がどのような資格で滞在しているかを証明するもの。日本に滞在するためには必ず取得しないといけない。**在留資格**には活動内容(特に就労活動の可・不可、および職種)に制限があるものと制限のないものがある。前者は留学、興行、特定活動、特定技能などが含まれ、後者は永住者、定住者、などが含まれる。在留資格の一覧は法務省出入国在留管理庁のホームページで確認できる。

永住者➡P.26、定住者➡P.26

https://www.moj.go.jp/isa/applications/guide/qaq5.html 

直近の在留資格別の上位ランクは試験に出題される可能性大。2023年6月時点では、1位「永住者」、2位「技能実習」、3位「技術・人文知識・国際業務(技人国(ぎじんこく)と呼ばれる)」。
法務省出入国在留管理庁の「在留外国人統計」だと、より細かい情報が確認できるよ。
https://www.moj.go.jp/isa/policies/statistics/toukei_ichiran_touroku.html 

永住者

名前の通り無期限に日本にいられるが、**帰化**(日本国籍を取得すること)とは違って、あくまで在留資格の一つ。**永住者**には、**一般永住者**と**特別永住者**がある。申請の際、素行が善良であるかどうか(前科の有無や納税の義務を全うしているかなど)、経済的に安定しているかなどが資格要件となる。また在留期間にも条件があり、留学後に就職したものなら、全部で10年以上在留していること、さらにそのうち5年以上は就労資格で在留していることが求められる。国籍は出身国のまま。在日韓国人・朝鮮人などの**オールドカマー**が持つ在留資格は特別永住者といって、一般永住者とは区別する。

オールドカマー➡P.21

定住者

日系3世が主に持っている在留資格。**1989年の入管法改正**により新しくできた。活動に制限がない、つまり自由に就業できるため、日系人は比較的仕事を選ぶことができる。もちろんことばの制約などがあるため、日本人と同じというわけにはいかない。**インドシナ難民**もこの資格で在留している。

1989年の入管法改正➡P.17、インドシナ難民➡P.25

特定活動

指定された活動であれば就労も可能になる在留資格。例えば、**EPA**によって来日した**看護師・介護福祉士**(候補者含む)(→外国人看護師候補者・介護福祉士候補者参照)はこの資格を持っている。**2009年の入管法改正**までは、**技能実習生**が同じ資格で在留していた。また、外交官などの家事使用人、ワーキングホリデーで滞在する外国人もこの資格で在留している。

EPA➡P.16、外国人看護師候補者・介護福祉士候補者➡P.24、
2009年の入管法改正➡P.17、技能実習生➡P.23

外国につながる子どもたち(JSL児童・生徒)

いわゆる外国人児童生徒。言語能力や国籍にかかわらず日本以外の国の文化を背景として持っている子どもたちのこと。JSLとはJapanese as a second language(第二言語としての日本語)の意味で、日本語が母語ではないということを表している。母語ではない日本語での一斉授業についていくのは大変であり、子どもにとって大きな負担である。外国人の定住化が進むにつれて、**外国人集住都市**(→外国人集住都市会議 参照)の小中学校では対応が課題となっている。

外国人集住都市会議➡P.50

日本語指導が必要な外国人児童生徒等

外国人児童生徒の中で、日本語での日常会話や学習活動に支障があると判断されたもの。学校教育法において、「児童」とは小学校で初等教育を受けているもの、「生徒」とは中学校、高等学校で中等教育を受けているものを指す。文部科学省は、1991年度から**日本語指導が必要な外国人児童生徒**の数や母語を調査している。2021年の調査では日本語指導が必要な公立学校の外国人児童生徒数は4万7,619人で、過去最高となっている。さらに、日本国籍を持っているが日本語指導が必要な児童生徒が1万人以上いることもわかっている。こういった児童生徒の数は2008年のリーマン・ショックまでずっと増加傾向にあったが、一時減少し、再び増加傾向にある。理由として、**日系人**の定住に伴う家族の呼び寄せ、中国帰国者の家族の呼び寄せ、留学生の定住化と結婚などが挙げられる。

日系人➡P.24

「特別の教育課程」による日本語指導

法令によって学校の正式な教育課程として行われるようになった日本語指導のこと。「学校教育法施行規則の一部を改正する省令」と「学校教育法施行規則第56条の2等の規定による特別の教育課程について定める件」が公布されたことにより、こういった日本語指導が可能となった。**外国につながる子どもたち**が対象で、2014年4月1日以降開始された。この制度によって、子どもたちが所属している学級の教育課程における一部の時間に替えて学級外の教室で授業を受けられるようになった。それまでは、個別の対応として指導が行われてきた。指導が可能な時間は、年間10単位時間から280単位時間となっている(1単位時間とは、その学校が行う授業の1コマの長さで、小学校なら45分が一般的)が、自治体の意識や財政状況によって対応はさまざまである。

外国につながる子どもたち ➡ P.27

虹の架け橋教室

リーマン・ショックの影響で学校に行けなくなったブラジル人児童生徒などを各地の教室(これを「**虹の架け橋教室**」と呼ぶ)が受け入れて、日本語教育などの支援を行う制度がある。正式名称は「定住外国人の子供の就学支援事業」。教室はNPOによって運営されていたものが多いが、ブラジル人学校が引き受けたものもある。目的は大きく二つある。一つは、この教室を経て日本の公立学校へつなぐこと。もう一つは、景気回復を待って児童生徒がブラジル人学校などへ戻れるようにすることである。文部科学省からの支援で**国際移住機関(IOM)**内に「子供架け橋基金」が作られ、委託事業として2009年から2014年まで一時的に実施された。この就学支援事業が終了した後、教室自体は自治体の援助を受けて継続しているものもある。

国際移住機関(IOM) ➡ P.12

JSL／JFL

JSLとはJapanese as a second language（第二言語としての日本語）、JFLとはJapanese as a foreign language（外国語としての日本語）の意味。前者は日本で暮らす外国人児童生徒の学習といった文脈で用いられることが多く、第二言語として緊急度や必要度が高い日本語というニュアンスがある。後者は海外で日本語が学ばれる場合のように、一般的に学習される日本語というニュアンスで使われる。ちなみに日本人が学ぶ英語はほとんどがEFL（English as a foreign language）である。

児童の権利に関する条約

児童（ここでは18歳未満のものを指す）の人権の尊重と保護の促進を目標に1989年に国連で採択された条約で、日本は1994年に締約国になる。第28条に初等教育の義務化に関する条文があるが、日本ではまだ外国人児童に対して初等教育が義務化されていない。義務化されていない現状では、希望する外国人児童は「日本人のための教育」に受け入れるが、外国人児童に合わせ適切な教育を受けさせることは義務ではないため不十分であり、こういった対応が不就学の問題へとつながっている。

ダブルリミテッド

自分の母語と、暮らしている場所の（母語以外の）言語のどちらも年相応に発達しておらず、抽象的な思考が十分にできない状態を指す。日本では外国人児童生徒に教育を受けさせることが義務化されていないことなどから不就学の問題が取り沙汰されるようになり、それに連動して**ダブルリミテッド**という用語も使われるようになってきた。**外国人学校**に行かない限り、彼らの母語の能力を十分に伸ばすことは難しい。外国人学校に行かない場合、学校教育は日本語で受けなければならないが、それほど簡単に日本語が習得できるわけではない。そのため、どちらの言語も中途半端な状態になってしまうことがある（→敷居（閾）仮説 参照）。

外国人学校➡P.31、敷居（閾）仮説➡P.151

言語権

言語に関する人権のこと。言語という側面に平等の概念を適用する考え方で、自分の望む言語によって社会活動を行う権利。具体的には、自分の母語を習得し使用する権利と現地の**公用語**を学習する権利の二つに分けられる。ブラジルから日本に来た日系人の例でいうと、前者はポルトガル語を習得して(→**継承語** 参照)そこに**アイデンティティ**を見いだし、使用する権利で、後者は日本語を学ぶ権利となる。

公用語➡P.65、継承語➡P.30、アイデンティティ➡P.107

学習権

教育を受ける、学習する権利のこと。日本では外国人児童に対して初等教育を受けさせることが義務化されていないが、これは日本国憲法の規定によっている。教育を受ける権利については、第26条が、「すべて国民は」で始まっており、外国人は国民ではないから適用されないと解釈されている。現在の日本の行政の対応は、外国人児童の**学習権**を満たしているとはいえない(→**児童の権利に関する条約** 参照)。ただし、2018年「外国人材の受入れ・共生のための総合的対応策」などで、外国人児童生徒の教育等の充実は明記されている。

児童の権利に関する条約➡P.29

継承語

外国人住民の母語のこと。親から受け継ぐことばというニュアンスがある。特に外国人児童生徒の母語を指すことが多い。一方で、日本で育ち日本語しか話せない外国人児童がいたとしたら、その子にとってペラペラ話せる日本語は母語であると言うこともできる(母国語ではない)。そのような場合と用語が混乱してしまうため、親から引き継いだことばを明確に指示するのが**継承語**である。親のことばを教える・学ぶことを継承語教育という(母語教育という言い方も同じ意味で使われることがある)。継承語教育が成功するかどうかは、言語集団間の力関係に依存する。継承語の力関係が弱い場合(例えば、在日外国人児童を例にするなら、日本社会で使用の機会がなくあまり知られていないマイナーな言語を継承語とする場合)、子どものことばは消えやすく、学校教育の初歩期に消えてしまうこともあるという。継承語ができないと親とのコミュニケーション、**アイデンティティ**の確立、帰国後の社会復帰などにさまざまな問題を引き起こす。そのため継承語教育の重要性はたびたび取り上げられている。

アイデンティティ➡P.107

1条学校(1条校)

学校教育法第1条に定められる学校のこと。具体的には、幼稚園、小学校、中学校、高等学校、中等教育学校(中高一貫教育の学校)、大学、高等専門学校などが当てはまる。国立・公立・私立の区別は関係ないが、公の性質を持っている学校が**1条学校**である。外国人児童生徒が通う**外国人学校**のほとんどはこの**1条校**に認められておらず、**各種学校**という位置づけになる。

外国人学校➡P.31、各種学校➡P.31

各種学校

学校教育法が定める**1条校**ではないが、教育を行う施設として認可された学校。**外国人学校**はここに入る場合が多い。文部科学省が定める教育要領・学習指導要領の拘束を受けずに自由に**カリキュラム**が組める反面、大学入学資格や補助金に関して制約を受けることもある。民主党政権による高校無償化法(2010年施行)では、**朝鮮学校**の無償化をめぐって議論になったが、2013年に除外が決定している。現在も無償化の対象ではない。

1条校➡P.31、外国人学校➡P.31、カリキュラム➡P.179

外国人学校

在住外国人のために教育を行う学校のこと。大きく2種類あり、民族学校と国際学校(インターナショナルスクール)に分けられる。民族学校には、朝鮮学校、ブラジル人学校、中華学校などがあり、それぞれの母語で教育を行っている。一方、国際学校にはさまざまな国籍の子供が集まっており、主に英語で教育を行っている。**外国人学校**の中でも、学校教育法上の**各種学校**として都道府県が認可したものもあれば、無認可のものもある。外国人学校の中学校の課程を修了しても義務教育を終えたことにはならないため、多くの場合、公立高校への受験資格は認められないが、私立高校では各校の判断となる。また、文部科学省が「高校相当」として**1条校**に認めた学校、国際的な評価団体が認めた学校の卒業生らには大学への入学資格が認められている。

各種学校➡P.31、1条校➡P.31

夜間中学校

公立の中学校で、昼間通学が困難な人のために夜間に行われるクラスのこと。正式名は中学校夜間学級。もともとは第２次世界大戦中や戦後の混乱期に教育を受けられなかった人のために開設されたが、定住外国人が日本語を学ぶ場としても大事な存在となっている。山田洋次監督の映画『学校』シリーズで舞台となり注目されたこともある。公立だけではなく民間団体による自主**夜間中学校**もあるが、多くは資金不足などで運営に苦労している。

加配教員

公立の小中学校で、児童生徒数によって決まる教員定員に、上乗せして配属される教員のこと。費用の３分の１は国が負担する仕組みになっている。外国人児童生徒に対して**加配教員**が配置されることがあるが、まだまだ十分とはいえない。加配された教員は、外国人児童生徒の日本語学習支援を行うこととなる（→**取り出し授業／入り込み授業** 参照）が、彼らは必ずしも日本語教育の専門家であるとは限らない。

取り出し授業／入り込み授業 ➡ P.32

取り出し授業／入り込み授業

外国人児童生徒に対する学習支援の方法。一般の教室から外国人児童生徒を取り出して別室で指導を行うのが**取り出し授業**。授業科目の指導を行うこともあれば、日本語の授業を行うこともある。少人数で個別対応をすることで、一般の授業についていけるようになることを目指す。一方、教室に支援者が入り込んで外国人児童生徒の隣で指導を行うのが**入り込み授業**。支援者は、教員が話すことを児童生徒の隣でやさしく言い換えたり、通訳したりする。

CLARINET(クラリネット)

海外子女教育、帰国・外国人児童生徒教育関係の教育相談や情報提供(学校間の情報交換)を行うために開設されたサイト。文部科学省総合教育政策局教育改革・国際課が中心となって運営している。実際には**外国につながる子どもたち**の支援者からも広く利用されている。この名称は、海外子女・帰国児童生徒の英語表記(Children Living Abroad Returnees Internet)の頭文字から取っており、コンテンツはさまざまなものがある。外国人児童生徒の日本語能力を評価する**DLA**について解説した『外国人児童生徒のためのJSL対話型アセスメントDLA』や、公立学校の受け入れ側が知っておくべきそれぞれの役割や必要な業務などの情報をまとめた『外国人児童生徒受入れの手引き』が見られるほか、日本の学校ルールなどをまとめた『外国人児童生徒のための就学ガイドブック』(英語、韓国・朝鮮語、ベトナム語、フィリピン語、中国語、ポルトガル語、スペイン語の7言語に翻訳)が、ダウンロードできるようになっている。
また、『「日本語指導が必要な児童生徒の受入れ状況等に関する調査」の結果について』では、毎回の調査結果が一覧で見られる(→**日本語指導が必要な外国人児童生徒等参照**)。

外国につながる子どもたち➡P.27、DLA➡P.213、日本語指導が必要な外国人児童生徒等➡P.27

かすたねっと(CASTA-NET)

外国につながる子どもたちの学習を支援するための情報検索サイト。文部科学省総合教育政策局 男女共同参画共生社会学習・安全課によって運営されている。外国につながりのある児童・生徒のためにインターネットを介して提供される多言語情報資源およびソフトウエア・ツール(Multilingual resources for school children with foreign backgrounds and software tools available on the Internet)の下線部を取って名称としている。
大きく分けて三つの情報検索が可能で、トップページから教材検索、文書検索、用語検索が選択できる。教材検索では、**外国人児童生徒教育のための教材**がまとめられており、日本語指導と教科指導に分けて必要なものを選べるようになっている。文書検索では、**多言語の学校文書**(保護者への配布資料)が集められており、各種費用徴収、健康診断、進路相談、防災関係など現場で使う文書が選択できる。用語検索は、学校関係用語をいくつかのジャンル(JSL社会科用語、JSL理科用語、就学ガイド用語など)の中から調べられるようになっている。

外国につながる子どもたち➡P.27

アーティキュレーション

連続・連関などと訳され、離れた部分を結合することを意味する。教育分野では、小学校から中学校、中学校から高校などの異なる教育段階へのつながりを円滑にすることを意味する。
日本語教育の文脈では、さまざまな場面で用いられるが、つながりの基準を大きく3点に分けて具体例を紹介する。一つ目は縦の関係。高校で受けた日本語の授業と大学の授業がどうつながるのか、大学内の留学生センター(国際センター)における日本語授業と、進学した後の学部生の授業がどうつながるのかなどの関係である。二つ目は横の関係。「初級総合日本語」の授業と、それに並行して行われる「初級漢字」の授業はどう関係しているのか、短期交換留学生の母国で受けた授業と来日後の大学で受ける授業の関係など。三つ目は専門横断的な関係。小学校における**取り出し授業**とすべての児童が一緒に受ける国語や算数の授業の関係、大学の学部1年生が受ける日本語授業とその他の専門の授業の関係などが、ここに当てはまる。

取り出し授業/入り込み授業➡P.32

コードは
Lq6JRYa5
だよ。

3. 日本語教育の歴史と現状

キリシタン資料

戦国時代末期から江戸時代にかけて、日本を訪れたカトリックの宣教団が作成した資料のこと。手書きの写本と印刷された版本があり、宣教師が日本語学習に用いた文法書や辞書、教科書が含まれる。こういった資料から、当時の宣教師がどのように日本語を学習していたのかをうかがうことができる。文法書はロドリゲスによる『日本大文典』や『日本小文典』、辞書は『日葡辞書』、教科書は『天草版平家物語』や『天草版伊曽保物語(エソポのハブラス)』などがある。これらはローマ字で書かれていたことから、学習の基本は音声言語としての日本語を学ぶことであったことがわかる。

1590年に印刷機が日本にもたらされた後、イエズス会が江戸初期までに日本で印刷したもの約30点を「**キリシタン版**」と呼ぶよ。

ロドリゲス(Rodrigues) (1561〜1633)

基本

16世紀末の戦国期に来日したキリシタン宣教師。16歳で来日後、日本語習得に才能を発揮し、宣教師代表として豊臣秀吉や徳川家康と交渉するまでになる。日本語教育への貢献も大きく、1604年から08年にかけて標準口語をまとめた本格的な日本語文法書『**日本大文典**』を著している。晩年マカオに追放された後、簡約版である『日本小文典』(1620)を刊行している。

ARTE DA LINGOA DE IA-
PAM COMPOSTA PELLO
Padre Ioão Rodriguez Portugues da Companhia de IESV diuidida em tres
LIVROS.

COM LICENÇA DO ORDI-
NARIO, E SVPERIORES EM
Nangasaqui no Collegio de Iapão da
Companhia de IESV
Anno. 1604.

長崎版『日本大文典』

日葡辞書

1603～04年に刊行されたイエズス会宣教師による辞書。日本語をポルトガル語で説明してある。見出し語総数は約3万3000で、日本語をアルファベット表記でアルファベット順に並べてある。当時の日本語の音がアルファベットから推測できる点で、資料価値も高い本である。坊主(ボンズ)と小坊主(ボンズィーニョ)のような、日本語にポルトガル語接辞を加えたことばなども記録されており、当時の宣教師たちの言語生活が想像できる。

ゴンザ (1717～39)／ソーザ (1696～1736)

共に薩摩出身者。1728年、乗組員17人の船が大阪へ向かう途中暴風雨に襲われ、カムチャツカ南端に漂着した。運悪くそこにいたコサック隊によって**ゴンザ・ソーザ**以外の乗組員は全員殺害されてしまう。残された二人はロシア政府に救出されペテルブルク(現サンクトペテルブルク)に行き、日本語を教えることとなる。ゴンザは特に若かったこともあり、ロシア語も上達し、**アンドレイ・ボグダーノフ**に協力し多くの著書を世に送る。中でも『**新スラブ・日本語辞典**』(1738)は、ゴンザの付けた対訳に**薩摩方言**の影響が見て取れ、当時のロシア語や薩摩方言の記録として貴重な資料となっている。

日本語廃止論

明治時代に脱亜入欧の社会情勢の中で現れた森有礼(1847～89)の**日本語廃止(英語使用)論**、敗戦後の虚脱状態で現れた志賀直哉(1883～1971)の日本語廃止(フランス語使用)論が有名である。これらは極端な例であるが、漢字の学習が日本の国語教育上、大きな負担になっているという認識は古くからあり、江戸時代には前島密が漢字廃止論を提案している。その後も漢字廃止の動きはローマ字派、かな文字派などが現れさまざまな主張がなされるようになるが、それぞれが派内対立(ヘボン式対訓令式、ひらがな対カタカナ)を抱えており、運動はまとまらないまま大きな勢力とはならなかった。なお、漢字を廃止したいという動機は、漢字を学習すること、させることがなんらかの負担になっているという問題意識から出発している。つまり、学習負担を減らしたいという意味では、現在の、常用漢字を制定して漢字使用の目安とするという方針も、漢字廃止論の問題意識を部分的に引き継いでいるといえる。

占領地の日本語教育

日本は台湾(1895～1945)、**南洋諸島［南洋群島］**(1914～45)、朝鮮半島(1910～45)、中国東北部(満州)(1932～45)、南方占領地(フィリピン、インドネシア、マレーシア、ビルマ：それぞれ1940年代の2年半～3年半)で日本語教育を行っている。1938年の近衛内閣による近衛声明(「大東亜共栄圏」構想につながるもの)が転換期で、それまで出先機関の裁量で行われていた日本語教育だったが、それ以降、**日本語教育振興会**(文部省の外郭団体で大東亜共栄圏への日本語普及を目指した組織)を中心に中央制御で行おうとするようになった。南方諸地域に派遣する教員を養成するための**南方派遣日本語教育要員養成所**が1942年にできたのも、同じ流れにある。日本国内にあったこの養成所は、終戦までの短期間であったが、各地に日本語教員を送り出した。1943年の派遣先は、フィリピン、ビルマ、マレー、ジャワ、ボルネオとなっている。(→P.58 地図参照)

伊澤修二(いざわしゅうじ) (1851～1917)

台湾で日本語教育を立ち上げた中心人物。1895年に総督府学務部長心得として台湾に渡り、台北郊外の**芝山巌(しさんがん)**において日本語教育を始める。当時は国語教育と称していた。日本政府は台湾統治について同化政策を取っており、その根幹が日本語教育であるという方針に沿って伊澤は日本語教育を行った。教育者・研究者というよりは教育行政家として評価されている。

伊澤修二
写真提供：伊那市教育委員会

芝山巌(しさんがん)事件

1896年日本の台湾統治中、台湾人の反日蜂起により日本語教師が襲われた事件。**伊澤修二(いざわしゅうじ)**は留守であったが、一緒に台湾に渡った日本語教師6人はすべて殺害されてしまった。事件の原因は諸説あるが、決定的なものはない。ただ、台湾統治が開始されたばかりの時期であり、当時、台北では頻繁に民衆蜂起が起こっていたことは報告されている。

伊澤修二➡P.38

山口喜一郎（1872～1952）

日本統治時代の台湾・朝鮮・満州における日本語教育で指導者的な役割を果たした人物。当時、**対訳法**中心に行われていた台湾の日本語教育において、**グアン式教授法**（→グアン法 参照）を参考に**直接法**の導入を進めた。具体的には「戸のほうに歩む」「戸に近よる」「ますます近よる」「戸のところまで行く」「戸のところに止まる」のように、動作を一連の口頭表現と結び付けて理解させるという方法を取った。これがきっかけとなり台湾の日本語教育が軌道に乗ったとされている。

グアン法➡P.181、直接法➡P.180

松本亀次郎（1866～1945）

37歳から**宏文学院**（設立は**嘉納治五郎**）で清国留学生向けの日本語教育にかかわった人物。日本語教師をしながら『**改訂日本語教科書**』（初版1906）などの優れた教科書を編さんする。中国に渡って日本語を教えたこともあり、日中交流に大きく貢献する。当時軽蔑のニュアンスがあった「支那」ということばを使わなかったなど、人格者としてのエピソードが多い。教え子に、魯迅、周恩来などがいる。

松本亀次郎
松本洋一郎氏所蔵

松下大三郎（1878～1935）

27歳（1905年）から**宏文学院**（→松本亀次郎 参照）で日本語を教える。1913年には日華学院を創立し、教育だけではなく日本語学校の経営にもかかわっている。留学生への指導目的で教材を執筆する一方、優れた文法書も出しており、日本語研究者としても有名である。松下の教材『漢訳日本口語文典』（初版1907）では「ている」「てある」「ておく」を補助動詞としてとらえていたり、「において」「にとって」のような項目を掲載したりしており、現在に通用する先見性がある。松下は和文タイプライターの開発なども行っており、多才な側面が見られる。

松本亀次郎➡P.39

長沼直兄 (1895～1973)

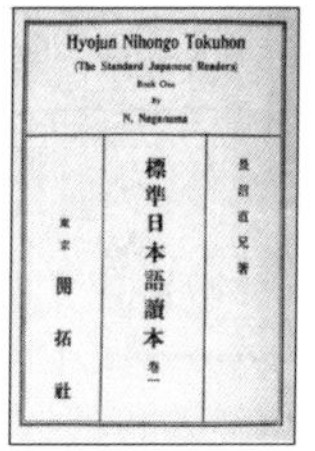

『標準日本語読本』

長沼直兄
提供：㈶言語文化研究所付属東京日本語学校

パーマーによる**直接法**の影響を受け、現代の日本語教授法の基礎を築いた人物。戦争中は**日本語教育振興会**の理事、戦後は**言語文化研究所**を設立し、その付属日本語学校で日本語教育にかかわる。1931年から34年にかけて7巻まで刊行された『**標準日本語読本**』が代表的な教材である。また、戦後に**長沼直兄**編で作られた教材は、ほかに教材が少なかったこともあり、以後の日本語教育に大きな影響を与えることになる。特に1950年に出た『Basic Japanese Course』は、鈴木忍・阪田雪子の『NIHONGO NO HANASIKATA』(1954年作成)と並び、教材の構成や採用した基本文型が現在の教材に大きな影響を与えている。

直接法➡P.180

ドナルド・キーン (1922～2019)

日本文学研究者。2012年に89歳で日本国籍を取得し話題となる。通称(雅号)「鬼怒鳴門(キーンドナルド)」。太平洋戦争中にASTP(Army Specialized Training Program)(→アーミー・メソッド 参照)で日本語を学び情報士官となる。日本語教育との関係では「教授法」の科目でよく紹介される研究者である。コロンビア大学で長く教える。日本文学を欧米に広く紹介した。

アーミー・メソッド➡P.181

海外産業人材育成協会(AOTS)

民間による技術協力を促進する財団法人。経済産業省の認可を受けている。母国の経済発展を担う人材を海外から受け入れ国内で研修する外国人研修制度の中心的役割を果たしている。前身の海外技術者研修協会によって研修生向けに開発された教材『日本語の基礎』『新日本語の基礎』は『**みんなの日本語**』の基になった教材である。また、EPAによる**看護師・介護福祉士候補者**(→外国人看護師候補者・介護福祉士候補者 参照)の受け入れにもかかわっている。

EPA➡P.16、外国人看護師候補者・介護福祉士候補者➡P.24

国際協力機構（JICA） Japan International Cooperation Agency

2003年国際協力事業団から現在の組織名になった外務省所管の独立行政法人。海外技術協力の一環として日本語教育にもかかわっている。具体的には、開発途上国から日本へ来る研修員のための日本語教育、**青年海外協力隊**による海外各地での日本語教育、**日系社会青年ボランティア**による移住者・日系人向け日本語教育などを行っている。これまで青年海外協力隊・日系社会青年ボランティアは20～39歳という年齢制限があり、その上に40～69歳を対象としたシニア海外ボランティアという制度があった。2019年から派遣体系が改変され、青年海外協力隊（日系社会青年海外協力隊を含む）とシニア海外協力隊（日系社会シニア海外協力隊を含む）はともに年齢が20～69歳までとなり、専門性の高さにより両者は区分されている。

国際交流基金（JF） Japan Foundation

海外の日本語教育に対する支援事業を行っている外務省所管の独立行政法人。1972年設立で海外25カ国に26の拠点がある（2024年２月現在）。文化芸術交流、海外における日本語教育、日本研究・知的交流が主要活動分野。具体的には、日本語教師の海外派遣や**日本語能力試験**の実施（海外担当）を行っている。国内研修施設も二つあり、その一つである日本語国際センター（埼玉県さいたま市）では外国人日本語教師を招聘（しょうへい）して日本語教育のための研修を行い、世界レベルで日本語教育の質の向上を目指している。

日本語能力試験➡P.49

国立国語研究所

国語（日本語）やその使用実態、外国人に対する日本語教育について調査・研究を行う研究機関。1948年発足。2001年から独立行政法人になり、2009年から大学共同利用機関法人へと移行。その過程で日本語教育基盤情報センターが廃止されることになったが、署名運動などを経て一部の機能が残されることになった。各種**コーパス**の開発、方言調査、外国人住民へのインタビュー調査などさまざまな調査・研究を行っている。

コーパス➡P.226

日本学生支援機構(JASSO) Japan Student Services Organization

設立の経緯については**日本国際教育支援協会(JEES)**参照。複数の団体の整理統合を経て、現在、学生支援の一環として留学生支援などを行っている。国際学友会日本語学校、関西国際学友会日本語学校は**JASSO**の日本語教育センターとなった。学生向け各種奨学金支給事業が有名であるが、**日本留学試験(EJU)**の実施団体でもある。日本人の海外留学支援も行っている。

日本国際教育支援協会(JEES) ➡P.42、日本留学試験(EJU) ➡P.50

日本国際教育支援協会(JEES) Japan Educational Exchanges and Services

留学生の支援を行っていた団体(財団法人日本国際教育協会、特殊法人日本育英会、財団法人内外学生センター、財団法人国際学友会、財団法人関西国際学友会)がその業務を整理統合した結果、2004年に公益財団法人**日本国際教育支援協会**と独立行政法人**日本学生支援機構**が生まれた。日本語教育に関して特記すべきことは、日本国際教育支援協会は、**日本語能力試験**(国内担当)と**日本語教育能力検定試験**を実施していることである。

日本学生支援機構 ➡P.42、日本語能力試験 ➡P.49、日本語教育能力検定試験 ➡P.49

日本語教育振興協会(日振協)

日本語教育機関(日本語学校)の審査・認定などを行う一般財団法人。日本語を学ぶために来日する外国人学生が安心して日本語を学習できるよう、日本語教育機関(日本語学校)の質的向上を図ることが目的。留学生受入れ10万人計画策定以降、日本語学校が乱立し不法就労の隠れみのと呼ばれた時代を背景に1989年設立。日本語学校の設置基準として、日本語教師の資格、教師数、学生数、授業時間など細かく規定している。例えば、主任教員となるには専任として3年働いたキャリアが必要である。一方、図書室を置くといった環境面での基準もある。すべて日本語学校の質的向上のために設けられた基準である。2010年の事業仕分け(行政刷新会議)の際、廃止(法的により明確な制度に改める)とされたが、2014年、(財団法人から)一般財団法人となり現在に至る。

日本貿易振興機構（ジェトロ） Japan External Trade Organization

2003年、前身の日本貿易振興会を引き継いで独立行政法人として設立。貿易・投資促進と開発途上国研究を通じ、日本の経済・社会の発展に貢献することが目的。1996年から2008年まで**BJTビジネス日本語能力テスト**を実施していた。（2009年〈第19回〉以降、**日本漢字能力検定協会**が実施）。

BJTビジネス日本語能力テスト➡P.50

日本の国語政策

文化庁の国語施策を概観すると、常用漢字表の制定、仮名遣い・送り仮名・外来語の表記、敬語の使い方といったルール作りに大きくかかわっている。国語政策にはこういった文字・表記に関するものが多かったが、近年では外国人に対する日本語教育というものも施策の一部となっている。これは、2007年に**文化審議会国語分科会**のなかに**日本語教育小委員会**が設置されたことからもわかる。

文化審議会国語分科会➡P.44、日本語教育小委員会➡P.44

文部科学省

日本の行政機関の一つ。教育・生涯学習を中心とした人材育成、学術・スポーツ・文化の振興などを担当している。2001年に文部省と科学技術庁が統合して発足。日本語教育にかかわる部門は、主に**文部科学省**の外局である**文化庁（文化部）国語課**が担当。2018年より**文化庁国語課**と改名された。

文化庁国語課➡P.43

文化庁国語課

文化庁の中で、美しく豊かなことばの普及、外国人などへの日本語教育に関する事業などを担当している。一般的には常用漢字や**国語に関する世論調査**などの母語話者の言語規範にかかわる課題を扱う事業が有名だが、日本語教育についてもさまざまな事業（例：中国帰国者向け教材『中国からの帰国者のための生活日本語』の作成、**地域日本語教育**に関する標準的なカリキュラム案の提示など）を行っている。

国語に関する世論調査➡P.45、地域日本語教育➡P.53

文化審議会国語分科会

文化審議会は文化庁内にある審議会の一つ。文化の振興、国際文化交流の振興にかかわる調査や審議を行う。2001年に国語審議会、著作権審議会など四つの審議会の機能を整理統合して文化審議会となる。文化審議会は、複数の部会や分科会から構成されており、それらの一つが**国語分科会**である。国語分科会は、国語の改善およびその普及に関する事項を調査・審議しており、**国語課題小委員会**と**日本語教育小委員会**からなる。

国語課題小委員会➡P.44、日本語教育小委員会➡P.44

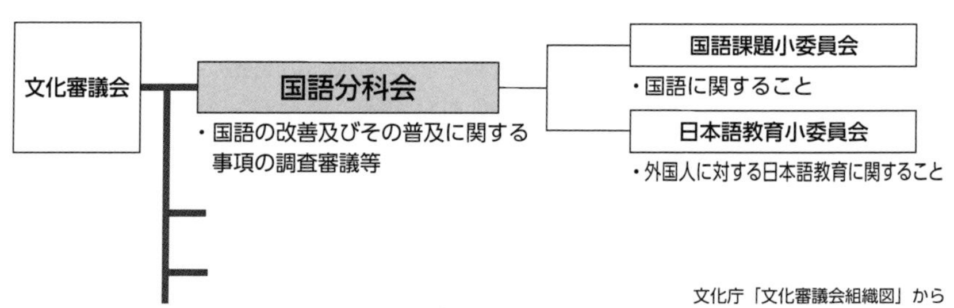

文化庁「文化審議会組織図」から

国語課題小委員会

国語分科会内で国語に関するテーマを扱う小委員会。2016年以降、この名称(**国語課題小委員会**)となっているが、それまでは「敬語小委員会」のように「○○小委員会」という名前で、○○にさまざまなテーマを入れたものが多数存在していた。2007年の「敬語の指針」や2010年の「改定常用漢字表」など、日本語の文字・表記・敬語の使い方といった規範にかかわる課題を扱って、政策提案を行っている。近年の提案は2018年の「分かり合うための言語コミュニケーション」、2022年「公用文作成の考え方(建議)」である。

日本語教育小委員会

2007年から**国語分科会**の中に設置されている委員会。**地域日本語教育**の内容、体制、ほかの組織との連携などについて議論を行い、提言を出すのが目的。2008年には地域日本語教育に公務員資格の**コーディネーター**を設置することや、その予算措置を国が行うことなどの提言を出しているが、直ちに政策に反映されているわけではない。

地域日本語教育➡P.53、コーディネーター➡P.54

国語に関する世論調査

国語施策の参考とするため、日本人の国語に関する理解(例：外来語の意味がわかるかどうか)や意識(例：敬語の使い方に関心があるかどうか)の現状を調査したもの。文化庁が1995年度から毎年実施している。質問内容は年によって異なる。これまでの調査内容は、言葉の使い方、外国人に対する日本語教育、漢字・ローマ字などの表記に関する意識、手書き文字と印刷文字の違いなどである。

識字

識字は文字の読み書きができる能力である。よって、識字能力のことを指すのだが、単純に「識字」と呼ぶこともある。どの程度のレベルを識字能力があると考えるかは解釈に幅があり、社会生活を営むための文章が読み書きできる(＝リテラシーがある)レベルという考えがある一方、その字面から文字が少し読めて書ければ、識字能力があるとする考えもある。

識字教育

字が読めない人向けに読み書き能力の習得を目指す教育。日本国内では**夜間中学校**などで行われており、義務教育を受けられなかった日本人だけではなく在日外国人もその対象とされてきている。教育学者の**パウロ・フレイレ**は識字を「単に読み書きの技能習得にとどまらず、人間の解放とその全面発達に貢献するもの」と定義し、母国のブラジルで実践活動を行った。そこでは、教師から一方的に教え込まれる、いつ役に立つのかわからないような単なる読み書きのための練習を**銀行型教育**と呼び、それを否定した。逆に、文字を使って現在自分の抱えている課題を解決するような課題提起型の教育を主張した。

夜間中学校➡P.32

留学生受入れ10万人計画

2000年を目標に、来日留学生の数を10万人にしようとする計画。1983年に**中曽根康弘内閣**によって策定された。各大学では留学生受け入れのためのコースが設置されたり、日本語教員養成が開始されたりしている。また、この計画により、就学ビザの取得手続きが簡素化されたため、多くの**就学生**(→留学生 参照)が(留学生になることを目標に)来日することになる。ただし、急激に増えた就学生の中には、就労目的のものもおり、1980年代後半には社会問題となる。そういった経緯を経て、計画当時約1万人だった留学生が**2003**年に10万人を超え、計画は達成された。

留学生➡P.22

留学生30万人計画

2008年に**福田康夫内閣**によって策定された計画。2020年を目標に来日留学生を30万人にすべく、留学の入り口から出口までの対応を一元化した。つまり、海外での広報から留学を経て日本で就職するまでのサポート体制を充実させようとしている点に特徴がある。また、英語による教育を充実することで、これまで日本に興味を持っていなかった留学生を呼び込もうとしている点も特徴として挙げられる(→グローバル30 参照)。留学の在留資格で日本に滞在する外国人は2019年に30万人を超えた。なお、内閣官房は、今後、外国人留学生の受入れ人数40万人を目指すことを、教育未来創造の提言(2023年4月)で表明している。

グローバル30➡P.47

アジア人財資金構想

2007年から2013年まで経済産業省と文部科学省が連携して行っていた留学生育成事業。アジアの優秀な留学生を高度人材として日本企業に就職させることが狙い。具体的には、留学生の就職支援、産学連携専門教育、ビジネス日本語教育などを行っている。ところが、2009年の事業仕分け(行政刷新会議)の際に、無駄が多いということで事業廃止と判定された。

国際化拠点整備事業（グローバル30）

全国30大学を目標に国際化拠点大学を決めて、集中的に予算を投下しようとする政策。大学のグローバル化が目的で留学生に魅力的な大学づくりを目指す。公募制を取っており国立大学だけでなく私立大学が選ばれることもある。2010年の事業仕分け（行政刷新会議）の際に、一度廃止決定がなされてから復活した経緯もあり、採択数は目標の30に遠く及んでいない。

JF日本語教育スタンダード

日本語教育における学習者の評価方法に関する提案。JFとは**国際交流基金**（Japan Foundation）の頭文字で、2009年に試行版が、2010年には「**JF日本語教育スタンダード2010**」が公開された。「（旧）日本語能力試験1級に合格している」とか「小学校5年生程度の漢字が書ける」というのは暗記した知識の量で学習者を評価しているわけだが、これらの人は「何ができるのか？」という問いに答えられない。これに対し**JF日本語教育スタンダード**とは「○○ができる」という形で書かれた**Can-Do Statements（能力記述文）**による評価を行おうとする試みである。これは欧州評議会が発表している**CEFR（ヨーロッパ言語共通参照枠）**の影響を強く受けている。

国際交流基金➡P.41、Can-Do Statements➡P.69、CEFR➡P.68

『いろどり　生活の日本語』

国際交流基金が無料で公開している地域日本語教育向けの教材。対象者は日本で生活・仕事をする人である。目標は、基礎的な日本語のコミュニケーションを学ぶこと。教材は、ウェブサイトからPDFをダウンロードして使う。「入門」「初級1」「初級2」の3部からできている。多言語版も充実しており、15言語以上の翻訳版が公開されているが、順次外国語が増えていくということである。「**JF日本語教育スタンダード**」に準拠しており、ある場面で何ができるか（Can-Do）を評価軸としている。教材は、生活場面で少しずつできることを増やしていけるように作られている。日本で働く、買い物をする、遊びに行く、食事をする、ほかの人と交流するなど、日本の生活のさまざまな場面を具体的に設定している。

JF日本語教育スタンダード➡P.47

日本語教育の参照枠

日本語教育関係者が参照できる学習・教授・評価のための枠組み。**CEFR(ヨーロッパ言語共通参照枠)**を参考にしている。旧日本語能力試験のように学習時間や文法・語彙の数で規定されていたレベル設定とは異なり、「どんなことができるか(Can-Do)」でレベル設定を行っている。例えば全体的な尺度として日本語の熟達度が6レベルに分けられているが、そこでは「~できる」という形で書かれたCan-Do Statements(能力記述文)を指標としている。また、熟達度のレベルを技能別に分けて記述する点も現実社会のコミュニケーション場面に即している。「読む」・「書く」・「聞く」・「話す」を分けた上で、「話す」は「やりとり」と「発表(独話)」に分けている。

日本語教育の参照枠は、評価枠組みの規範を大きく変えることで、教育の全体像を提示しようとするものである。この概念を広く普及させるために、『活用のための手引』や『生活Can do』(具体的な言語活動とその能力記述文をレベル別にリスト化したもの)などを公開している。文化審議会国語分科会日本語教育小委員会が2021(令和3)年度に最終報告を取りまとめている。 CEFR➡P.68

全体的な尺度(抜粋) 日本語能力の熟達度について6レベルで示したもの

熟達した言語使用者	C2	聞いたり、読んだりしたほぼ全てのものを容易に理解することができる。自然に、流ちょうかつ正確に自己表現ができ、非常に複雑な状況でも細かい意味の違い、区別を表現できる。
	C1	いろいろな種類の高度な内容のかなり長いテクストを理解することができ、含意を把握できる。言葉を探しているという印象を与えずに、流ちょうに、また自然に自己表現ができる。社会的、学問的、職業上の目的に応じた、柔軟な、しかも効果的な言葉遣いができる。
自立した言語使用者	B2	自分の専門分野の技術的な議論も含めて、具体的な話題でも抽象的な話題でも複雑なテクストの主要な内容を理解できる。お互いに緊張しないで熟達した日本語話者とやり取りができるくらい流ちょうかつ自然である。
	B1	仕事、学校、娯楽でふだん出合うような身近な話題について、共通語による話し方であれば、主要点を理解できる。身近で個人的にも関心のある話題について、単純な方法で結び付けられた、脈絡のあるテクストを作ることができる。
基礎段階の言語使用者	A2	ごく基本的な個人情報や家族情報、買い物、近所、仕事など、直接的関係がある領域に関する、よく使われる文や表現が理解できる。簡単で日常的な範囲なら、身近で日常の事柄についての情報交換に応じることができる。
	A1	具体的な欲求を満足させるための、よく使われる日常的表現と基本的な言い回しは理解し、用いることもできる。もし、相手がゆっくり、はっきりと話して、助け船を出してくれるなら簡単なやり取りをすることができる。

文化庁「日本語教育の参照枠　報告」から

https://www.bunka.go.jp/seisaku/bunkashingikai/kokugo/hokoku/pdf/93476801_01.pdf

日本語教育能力検定試験

日本語教育の専門家として、知識や能力が基礎的水準に達しているかどうかを測るための試験。検定であって、国家資格のような公的な資格ではないが、この試験の合格は事実上日本語学校で働く日本語教師の資格相当として機能している。また、アジアの国々では求人情報に日本語教育能力検定合格という条件を挙げる学校が増えてきている。公益財団法人**日本国際教育支援協会**が実施。試験の内容は「社会・文化・地域」「言語と社会」「言語と心理」「言語と教育」「言語一般」の５区分からなる。2024年からは**登録日本語教員**となるための国家試験「日本語教員試験」が実施され、**日本語教育能力検定試験**の位置づけがどうなるのか注目されている。

日本国際教育支援協会➡P.42

日本語能力試験（JLPT）

日本語能力をレベル別に認定する試験。年２回実施（海外では年１回の都市もあり）。日本語を母語としない者が対象。国内では公益財団法人**日本国際教育支援協会**が実施し、海外では独立行政法人**国際交流基金**が現地関係機関の協力を得て実施している。2009年度までは１級（日本語学習時間900時間程度）から４級（同150時間程度）までの４段階だったのが、2010年度よりN1～N5の５段階となった。これを当時、**新しい日本語能力試験**と呼んでいた。この試験は、課題遂行のための言語コミュニケーション能力をより重視している。

日本国際教育支援協会➡P.42、国際交流基金➡P.41

レベル	試験科目（試験時間）		
N1	言語知識（文字・語彙・文法）・読解（110分）		聴解（55分）
N2	言語知識（文字・語彙・文法）・読解（105分）		聴解（50分）
N3	言語知識（文字・語彙）（30分）	言語知識（文法）・読解（70分）	聴解（40分）
N4	言語知識（文字・語彙）（25分）	言語知識（文法）・読解（55分）	聴解（35分）
N5	言語知識（文字・語彙）（20分）	言語知識（文法）・読解（40分）	聴解（30分）

（N1・N2）試験科目は「言語知識（文字・語彙・文法）・読解」と「聴解」の２科目。

（N3・N4・N5）試験科目は「言語知識（文字・語彙）」、「言語知識（文法）・読解」、「聴解」の３科目。

「日本語能力試験」ホームページより

https://www.jlpt.jp/guideline/testsections.html

日本留学試験(EJU)

日本の大学に入学を希望する外国人向け試験。年2回実施。海外では韓国・ベトナム・香港・台湾など学習者の多い地域で受験が可能である(ただし、北京など中国大陸では受けられない)。日本の大学で必要とする日本語力および基礎学力の評価を行うことが目的。実施団体は独立行政法人**日本学生支援機構**。科目は日本語(**アカデミック・ジャパニーズ**[読解・聴解・聴読解・記述]:450点満点)、理科(物理・化学・生物の基礎:200点満点)、総合科目(政治・経済・社会、地理、歴史の3分野から総合的に出題:200点満点)、数学(200点満点)から大学の指定に合わせて選択する。結果は点数化され、**日本語能力試験**のような合否判定はない。

日本学生支援機構➡P.42、アカデミック・ジャパニーズ➡P.216、日本語能力試験➡P.49

BJTビジネス日本語能力テスト

受験者が、どの程度の日本語によるビジネスコミュニケーション能力を持っているかを測る能力テスト。独立行政法人**日本貿易振興機構**(JETRO)が1996年に開始したが、2009年(第19回)以降、財団法人**日本漢字能力検定協会**が引き継いで実施することになった。点数は0~800点で採点され、J1+~J5の6段階レベル設定。J1+が一番上で、J1、J2と続いてゆく。

日本貿易振興機構➡P.43

外国人集住都市会議

外国人集住都市とは、外国人住民(この文脈では主に日系人を指す)の全住民に占める割合がほかより高い都市のことをいう。静岡県浜松市、愛知県豊田市、群馬県太田市、群馬県大泉町など。それらの都市の行政・国際交流協会が情報交換や政策提言を行う場が**外国人集住都市会議**。浜松市が旗振り役となり第1回会議を2001年に行い、外国人住民との共生をうたった浜松宣言を総務省などに提出している。それ以降、定期的に会議を行い提言をまとめている。

言語サービス

狭義には、行政が外国人に対して理解できることばで必要な情報を伝えること。生活情報、災害などの緊急情報、街の公共サインや観光案内などの情報発信が対象である。外国人が多く暮らす地方自治体では、ホームページや公用文(役所からのチラシやお知らせの類)の多言語化が進められている。その過程で「**やさしい日本語**」も注目されるようになった。なお、**言語サービス**の広い定義には、相談窓口や司法通訳の提供、日本語教育や母語保持教育の提供も含まれる。言語政策は近代化の過程で単一言語の設定に向かう傾向がある。一方で、移民や少数言語話者への関心が高まると少数派の言語権を保障するための多言語政策が重要になってくる。その一つが言語サービスである。

やさしい日本語➡P.51

簡約日本語

1980年代後半に登場した日本語簡易化提案(代表**野元菊雄**)の際に用いられた用語。単語を2000語、動詞のフォームはマス形だけにするといった大胆なシラバス圧縮案で、日本語教育のスリム化を目指す。学習者の負担減のために主張されたことだったが、1988年に朝日新聞に紹介記事が載った直後から「日本語としておかしい」という激しい批判を受けることになる。当時新聞に出たのは『北風と太陽』を簡易化した例であり、そもそもの理念が社会にうまく伝わらなかった。

やさしい日本語

メッセージを相手にわかりやすく伝えるための日本語。主に外国人を対象として、簡単な表現、ことば、短い文で伝えようというもの。この用語自体は阪神大震災をきっかけとして佐藤和之らが提唱した「減災のためのやさしい日本語」から始まっている。震災時、日本語による情報伝達がうまくいかず、多くの外国人が正確な情報から取り残された。また、英語による情報伝達もうまくいかないことがわかり、日本語をやさしく言い換えることの必要性が認識されるようになった。近年では庵功雄らが「公用文のやさしい日本語への書き換え」を行ったり、「やさしい日本語の普及」として**地域日本語教育**向けの日本語支援活動に関する提案を行ったりしている。特に公用文は、日本人にとっても大変難解なものが多く、この概念は外国人だけが対象というわけではない。

地域日本語教育➡P.53

生活者としての外国人

日本に長期的に滞在している外国人を呼ぶのに使われることば。定住外国人ともいう。1980年代以降**ニューカマー**と呼ばれるさまざまな属性の人々(**インドシナ難民**、**中国帰国者**、**日系人**)が日本にやって来るようになり、そういった人たちの存在がこの用語の背景にはある。生活者に必要な日本語という意味で「生活のための日本語」という用語も使われるようになった。この用語は、留学やビジネス目的で(帰国を前提に)来日した人と区別して用いられることが多いが、留学やビジネス目的で来日している人も日本で生活しているのだから、同じく生活者と呼ぶべきだという批判も出ている。

ニューカマー➡P.21、インドシナ難民➡P.25、中国帰国者➡P.25、日系人➡P.24

つながるひろがる にほんごでのくらし(TSUNAHIRO)

「**生活者としての外国人**」が日本語学習を行うためのウェブサイト。文化庁が動画教材として2020年より公開している。さまざまな生活の場面を設定し、学習者が基本的な日本語を理解できるようになることを目指している。地方公共団体によっては日本語教室がない地域(空白地と呼ばれる)もあり、以前より課題とされてきた。この動画教材は、空白地での日本語学習を支援するために作られたものである。学習者が自習しやすいよう、17言語(中国語の簡体字と繁体字は区別)に対応している：中国語(簡体字)・中国語(繁体字)・英語・フィリピノ語・フランス語・インドネシア語・クメール(カンボジア)語・韓国語・モンゴル語・ミャンマー語・ネパール語・ポルトガル語・ロシア語・スペイン語・タイ語・ウクライナ語・ベトナム語・日本語。

生活者としての外国人➡P.52

https://tsunagarujp.bunka.go.jp/

標準的カリキュラム案

「**生活者としての外国人**」向けの日本語教育の進め方をまとめたもの。日本在住の外国人が日本での暮らしの基盤を形成する上で必要不可欠な行為の事例を集めている。その上で、それらの行為を日本語で行うために必要な日本語教育を提案している。例えば、「医療機関で治療を受ける」「薬を利用する」など、具体的かつ詳細に記述し、それらに基づいた日本語教育の内容を教材例とともに公開している。各地域の日本語教育機関などで参考にしてもらうことを期待している。**日本語教育小委員会**が2010年に作成。『「生活者としての外国人」に対する日本語教育の標準的なカリキュラム案について』というタイトルで公開されている。

生活者としての外国人 ➡ P.52、日本語教育小委員会 ➡ P.44

『活用のためのガイドブック』や『教材例集』など、関連資料も公開されているよ。
https://www.bunka.go.jp/seisaku/kokugo_nihongo/kyoiku/nihongo_curriculum/index.html

地域日本語教育

各地域に定住する外国人を対象とした日本語教育のこと。市民ボランティアや地方自治体が公民館など公共の施設で行っている場合が多い。その教室のことを地域日本語教室と呼ぶ。無償のボランティアに日本語教育を完全に任せるのではなくて、有給の専門家とボランティアによる相補的な日本語教育を行うべきだという意見が出ているが、そういった教室は限られている。また、**コーディネーター**の配置も必要とされている。

コーディネーター ➡ P.54

コーディネーター

調整・取りまとめ役の人のこと。この区分(社会・文化・地域)では、**地域日本語教育**での市民ボランティアの調整・取りまとめ役を指して呼ぶ。日本語教育のカリキュラムデザイン(→カリキュラム 参照)を行う**コーディネーター**と、日本語支援、生活支援のためのシステム自体を支えるコーディネーターの2種類が必要とされている。後者は各種専門家や施設とのネットワークをつくり出すことを任務とする。各自治体では、コーディネーターの設置が少しずつ進んでいる。

地域日本語教育➡P.53、カリキュラム➡P.179

日本語ボランティア

外国人の日本語支援にかかわる市民ボランティア。地域日本語教室にはさまざまな形態があり、完全にボランティアが中心となり教室代を自弁して活動を行っているところもあれば、行政が中心となり交通費程度の謝金を出しているところもある。そういったすべての形態の総称として使われているのが「**日本語ボランティア**」である。養成講座と称した日本語ボランティア促進事業(数回の講座を受けて、日本語ボランティアについて学ぶ)は多くの自治体で行われている。しかし、内容は統一されたものではなく、「日本語文法の教え方」といった専門的なものから、「外国人との日本語コミュニケーション」といった交流のノウハウにかかわるものまでさまざまである。

日本語教育の推進に関する法律

日本語教育を推進するための法律。2019年に公布・施行。この法律は、国内在住の外国人だけではなく、海外の人もターゲットに入っている。国内では共生社会を実現すること、そして海外の人とは友好関係を維持発展させることが法律の目的である。基本理念は別表の7つ。「外国人等が日本語教育を受ける機会の確保」「日本語教育の水準の維持向上」「外国人が日本語を学ぶ意義について理解させる配慮」などが挙げられており、教育機会を提供するだけでは日本語教育は成立しないことを示している。さらに、児童生徒の**継承語**への配慮などもある。
上記の日本語教育の水準の維持向上については、2020年の「日本語教育の推進に関する施策を総合的かつ効果的に推進するための基本的な方針」を経て、2024年度「**登録日本語教員**」という制度ができ、日本語教師が国家資格化している。

継承語➡P.30

「日本語教育の推進に関する法律」の基本理念

①外国人等に対し、その希望、置かれている状況及び能力に応じた日本語教育を受ける機会の最大限の確保
②日本語教育の水準の維持向上
③外国人等に係る教育及び労働、出入国管理その他の関連施策等との有機的な連携
④国内における日本語教育が地域の活力の向上に寄与するものであるとの認識の下行われること
⑤海外における日本語教育を通じ、我が国に対する諸外国の理解と関心を深め、諸外国との交流等を促進
⑥日本語を学習する意義についての外国人等の理解と関心が深められるように配慮
⑦幼児期及び学齢期にある外国人等の家庭における教育等において使用される言語の重要性に配慮

文化庁『日本語教育の推進に関する法律　概要』から

https://www.bunka.go.jp/seisaku/bunka_gyosei/shokan_horei/other/suishin_houritsu/pdf/r1418257_01.pdf 

要点整理

❶ 日本語教育関連機関

機関名	日本語教育の実施	教師の海外派遣	試験の実施	その他
海外産業人材育成協会(AOTS)	○	—	—	研修生が対象
国際交流基金(JF)	○	○	日本語能力試験(海外担当)	海外の外国人日本語教師の研修も行う
国際協力機構(JICA)	○	○	—	技術移転の一環としての日本語教育
日本貿易振興機構(JETRO)	—	—	BJTビジネス日本語能力テスト	JETROでの試験の実施は2008年まで
日本学生支援機構(JASSO)	○	—	日本留学試験	日本人も含む学生全般が対象
日本国際教育支援協会(JEES)	—	—	日本語教育能力検定試験、日本語能力試験(国内担当)	多くの機関が整理統合されて生まれた
日本語教育振興協会	—	—	—	日本語学校の審査・認定
国立国語研究所	—	—	—	調査研究機関

❷ 外国人住民の属性と主な在留資格一覧

	主な来日年代	在留資格(主なもの)	解　説
在日韓国・朝鮮人	20世紀初頭以降	特別永住者	戦前から戦後にかけて、朝鮮半島からさまざまな理由で日本に来た人々
デカセギ労働者	1980年代	短期滞在→不法滞在	労働目的で来日した外国人
インドシナ難民	1980年代	難民→定住者	ベトナム戦争に関連して、ベトナム・ラオス・カンボジアから国外に逃れた人々
留学生	1980年代以降	留学	主に大学で学ぶ外国人学生を指す

就学生	1980年代以降	就学 →2009年以降 留学	主に日本語学校で学ぶ外国人学生を指した
中国帰国者	1980年代	定住者	終戦後、中国大陸に取り残された日本人で、のちに帰国した人々
日系人	1990年以降	定住者	入管法改正により、ブラジルやペルーから来日した日本人移民の子孫
外国人花嫁	1980年代以降 急増	日本人の配偶者等	経済的な理由で日本に嫁いできた外国人を指すことが多い
研修生・技能実習生	1990年以降 急増	研修・特定活動 →2009年以降 技能実習に統一	技術習得を目的として来日している外国人
外国人看護師・ 介護福祉士候補者	2008年以降	特定活動	EPAにより医療現場で働くために日本に来るようになった外国人
外国人介護職員	2017年以降	介護、技能実習、 特定技能	介護福祉士を含む介護人材
宿泊、外食、介護など 14業種で働く労働者	2019年以降	特定技能	特定技能という在留資格を得て日本で働く人

3 ニューカマー概略

1979年	政府がインドシナ難民定住支援決定
1983年	中曽根内閣による留学生受入れ10万人計画(2003年達成)
1984年	中国帰国孤児定着促進センター発足
1980年代後半	バブル景気によりデカセギ労働者の来日
1990年	入管法改正により日系人による就労目的での来日が可能になる
1990年	外国人研修制度の変更により、多くの研修生が来日可能になる
1993年	技能実習制度創設
2008年	福田内閣による留学生30万人計画
2008年	EPA締結により外国人看護師・介護福祉士候補者の来日が可能になる
2017年	在留資格「介護」ができ、技能実習生に介護が加わり、介護人材の受け入れ拡大
2019年	在留資格「特定技能」ができ、外国人の単純労働が可能になる

❹ 1945年までに侵略的な意図を持って日本語教育が行われた地域

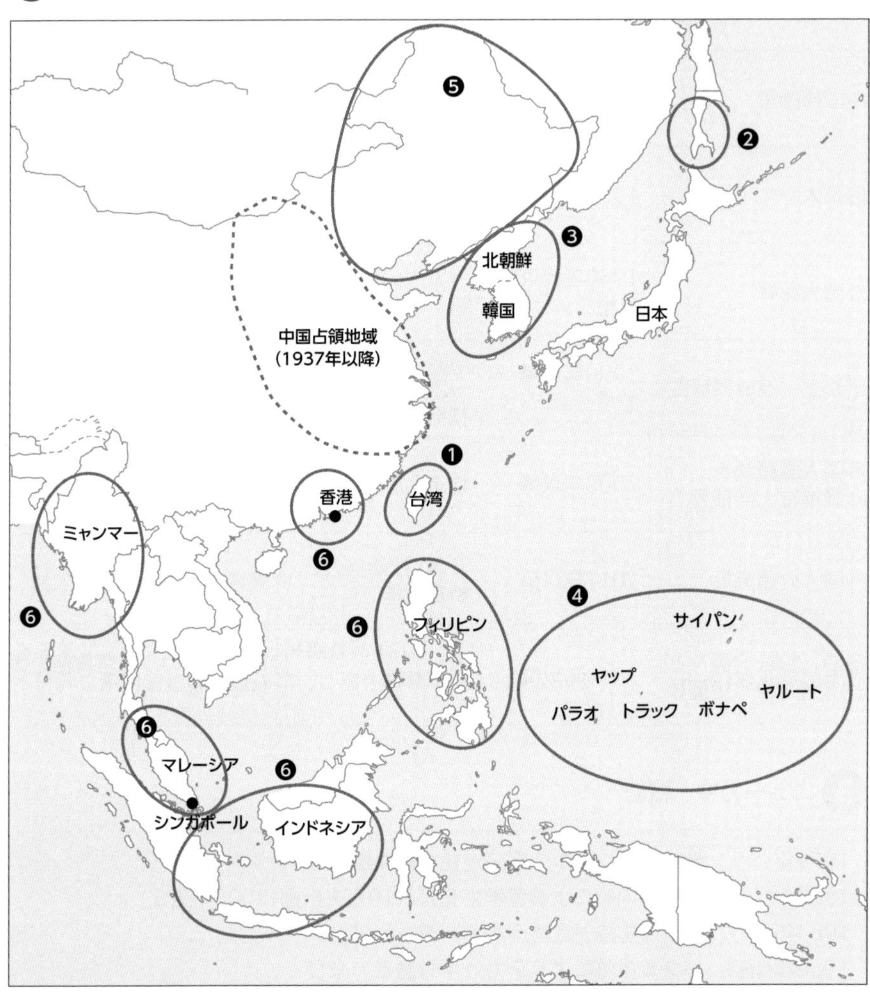

国・地域	年	解説
❶台湾	1895～1945	日清戦争後の下関条約(1895年)で清から割譲される。この中では最長の50年間日本の領土となる。
❷日本領サハリン(樺太)	1905～1945	日露戦争後のポーツマス条約(1905年)でロシアから南半分を割譲される。人口の95%が日本人だったが、残りの５%の人を対象に日本語教育が行われた。
❸朝鮮半島	1910～1945	日露戦争後のポーツマス条約(1905年)で、ロシアが日本の韓国に対する支配権を認めて、韓国は日本の保護国となる。1910年に韓国併合によって完全に植民地化する。
❹南洋諸島[南洋群島]	1914～1945	第一次世界大戦(1914年)のとき日本はドイツが統治していたこの島々を占領した。1920年に国際連盟の決定により日本の委任統治領となる。
❺中国東北部(満州)	1932～1945	1931年の満州事変の翌年、中国東北部を軍事占領し、清の最後の皇帝溥儀を元首とする満州国(日本の傀儡政権)を建国した。
❻南方占領地(マレー半島、香港、フィリピン、インドネシア、ビルマ〈現在のミャンマー〉)	それぞれ1940年代の2年半～3年半	日本海軍がパールハーバーでアメリカの太平洋艦隊に打撃を与えると同時に、陸軍がマレー半島(シンガポールを含む)、香港、フィリピンを攻略した。戦線の拡大とともに、占領地はインドネシア、ビルマへと広がった。建前は、各植民地から欧米の支配者を追い出すというもの。

※これらの国・地域において、1945年の日本の敗戦と同時に日本政府による日本語教育が停止する。

用語チェック問題

1 外国人看護師・介護福祉士の来日にかかわっているのは？

A　FTA　　　B　EPA

2 難民の保護を目的としているのは？

A　UNESCO　　　B　UNHCR

3 在留資格の「就学」がなくなったのは何年の入管法改正？

A　1989年　　　B　2009年

4 外国人受け入れ政策の中で、特に来日外国人の在留資格付与にかかわるものは？

A　社会統合政策　　　B　出入国管理政策

5 オールドカマーの在日韓国・朝鮮人が持つ在留資格は？

A　特別永住者　　　B　一般永住者

6 日本で暮らす外国人の子どもたちを何と呼ぶ？

A　JSL児童生徒　　　B　JFL児童生徒

7 多くの外国人学校は、学校教育法の区分ではどちらに当てはまる？

A　1条学校(1条校)　　　B　各種学校

8 ロドリゲスが著した「キリシタン資料」は？

A　日葡辞書　　　B　日本大文典

9 ゴンザがアンドレイ・ボグダーノフに協力し書いた『新スラブ・日本語辞典』には、どこの方言が影響している？

A 大阪　　B 薩摩

10 1989年に日本語教育機関の質向上のために設立された機関は？

A 日本語教育振興協会　　B 日本語教育振興会

11 台湾の日本語教育で、その立ち上げにかかわった人は？

A 伊澤修二　　B 山口喜一郎

12 パーマーの影響を受け、日本語教授法の基礎を築いた人は？

A 長沼直兄　　B 鈴木 忍

13 『みんなの日本語』の基になった『新日本語の基礎』を作った団体は？

A 海外技術者研修協会　　B 国際交流基金

14 青年海外協力隊を派遣している団体は？

A 国際協力機構　　B 国際交流基金

15 日本学生支援機構が実施しているのは？

A 日本語能力試験　　B 日本留学試験

16 野元菊雄が日本語教育に対して行った提案は？

A 簡約日本語　　B やさしい日本語

第1章　社会・文化・地域
用語チェック問題　解答

	答え				
1	B	A FTA	→P.12	B EPA	→P.16
2	B	A UNESCO	→P.13	B UNHCR	→P.13
3	B	A 1989年	→P.17	B 2009年	→P.17
4	B	A 社会統合政策	→P.19	B 出入国管理政策	→P.18
5	A	A 特別永住者	→P.26	B 一般永住者	→P.26
6	A	A JSL児童生徒	→P.27	B JFL児童生徒	
7	B	A 1条学校(1条校)	→P.31	B 各種学校	→P.31
8	B	A 日葡辞書	→P.37	B 日本大文典	→P.36
9	B	A 大阪		B 薩摩	→P.37
10	A	A 日本語教育振興協会	→P.42	B 日本語教育振興会	→P.38
11	A	A 伊澤修二	→P.38	B 山口喜一郎	→P.39
12	A	A 長沼直兄	→P.40	B 鈴木 忍	→P.40
13	A	A 海外技術者研修協会	→P.40	B 国際交流基金	→P.41
14	A	A 国際協力機構	→P.41	B 国際交流基金	→P.41
15	B	A 日本語能力試験	→P.49	B 日本留学試験	→P.50
16	A	A 簡約日本語	→P.51	B やさしい日本語	→P.51

第2章

言語と社会

4. 言語と社会の関係

言語政策

近代国家はイコール法治国家である。法律は「ことば」で書かれるから、国家は、どのような「ことば」をどのように使って法律を書くかを決めなければならない。このように、国家は自らを運営していくため、まず言語について、さまざまな規定を行い、それを実行しなければならないが、これを**言語政策**という(狭義の言語政策)。

国の中に複数の少数言語・方言が存在したり、反対に複数の国家にまたがって一つの言語が使われたりしている場合、国家が決めた言語政策に対抗、あるいはそれを補完するために、その言語使用者のコミュニティが、自分たちの言語についてさまざまな決定をすることがある。これについても、言語政策という用語が使われることがある。

言語計画

言語政策とほぼ同義で使われることもあるが、言語政策をどのように実施するかを具体化したプログラムを総称して**言語計画**と呼ぶことが多い。言語計画は、次に挙げる**席次計画**、**実体計画**、**普及計画**の三つの段階により実施される。

言語政策 ➡ P.64

席次計画(地位計画)

どの言語のどの方言を国家の**公用語**とするかを決定し、それ以外の言語(および方言)をどのように取り扱うかを決めることを**席次計画**という。

複数の公用語を持つ国家では、スイス・カナダのようにすべての公用語に同等の地位を与えている場合と、アイルランド・シンガポールのように公用語の中に序列を定めている場合がある。また、日本のように明確な法律上の規定なしに公用語(国語)が決まっているケースもある。

公用語 ➡ P.65

実体計画(コーパス計画)

いくつかの**言語変種**(方言)の中から、**公用語**の標準発音を定め、表記のしかた(文字の形と正書法)を決め、さらにそれぞれの語の意味を確定し、統語法(文法)を確定する作業を**実体計画**という。日本語では、文部科学省、文化庁が公布する「仮名遣い」「常用漢字」「教育漢字」などが実体計画に当たる。実体計画のための基礎データを調査研究する機関が、**国立国語研究所**である。

言語変種➡P.76、公用語➡P.65、国立国語研究所➡P.41

普及計画(習得計画)

決定した**公用語**を国民に普及する作業を**普及計画**と呼ぶ。実際には、学校教育(義務教育)が大きな比重を占める。ほかに、マスコミ(放送など)や街頭のサイン(看板など)で使われることばを規制したり、統一したりする作業が行われる。

公用語➡P.65

公用語

席次計画で決められた国家を運営するために使われる言語のこと。例えば、法律や規則を記述したり、国会の論議や公教育(学校教育)の授業に使われる言語のことである。一般的には、その国家の法律で規定されているが、日本では憲法にも法律にも、**公用語**の規定がなく、慣用的に決まっている。反対に、公用語が複数ある国は珍しくない。国内に複数の有力な言語を持つため、公用語の使用をめぐってしばしば言語紛争が起こるベルギーやカナダ(ケベック州)のような例もある。

席次計画➡P.64

標準語

実体計画で定められた語彙(ごい)と文字、統語法(文法)を使用した公用語の規範。多くはその国の首都周辺の方言に修正が加えられて**標準語**とされることが多い。しかし、人々は日常生活の場面によってさまざまな**言語変種**を使い分けている。同時に、言語は人々が使用しているうちに自然に変化していくものである。したがって、普遍的な標準語と標準語話者というものは、あくまで仮想的な存在にすぎない。
日本の**言語政策**において実体計画は「仮名遣い」「常用漢字」の制定など記述言語(書きことば)に偏っており、話しことばを含めた日本標準語は存在しない。しかし、国語の教科書やNHKニュースで使われている日本語が標準語と呼ばれることがある。

実体計画➡P.65、言語変種➡P.76、言語政策➡P.64

共通語

国土の全域、あるいは国土の広い地方にわたって実際にコミュニケーションに使うことができる言語。標準語が国家によって規定された言語を指すのに対し、人々の日常生活の中で自然に広い範囲で使われるようになった**言語変種**のこと。したがって、標準語と異なり固定的なものではなく、さまざまな**スタイル**や時代による変化を含めた概念であるともいうことができる。
現在の日本では、国語の教科書やNHKニュースで使われる東京地方の日本語が**共通語**であるといえよう。なお、日本では(特に昭和30年代まで)共通語という意味で標準語という用語が使われることも多かった。また、中国では通用語と呼ばれている。

言語変種➡P.76、スタイル➡P.83

国語

基本

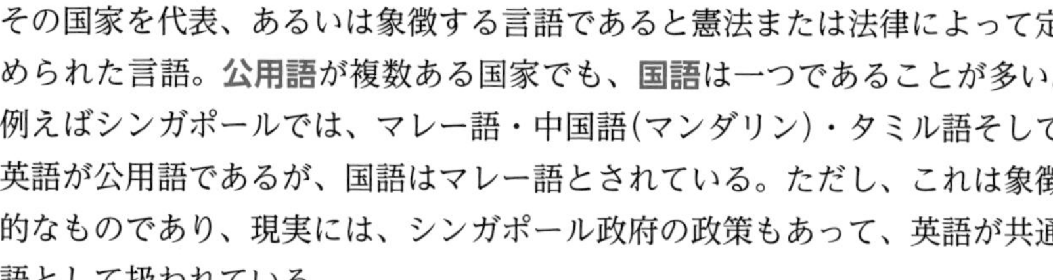

その国家を代表、あるいは象徴する言語であると憲法または法律によって定められた言語。**公用語**が複数ある国家でも、**国語**は一つであることが多い。例えばシンガポールでは、マレー語・中国語(マンダリン)・タミル語そして英語が公用語であるが、国語はマレー語とされている。ただし、これは象徴的なものであり、現実には、シンガポール政府の政策もあって、英語が共通語として扱われている。

無益な国内紛争を避けるため、公用語はあるが、国語はないという国も多い。一方、日本には公用語や国語について定めた法規がないが、日本語が「国語」として扱われていることはご存じのとおりである。

公用語➡P.65

母語

人が生まれて最初に獲得(習得)した言語。一方、**母語**を獲得した後に習得した言語はすべて「**第二言語**」と呼ばれる。第二言語を複数持つ人は少なくないが、母語が複数あるという人は比較的めずらしい。一般的に、両親の母語が異なる場合、子どもは二つの母語を獲得すると思われているが、現実には、それほど単純ではない。母語の獲得には、周囲の言語環境が意外に大きく影響し、どちらか一方の言語のみを獲得するケースの方がはるかに多く、もう一方の言語は「なんとか聞き取れるけど、まったく話せない」というレベルにとどまることがしばしばである。また、本人の意思あるいは「好み」も影響するらしく、同じ環境で育った兄弟姉妹に、かなりの差がみられることもめずらしくない。二つの母語を持つ人は、狭義の**バイリンガル**(→バイリンガリズム 参照)と呼ばれる。

母語と第二言語の習得にかかわる研究が「言語習得研究」である。なお、「母国語」という言い方があるが、人が母語を習得するという発達過程と、国籍(の選択)という政治的・社会的な制度の間には、いかなる関連性もないので、習得研究においては「母国語」という概念は(用語も)存在しない。

第二言語➡P.124、バイリンガリズム➡P.149

リンガフランカ

お互いに異なる母語を持つ人々がコミュニケーションするために**共通語**として使用するという目的で、国家や文化を超越して、広く学習され、理解され、使用されている言語を指す。ときに(多言語地域において)共通語という意味で使われることもある。20世紀初頭までは、世界でスペイン語やフランス語がその役割を担っていたが、現在では、英語が世界の**リンガフランカ**となりつつあることはいうまでもない。

本来は、中世の地中海沿岸で、通商のために広く使われた何種類かの言語の総称であった。したがって、**ピジン**と似た意味を持っていた。東アジアでは、歴史的に、漢字という「文字」が一種のリンガフランカとして使われるというめずらしい現象(筆談)がみられた。

共通語➡P.66、ピジン➡P.71

複言語主義

EU(**欧州連合**)の**言語政策**において強調される概念であり、その基本は欧州域内のほぼすべての言語(現在のところ23言語)を**公用語**とするというEUの方針に基づいたものである。つまり、特定の言語に優先的地位を与えることなく、欧州で使用されているすべての言語を平等に扱う、ということである。その裏には英語集中化が進む現在の世界の言語状況への危機感があることはいうまでもない。

言語政策➡P.64、公用語➡P.65

CEFR(セフアール)

CEFR(Common European Framework of Reference of Languages)は日本語では「**ヨーロッパ言語共通参照枠**」などと訳される。EU域内での外国語学習を振興するため、それまで各言語によってまちまちだった教育目標と評価基準を統一する目的で作られた。いわば欧州共通の「(外国語)学習指導要領」である。その基本理念は、①**複言語主義**と②行動中心の考え方一の2点にある。

複言語主義➡P.68

欧州評議会

EU(欧州連合)とは異なる国際組織で、欧州の46カ国が加盟している(EUは27カ国)。**欧州評議会**は法定基準、人権、民主主義の発展、法の支配、文化的協力に関する活動をしているが「文化的協力」の一環として1989年から96年まで「ヨーロッパ市民のための言語学習」プロジェクトを推進した際に、CEFRをその指標とした。

Can-Do Statements(能力記述文)

CEFRの理念にある行動中心の考え方によれば、言語学習の目的はコミュニケーションを達成することにある。学習した言語が実際に「使えるか否か」が重要なのである。そこで、人間が生活や仕事で遭遇する事柄について「できるかどうか」で言語運用能力を評価／レベル分けするために、その基準として「○○ができる(Can-Do)」という形で書かれた文(**能力記述文**)が**Can-Do Statements**である。Can-Do Statementsを使用することによって、複数の言語の習得状況を共通のスケールで測ることができる。
CEFRに着想を得て、日本独自の「参照枠」(日本語Can-Do Statements)を設定しようとしたのが、**国際交流基金**による「**JF日本語教育スタンダード**」である。

国際交流基金➡P.41、JF日本語教育スタンダード➡P.47

複文化主義

複言語主義に対応して**複文化主義**ということばが使われることがある。言語と同様にお互いの文化を平等に扱う、という考え方であるが、この二つはかなり異なった内容を持つものだと考える必要がある。言語は個人のスキルとして意識的に習得することが可能であり、CEFRなどの指標を使ってそれを客観的に評価することができるが、文化、とりわけ「**小文字のc**(→異文化理解参照)」をスキルとして身に付けることはできず、客観的に評価することもできないからである。したがって、複文化主義は「そのようにあるべきである」という理想を表現したものだ、と考えるべきである。

異文化理解➡P.104

インターナショナル・バカロレア(IB)

インターナショナル・バカロレア(IB)は、スイス・ジュネーブの非営利団体の名称であり、同時に同団体が実施・認定する教育プログラム、および資格試験のことでもある。世界各地の教育機関のレベルを一元的に「見える化」し、教育システムの向上とともに学生の国際的な移動を促進することを目的としている。IB認定校を修了し、試験に合格した学生は、全世界のIB認定校に進学し、教育を受ける資格を得る。

各国の言語・文化普及機関

19世紀末より欧州諸国では、自国の言語を海外に普及する機関を設立し、現地で語学学校を運営したり、自国への留学生の誘致を行ったりし始めた。当初、これらの機関は、独立した旧植民地での言語教育を担当するという役割を強くもっていたものである。ところが、近年、自国の言語を海外に普及するためにさまざまな政策をとる動きが、経済発展の進む東アジアで顕著であり、21世紀に入って中国、韓国があいついで**言語普及機関**を設立した。以前からあるヨーロッパ諸国の機関を含め、現在の自国語普及政策は、自国の高等教育振興と人的リソース獲得を目的とした留学生誘致を目的としている。なお、このような外交政策を指して「**言語政策**」と呼ぶケースがみられるが、専門用語としての「言語政策」とは、国家が自国民に対して行う政策のことを指す。 言語政策➡P.64

主要各国の言語・文化普及機関

国　名	機関名
日　本	国際交流基金
中　国	孔子(こうし)学院
韓　国	世宗(セジョン)学堂
英　国	ブリティッシュ・カウンシル
ドイツ	ゲーテ・インスティテュート
フランス	アリアンス・フランセーズ
スペイン	セルバンテス文化センター

ピジン

異なる言語を使用する集団が交易などの必要により接触・交渉する場合、そこに互いの言語を交ぜ合わせてカタコトの言語が臨時に作られることがある。そのような文法や音声が単純化された、すべての人にとって「間に合わせ」の言語を**ピジン**と呼ぶ。
言語を異にする人々が交易を行うことは、特にめずらしいことではないので、ピジンも歴史的に数限りなく作られてきたはずであるが、ほとんどは交易の終了とともに忘れられてしまう。例外的に、次世代に継承され新たな「言語」となったものについては、もはや臨時に作られた言語(ピジン)ではないということで、**クレオール**という別の名称で呼ばれる。

クレオール➡P.71

クレオール

ピジンを使用する二つの集団の接触が恒常的になると、やがてピジンを母語とする子どもたちが現れ、彼らの成長とともに文法や音声が複雑化し、新しい言語となっていく。このような「母語となったピジン」を**クレオール**と呼ぶ。現在、クレオールを**公用語**や**共通語**とする国家は、セーシェル(セーシェル・クレオール語)・モーリシャス(クレオール語)・ハイチ(ハイチ語)・バヌアツ(ビスラマ語)・パプアニューギニア(トク・ピシン語)などが挙げられる。また、スワヒリ語・マレーシア語・インドネシア語なども、その成立過程からいってクレオールであるといえる。

ピジン➡P.71、公用語➡P.65、共通語➡P.66

基層言語

大規模な移住などによって、異なった言語を持つ二つの集団の接触が続くと、どちらかの言語がほかの言語に吸収され、消失してしまうことがある。その場合、吸収された言語を**基層言語**、残った言語を上層言語と呼ぶ。基層言語は何らかの形で上層言語に影響を与え、その痕跡を残すが、その痕跡を指して基層言語と呼ぶこともある。

ダイグロシア

社会の中に二つ以上の言語(方言なども含む)が共存している状態を指す。**バイリンガル**(→バイリンガリズム 参照)に似ているが、バイリンガルは個人的な2言語併用を指すのに対し、その社会あるいはグループの成員のほとんどがバイリンガルであるとき、その状態を**ダイグロシア**という。このように説明すると特殊な社会を想像するかもしれないが、日本でも東京以外の地域では、かなりの人が方言と**共通語**を場面や話題によって使い分けており、ダイグロシアの状態にある。なお、三つ以上の言語が併用されている社会について、その多言語状況を強調するためにポリグロシアという用語を使う人もいる。

バイリンガリズム ➡P.149、共通語 ➡P.66

H変種(H言語・高位変種)

ダイグロシアにおける二つの言語は、同じように併用されているわけではなく、教育や行政などフォーマルな場面で使われる言語はどちらか一方に決められていることが多い。その言語を**H変種**(High variety)と呼ぶ。H変種には、国家などによって**言語政策**で正書法など、正確な使い方が決められているのが普通である。

言語政策 ➡P.64

L変種(L言語・低位変種)

H変種に対して、家族や友人間のインフォーマルな場面で使われる方言などの言語(変種)。**L変種**はLow varietyのイニシャルで、日本語では「低位言語」などと訳されたこともあるが、その言語自体に高い(低い)という優劣があるように誤解されるので、最近はH変種、L変種と称する。

コード・スイッチング

バイリンガルの人々が、場面により使用する言語(あるいは方言などの言語変種)を使い分けること。このようなスイッチは語単位で行われることもあるし、文、パラグラフあるいは談話単位で行われることもある。日本語学習者が日本語で話している最中に1語が母語になったり、途中から、日本語で表現できなくなって、文やパラグラフが母語にスイッチしてしまったりすることはよく見られる。これは、どちらの言語のほうが言い表しやすいかとか、適切な語や文が想起されやすいかということが、しゃべっているうちに、刻々と変化していくために起こる。同様に**ダイグロシア**の社会では、話題や相手によって、パラグラフあるいは談話単位でスイッチが行われることもしばしば見られる。

なお、**コード・スイッチング**という用語は、話者が「話しやすい」言語を半ば無意識に選んで話す現象を指すことが多い。母語が同じ留学生が、二人だけのときは母語で話すけれど、日本語話者を交えて話すときには日本語を使う、といった聞き手や場面に配慮して話を始める前に意識的に言語を選択することとは別に考えるという考え方である。

ダイグロシア ➡P.72

精密コード

共通語と方言、母語と第二言語など、二つ以上のコード(言語)を切り替えて使用している人が、客観的な情報や自分の思考を正確に伝えなければならないときに選択するコード(言語)。**精密コード**は言語だけでさまざまな情報を伝えられるように、語彙(ごい)が豊富で文法も複雑になる。例えば、日本では、学術的な討論やリポートを書かなければならないときには、方言ではなく共通語が使われるが、これは明治以来、共通語でさまざまな専門用語が作られ、精緻な理論が組み立てられるように文体が整えられてきたからである。一方、方言には、そのような専門的な語彙や文体が整っていないので、学術論文を書くのは難しい。したがって、現在の日本語についていえば、共通語が精密コードであるといえる。精密コードは、**H変種**と共通することが多い。

共通語 ➡P.66、H変種 ➡P.72

限定(制限)コード

共通語と方言、母語と第二言語など、二つ以上のコード(言語)を切り替えて使用している人が、自分の感情をよりリアルに相手に伝えられると感じられるコード。共通語は言語のみを使用して正確に情報を伝達できるように、語彙も文体も整備されていくが、それは、ことば以外の伝達要素をできるだけ排除する方向に向かう。これに対して、方言は、語彙や文法などが整備されていない部分も多く、表現できることが限定(制限)される。しかし、相手も文化的背景を共有しており、暗黙の了解事項や非言語行動など言語以外の要素を加えてコミュニケーションが行われるので、感覚や感情を相手と共有しやすい。そのため、家族や幼なじみとの会話のようなインフォーマルな場面では**限定コード**が選択されることが多くなる。限定コードは、多くの場合、**L 変種**と共通する。

共通語➡P.66、L 変種➡P.72

コード・ミキシング

コード・スイッチングに加えて**コード・ミキシング**という用語を使う研究者もいる。その場合は、コード・スイッチングは「文」「パラグラフ」の切り替え、コード・ミキシングは「単語」「文節」のようにより短い単位での切り替えを指していることが多いようである。ただし、そのような使い分けをしない研究者の方が多い。「コード・スイッチング」がより一般的な用語である。

コノテーション(connotation)／デノテーション(denotation)

ことばについて辞書に記されている意味を「**デノテーション**(denotation)」と呼ぶのに対し、辞書に書かれていないが、感覚的・情感的に多くの人が共有している「語のイメージ」を**コノテーション**と呼ぶ。例えば、日本語の「春」ということばは「四季の一つで冬から夏の間の季節」を意味する(辞書に書かれている意味＝デノテーション)が、それ以外に「若さ」「桜」「別れと出発」さらには「希望」「明るさ」など多彩なイメージを(日本人は)共有している。これがコノテーションである。まったく意味が異なる語「**コロケーション**」と間違えないように注意すること。

コロケーション➡P.313

コミュニティランゲージ

オーストラリアの多文化政策から使われはじめた用語。移民のコミュニティ内で話されている移民のふるさとの言語のこと。オーストラリアでは、移民が持つ(英語以外の)言語・文化能力を国家の人的リソース(資源)であるととらえ、学校の放課後などに**コミュニティランゲージ**を子どもたちに継承するためのコミュニティランゲージスクールが数多くつくられている(→同化 参照)。日本で「**継承語教育**」と呼ばれるものに近いが、日本では、まだ政策的な取り組みは行われておらず、コミュニティランゲージが人的リソースであるという認識も希薄である。

同化➡P.106

5. 言語使用と社会

社会言語学

言語学は長い間、文字どおり「言語」のみを研究対象として取り扱ってきた。しかし、20世紀の中ごろから、言語と人との相互作用を重視する研究者が現れた。その中でも言語とそれが使用される社会(人間集団、コミュニティ)との関係を明らかにしようとするのが**社会言語学**である。その内容は、**言語変種**や言語接触などによる言語の変化を研究する狭義の「社会言語学」と、社会・コミュニティによる言語への働きかけを研究する「**言語政策論**(→言語政策 参照)」に大きく分けられる。

言語変種➡P.76、言語政策➡P.64

言語変種

「○○語」という一つの名前が付いていても、その中には、さらにさまざまなバラエティー(変種)があるのが普通である。これを**言語変種**という。例えば、同じ「日本語」を話しているといっても、東京の人と大阪の人では、語彙(ごい)やアクセントに違いがある。また、年長者と子どもでは、**使用語彙**に差が現れる。さらに、同一人物が、職場、趣味のサークル、家族に向かって話すときでは、それぞれ使う語彙と使わない語彙があり、文体も変わる。これらは、すべて日本語の言語変種である。

使用語彙➡P.163

手話

手話は主にろう者のコミュニケーション手段として使われてきたので、音声言語の代替であり、音声言語を直訳したジェスチャーだと誤解している人が多い。しかし、手話は、音声言語からまったく独立し、音声言語と同等の機能を持つ視覚言語である。例えば、日本手話は日本語とはまったく関係がなく(ただし、日本語と対応させた「日本語対応手話」が日本手話とは別に存在する)、また、世界各地の手話も音声言語と同様、さまざまな言語に分かれていて、互いに通じない。手話が言語の一つであることが明らかになってから、その国・地域で話されている手話を「少数言語」、ろう者を障がい者ではなく「言語的マイノリティ」と位置づける国が増えており、ニュージーランドなど手話を**公用語**の一つとしている国もある。

公用語➡P.65

消滅危機言語

母語話者(使用者)が著しく減少して消滅の危機にある言語。単に「危機言語」と呼ばれることもある。少数言語の研究団体「国際SIL」によると、全世界にある7000以上の言語の中で、使用人口数は上位20～30言語に偏っており、グローバル化と、インターネットの普及などのICT(=Information and Communication Technology, 情報コミュニケーション技術)の進展により、その偏りが急激に加速している。残りの言語の半数は、今後1～2世代のうちに継承者が途絶えてしまうと予測されており、**ユネスコ(UNESCO)**がそのような「消滅の危機にある言語」のリストを『世界危機言語アトラス』として発表している。日本の言語では、アイヌ語、八丈語と六つの琉球諸語がリストアップされている。なお、ユネスコのリストでは「言語」と「方言」という区別をせず、全てを「言語」としてリストアップしている。(→**地方言語** **参照**)

地域方言➡P.79、**ユネスコ(UNESCO)**➡P.13

アイヌ語

北海道(蝦夷地(えぞち))の先住民であるアイヌの人々の言語。日本語(**日琉語族**)とは、まったく異なる言語である。明治以降「**方言撲滅運動**」の対象の一つとして政策的にその継承が妨害されたため、『世界危機言語アトラス』では、最も消滅に近い「極めて深刻」な危機言語になった。1997年のアイヌ文化振興法の制定によりようやく公的に認知されたといえる。2020年に国立アイヌ民族博物館が開館し、北海道を中心に**アイヌ語**継承の努力が続けられている。

日琉語族➡P.78、方言撲滅運動➡P.79

日琉語族

日本語は長い間「系統不明」の言語とされてきた。トルコ系諸語、モンゴル系諸語、ツングース系諸語(満州語など)いわゆる「アルタイ語族」とされる諸言語、そして朝鮮語(韓国語)などと形態的・構造(文法)的に極めて類似しているのだが、語の音韻対応がほとんど認められていないからである。
ところが、近年、日本語は、琉球語と音韻対応があり、それぞれの内部に同系統の数多くの言語(これまで「方言」とされてきたもの)を含んでいることから「それだけで独立した一つの「語族」を形成している」のだ、という認識が言語学研究者の間で定説となってきた。この日本語系諸言語(方言)と琉球語系諸言語(方言)によって構成される使用人口約1億人の語族を「**日琉語族**」と呼ぶ。

点字

視覚に障がいがある人が触覚で読む文字。日本で使用される**点字**は、ひらがな・カタカナと同様、日本語の文字のバリエーションの一つである。したがって「言語」である**手話**と「文字」である点字はまったく異なった性質と役割を持つ。

手話➡P.77

方言

言語変種の中でも、使用場面や時代による変種ではなく、社会の中のある集団の成員に共通して使用されている変種を**方言**と呼ぶ。方言は、**地域方言**と**社会方言**に大別されるが、一般的に「方言」といった場合は、もっぱら地域方言の意味で使われる。

言語変種➡P.76

地域方言

一般的に「方言」と呼ばれているもの。つまり、地域によって異なり、かつ、その地域の話者すべてに共通するパターンを持った言語変種を指す。ただし、あることばが「方言」であるか独立した「言語」であるかには、明確な基準が存在しない。ポーランド語・チェコ語・スロバキア語のように、日本語でいえば、方言レベルの差しかなくとも、独立した言語を称する例もある。また、北京語・広東語・上海語のように、互いに通じ合わないほど異なっていても、方言を称する例もある。

社会方言 

同じ地域の住民でも、社会的な地位・階層によって「話し方」に差異がある場合がある。そのような言語変種を**社会方言**と呼ぶ。例えば江戸時代の日本では、武士と農民のことば遣いに大きな差があり、話し方を聞いただけで相手の身分が判断できた。また性別によっても、ことば遣いが大きく異なっていた。しかし、現在の日本では、特定の階層・職業集団に属する人が共通して使用しているような言語変種の例はきわめてまれであり、日本語は「社会方言」のバラエティーに乏しいとされる。

方言撲滅運動

富国強兵のため「国語」の統一を急いだ明治政府は、日本語と系統が異なる言語であったアイヌ語を圧殺しただけではなく、方言も一掃するためにさまざまな手段を講じた。その一連の政策を**方言撲滅運動**と呼ぶ。その代表として例に挙げられるのが、方言を使った児童生徒の首に「方言札」を掛け見せしめとする指導がある。これは特に沖縄県で強く推進された。この方言抑圧政策は、テレビ放送が普及し、全国の子どもたちが日常的に**共通語**に接するようになった1960年代まで、主に教育現場で形を変えながら続いた。

共通語➡P.66

上田万年

明治期の国語学者(1867~1937)。日本語のハ行音の変遷に関する論考を発表した。明治政府の**言語政策**である**標準語**や仮名遣いの制定に強く関与することにより、現在の「日本語」の確立に貢献した。その一方、彼がかかわった「国語」統一政策は、**アイヌ語**の圧殺や**方言撲滅運動**の原点となったと批判されている。

言語政策➡P.64、標準語➡P.66、アイヌ語➡P.78、方言撲滅運動➡P.79

方言周圏論

方言の成立と分布に関する仮説。文化の中心地に生まれた新しいことばは、時間をかけて周辺地域に広まっていくので、方言が同心円状に分布する場合、それはその語の歴史的な変遷を表す。すなわち、中心地から遠い地方ほど、古い時代のことばが残っているという。民俗学者、**柳田国男**(1875~1962)がその著『蝸牛考』で「かたつむり」を意味する語の分布を例に取って論じた(「蝸牛」は「かたつむり」のこと)。柳田自身は、後にこの説に否定的な立場を取ったが、その後、**国立国語研究所**により、全国の方言とその分布を示した『日本言語地図』が完成し、この仮説が当てはまる語がかなりある(同心円状の分布をする語がある)ことが確認されている。

国立国語研究所➡P.41

方言区画論

日本語の方言は、地理的にいくつかの区画に区分することができる。東条操(1884~1966)が初めて日本の方言区画を発表し、その後の研究者によっていくつかの修正案が提唱されている。東条によれば、日本の方言は、内地方言と沖縄方言に大別され、内地方言はさらに東部方言・西部方言・九州方言に分かれている。

新方言

井上史雄によって指摘された現代社会における新しい方言の使われ方。主として、若い人が今まで**標準語**になかった語彙を(ときにはほかの地方の)方言から取り入れて、くだけた(方言的な)場面で使う現象を指す。井上は「うざい」「かったるい」「どんくさい」などの語を例として挙げている。

標準語➡P.66

気づかない方言

方言であるにもかかわらず、その地方の話者が、全国に共通する表現だと考えている方言。**共通語**でも普通に使われる語(動詞など)を、共通語と違う意味で使っている場合などによくある。例えば、北海道方言では、手袋を靴下と同じように「はく」と表現し、ゴミを捨てることを「投げる」と言うが、北海道では、これが方言であると意識している人は意外に少ない。

共通語➡P.66

ネオ方言

真田信治(さなだしんじ)によって提唱された概念で、**標準語**と方言の接触により、その混交形式として生まれた中間的なスピーチ・スタイルのこと。特にテレビ放送開始後、日本でも方言と標準語の**バイリンガル**が増え、若者があつまる学校などは、**ダイグロシア**の状況を呈している。真田は、二つの言語の接触により、単に語彙(ごい)だけにとどまらず、伝統的な方言とも標準語とも異なる新たな文法を持った中間的なスピーチ・スタイルが登場しているという。また真田はこの現象を、若者の地方回帰の象徴でもあるとしている。

標準語➡P.66、ダイグロシア➡P.72

方言コスプレ

大阪のことばは「賑(にぎ)やかでおもしろい」、東北のことばは「素朴で温かい」、高知や福岡のことばは「たくましくて男性的」といったように、ある地域の方言が**ステレオタイプ**のイメージを持っていることがある。それを利用して大阪方言の話者ではない人が、相手の冗談に「なんでやねん」「そんなアホな！」といった応答をすることがある。このように、その方言の話者ではない人が、方言のイメージを借りて「自分の気持ちを伝える」ことや「方言を身にまとって、特定のキャラを演じる」ことを**方言コスプレ**と呼ぶ。

ステレオタイプ➡P.109

集団語

柴田武（しばた たけし）によって1956年に提唱された用語。隠語・スラング・職業語などとほぼ同義。職業や趣味、世代を同じくするグループの中で使われる**言語変種**。グループ内で意識的に作られ使われる点、グループ内のコミュニケーションでのみ使い、外部では使わないという個人的な使い分けが行われる点で、**社会方言**とは異なる。

言語変種➡P.76、社会方言➡P.79

ジャーゴン

英語で「**隠語**」「**職業語**」を意味することばだが、一般的な語をグループの中だけで通じるように言い換えたものだけではなく、普通の人は使わないような特殊な専門用語のことを指す場合もある。日本語教師がよく使う「ゼロ初級」（日本語をまったく初めて学習する人）とか「日能試」（**日本語能力試験**）といった用語も**ジャーゴン**であり、そもそも、この用語集自体がジャーゴンの集積である。

日本語能力試験➡P.49

隠語

集団語、ジャーゴンとほぼ同じ意味。厳密な定義はない。「集団語」が最も学術的・中立的な用語。これに対し「ジャーゴン」は専門家集団の間で使われることばを指すことが多い。そして「**隠語**」は反社会的集団、不良仲間など、あまり社会的に推奨されない集団内で使われることばを指すことが多い。

スタイル

同一人物が場面や場所、相手によって使い分けることばのバリエーションを**スタイル**という。スタイルは、**方言**や**位相語**とは異なり、場面や相手に応じてファッションを選ぶように自分の意志で言語変種を選択できる。また、自分の意志でスタイルの使い分けをすることをスタイルシフトという。スタイルは、相手の立場や相手との親密度、年齢差などを考慮して選ばれるが、**レジスター**よりも話者が自分の好みで選択できる範囲が広く、個性が強く表れるものを指す。例えば初対面の同年代の人に対して話をするときに、「タメ語」で話すか、敬語(**丁寧語**)を使うか、さらに、どの程度、丁寧に話すかなど、相手とその場の雰囲気、そして相手に自分をどのように見せたいか、ということを考えながら話すことが「スタイル」の選択にほかならない。恋人と二人きりのときの話し方を、会社や学校など公的な場でする人はいないと思われるが、それは、(話し方の)スタイルが、ファッションなどと同様、その人物の評価に大きくかかわっていることを意識しているからである。

方言➡P.78、位相語➡P.84、レジスター➡P.83、丁寧語➡P.304

レジスター

社会言語学においては「言語使用領域」という意味で使われる。さまざまな**言語変種**は、話者が置かれた場面と立場によって使い分けられるが、その「使用範囲」のこと。**スタイル**に似ているが、個人の意思や好みよりも、ある特定の場面で「常識的に(一般的に)使われる話し方」をより強く意識した用語。例えば「いらっしゃいませ」「どうぞお手に取ってごらんください」「毎度、ありがとうございます」といった話し方は、商店の店員が顧客に対して使う、という**レジスター**を持つ。

社会言語学➡P.76、言語変種➡P.76、スタイル➡P.83

ドメイン

ダイグロシア社会において一人の人間が複数の言語を使い分ける場合、どちらの言語が選択されるかは「場面・場所」によって決まる。このとき、ある言語が使われる場面・場所（**言語使用領域**）をその言語の「**ドメイン**」と呼ぶ。

同じく言語使用領域について論じた「**レジスター**」とよく似た概念で区別が難しく感じるが、ドメインは本来、ダイグロシア社会で使い分けられている2言語の使用領域について論じたものである。それに対し、レジスターは同じ言語の変種をどの立場の人が使用するか、ということを問題にしている。

ダイグロシア社会において、学校では英語を使い、家庭では現地語を使う、というケースを考えるときは「ドメイン」について考えることになる。言語使用領域は、場面・場所のみによって決まり、学校では教員も学生も立場を超えて全員が英語を使うからである。

一方、レジスターの項目で例に挙げた（ダイグロシア社会ではない）日本の商店の店員の場合は、店員のみが「いらっしゃいませ」「毎度、ありがとうございます」という接客用の**言語変種**を使い、客は普段と話し方を変えない。したがって、こちらの言語使用領域は「レジスター」と呼ぶのがふさわしい。

ダイグロシア➡P.72、レジスター➡P.83、言語変種➡P.76

位相語

身分制度があった江戸時代までは、自分が所属する身分や職業によって、どのようなことば遣いをするかが決まっていた。「かたじけない」と言うのは武家であり、べらんめえ口調をするのは、町人と決まっていた。また、性別によっても話し方が決まっていた。このような、社会的な階層や立場によって話し方が決められている**言語変種**を**位相語**と呼ぶ。位相語は、**スタイル**や**レジスター**と異なり、自分の好みや場面によって変種を選択したり使い分けたりすることができない。現在の日本社会では、それほど顕著な位相語の例は見られない。

言語変種➡P.76、スタイル➡P.83、レジスター➡P.83

役割語

現代のフィクションに現れる位相語を特に「**役割語**」と呼ぶ。言語学者の金水敏が名付けた。例えばアニメや漫画では、金持ちの奥様は「～ザマス」、博士や老人は「～なんじゃ」、力士は「～でごわす」、お嬢様は「～ですわ、～ってよ、なくって？」などという特徴的なことば遣いをする。しかし、現実にそのようなことば遣いをしている人はほとんどいない。現在はステレオタイプな役割語があまり使われなくなったが、カエルが「そうだケロ」と言ったりするような形で残っている。

スピーチレベルシフト

どんな言語でも、相手との関係や公私の場面に合わせた話し方やことば遣い、文体がある(→**レジスター** 参照)。例えば、公式な席のスピーチでは「ていねい」で「格式のある」ことば遣いをし、親友の前では「気取らず」に「敬語抜き」のことば遣いをする。このように場面(レジスター)に合わせたことば遣いをスピーチレベル(の選択)という。ところで、結婚式の席上、結婚する親友に祝辞を述べる場面などで、公的場面で使うスピーチレベルで話を始めた人が、途中で友人同士の会話で使うスピーチレベルに切り変えて祝意を語りかけることなどがよく見られる。このように、自分の気持ちを聞き手にうまく伝えるためにスピーチレベルを変えることを**スピーチレベルシフト**という。

レジスター➡P.83

協調の原理

会話を成立させるために話し手と聞き手が守らなければならない(はずの)原則。英国の言語哲学者、**グライス**(P. Grice)は、円滑な会話の成立には、話し手と聞き手が協調して、次の**四つの格率**(公理・maxim)を守らなければならないとした。しかし、現実には四つの格率のいずれかが破られているにもかかわらず会話が円滑に進行することも多い(そのほうがむしろ多い)ということから、グライスは、「言外の含み(含意)」によって**協調の原理**が守られているとした。この考えは、オースティンの発話行為論とも関係している。また、**ブラウン&レヴィンソン**のポライトネス理論(→**ポライトネス** 参照)も、この原理に基づいている。

ポライトネス➡P.90

質の格率

話される情報が正確で、虚偽の情報が交ざっていないこと。ウソをつかない。

量の格率

必要な情報が欠けておらず、不必要な(過剰な)情報が含まれていないこと。必要なことだけを、無駄なく話す。

様態の格率

情報を伝えるための表現法が適切に選択されていること。誤解されないように話す。

関係性の格率

相手が話したトピックに関連したことを話す。別の話題を持ち出したり、話を飛ばしたりしない。

ヘッジ(hedges)

為替の取引などの際、あらかじめ金銭的損失が起きる可能性を予測し、それを回避するための行動を「リスクヘッジ」というが、会話の場合も、自分の発言が**四つの格率**(→協調の原理 参照)に違反したり、聞き手の**フェイス**を侵害したりする恐れがあるとき、それを回避するために前置きされる発言を**ヘッジ**と呼ぶ。「たぶん」「おそらく」といったシンプルな副詞の使用から「私の知る限りでは」「ちょっと長くなりますが」「正直に言って」「ここだけの話」「多少、話題から外れるかもしれませんが」など、さまざまな表現が使われる。

ヘッジに関連する用語として「垣根表現」「**ぼかし表現**」がある。「垣根表現」は、ヘッジとほぼ同じ意味に使われる(ことが多い)。「ぼかし表現」は、会話中に現れた「私**的**には微妙です」「そのケーキ間違って食べちゃったの、私**っぽい**」などという表現を指す(ことが多い)。これらは「私はイヤです(嫌いです)」「私が間違って食べました」という意味だが、断定的な表現を避けるために使われている。ただし、研究者によって用法には揺れがあるので、それほど細かな差異を気にする必要はない。

協調の原理➡P.85、フェイス➡P.89

発話行為(speech act)

一般的な意味で「**発話行為**」といえば、文字通り「ことばを話すこと」であるが、日本語教育では、1950年代に英国の言語哲学者、**オースティン**(J. L. Austin)が提唱した概念としての「発話行為」が取り上げられることが多い。オースティンは、ある目的を達成するためにことばが話されるケースを考察し、そこに命令・依頼・勧誘・約束・感謝・謝罪など話者の意思が込められた場合の発話行為を論じた。言語学は長い間「事実(情報)の伝達」という観点から言語を取り扱ってきたので「言語と(話者の)行為」を論じた発話行為(行為遂行的発言)という考え方は新しいものであった。オースティンは、発話行為を①発話行為②発話内行為③発話媒介行為—の三つの段階に分けて考えることができるとした(日本語では、全体もその第1段階も同じ「発話行為」と訳すため混乱しないように注意すること。この混乱を避けるために①発語行為②発語内行為③発語媒介行為と訳されることもある)。なお、同様の概念を「言語の機能」と呼ぶことが多い。

発話行為(locutionary act)

発話行為のうち、その表層的な(文字通りの)意味のこと。例えば「いま何時だと思ってるんだ！」という発話の表層的な意味は「あなたは、いまの時間を何時だと思っていますか？」という話者の疑問である。

発話内行為

話者は発話によってなにかを遂行しようとしているのだが、この「しようとしている」ことを**発話内行為**と呼ぶ。注意しなければならないのは、しばしば発話行為(表層的な意味)と発話内行為(発話によってしようとしていること)が一致しない場合があることである。例えば、時間を聞きたいときに「いま何時ですか？」と言った場合、「いま何時かを知ろうとしている」のが発話内行為であり、発話行為と発話内行為はほぼ一致している。しかし、「いま何時だと思ってるんだ！」という発話行為には、「遅刻しそうだから、早く出発しろ！」「もう夜遅いから、寝なさい！」といった話者の意思(この場合はどちらも命令)があり、発話行為と発話内行為にズレがある。

発話媒介行為

「いま何時だと思ってるんだ！」と父に言われた娘は、あわてて家を飛び出していったり、電気を消してベッドに入ったりする(あるいは「うるさいわね!!」と怒鳴りかえす)であろう。このような、発話内行為に聞き手が反応して引き起こされた行為のことを**発話媒介行為**と呼ぶ。

待遇表現

人とコミュニケーションをするときに、相手の気持ちや気分を考えて、語彙(ごい)や文体を調整することを**待遇表現**という。例えば、同じように明日の都合を聞くときでも、友人に対しては「明日の午後、ヒマ？」といい、教師に対しては「先生、明日の午後、お時間を割いていただけないでしょうか？」ということばの使い分けをする。このような使い分けが待遇表現である。

本来、待遇表現という用語は、親しい人に対するカジュアルな言い方も、目上の人に対する改まった言い方も、すべて含むものであるが、日本語では敬意表現(敬語)が強く意識されることが多いため、待遇表現として敬意表現が取り上げられることが多い。

敬意逓減の法則

敬語が長い間使われているうちに「敬意」の感覚がしだいに薄れていく現象。日本語でよく例に挙げられるのが二人称の呼称。「おまえ(御前)」「きさま(貴様)」などは、漢字表記で分かる通り、当初は相手への尊敬を示す呼称だった。しかし、使われているうちに、その敬意が薄れ、現在では相手を罵(ののし)るときに使われる呼称になってしまった。「キミ(君)」「あなた」(遠い方という意味)なども、同様に敬意が薄れてしまい、現在では「敬語」としては使われない。そして、ある語の敬意が逓減すると新たな敬語が作られる。例えば、「あなた」→「あなたさま」などである。語のレベルだけではなく、敬意表現にも逓減が起こる。例えば「～いたします」という表現の敬意が次第に逓減しているため「～させていただきます」という新たな表現が出現した。

日本語の敬語使用は**相対敬語**であるため、話し手と聞き手と敬意を示す対象の関係に応じて敬語を使い分ける必要がある。同じ相手に常に同じ敬語を使えないことから、ある語が持つ「敬意」の感覚も変化しやすい。そのため、敬意逓減が起こりやすいといえる。日本語でも例外的に**絶対敬語**として使われてきた皇族に関わる「陛下」のようなことばは敬意逓減が起きにくい。

絶対敬語／相対敬語 ➡ P.305

フェイス

グライスが「**協調の原理**」で示した四つの格率が、現実の会話でしばしば破られるのはなぜか、また「言外の含み(含意)」とは、どのようなものか、という疑問の答えとして、言語人類学者の**ブラウン&レヴィンソン**が重視する概念。**フェイス**(face)は文字通り「顔」の意味。日本語でも「親の顔に泥を塗りやがって」「顔(面子・メンツ)をつぶされた」などという表現があるが、それと同じ用法である。ブラウン&レヴィンソンによれば、すべての人には「自分のフェイスを傷つけられたくない」という強い気持ちがある。その気持ちを尊重するために**ポライトネス**が行われる。

協調の原理 ➡ P.85、ポライトネス ➡ P.90

ポジティブフェイス

他人に認められたい、よく思われたい、称賛されたい、といった自分の**フェイス**を高めたいという積極的な気持ちのこと。

ネガティブフェイス

他人にじゃまされたくない、ばかにされたくない、自分の領域を守りたい、というフェイスを守るための自己防衛的な意識のこと。

ポライトネス

「ポライトネス」という概念は、研究者によって多少の違いがあるが、一般的に会話の相手との関係を良好に保つためのことばの使い方(使い分け)を指す。すなわち、**待遇表現**と同じような意味で使われることが多い。本来、politenessという英語は「丁寧さ」「礼儀正しさ」という意味だが、**ブラウン&レヴィンソン**などにより学術用語として概念化された。
ところで、日本語教育では長い間、待遇表現の中の一つのパターンである「敬語」に注意が集中してきた。そのため、しばしば「敬意(敬語)表現」=「待遇表現」という誤解が起きてきた。そこで、敬意表現を含め、聞き手に対する話し手の配慮を総合的に表す用語として、改めて「ポライトネス」という外来語が使われるようになった。

待遇表現➡P.88

ポジティブ・ポライトネス

会話の相手の「人に認められたい、よく思われたい」という**ポジティブフェイス**を満足させるための**発話行為**。**ブラウン&レヴィンソン**は具体的な例として「相手の持ち物(服やアクセサリーなど)や変化(髪型など)に気づいたことを話す」「仲間うちであることを示すために**集団語**や**ジャーゴン**を使う」「冗談を言って親しい雰囲気をつくる」「相手への協力の申し出や約束をする」など15のストラテジー(方法)を示した。

ポジティブフェイス➡P.89、発話行為➡P.87、集団語➡P.82、ジャーゴン➡P.82

ネガティブ・ポライトネス

相手の「自分の領域を守りたい」という**ネガティブフェイス**を保障するための**発話行為**。「慣習に基づいて間接的に話す」「要求ではなく、質問の形で話す」「(必要以上に)謝る」「レトリックを用いて直接的な表現を避ける」「最後まで言わずに省略する」など25のストラテジーを示した。

ネガティブフェイス➡P.90、発話行為➡P.87

コミュニケーション能力

単に言語の構造(文法)と内容(語彙)を習得しただけでは、「外国語(言語)が使える」とはいえない。現実に「**日本語能力試験**」でよい成績を挙げているのに、会話や作文がうまくできない学習者は少なくないのである。現実のコミュニケーションにおいては、①言語能力だけではなく、②ディスコース(談話)を構成する能力、つまり、相手と協調して会話を進行し、組み立てていく能力(**談話管理能力**(→談話管理 参照))、③**社会言語能力**、すなわち、相手や場面に応じて適切な表現をする能力、④必要に応じて言い換えや聞き返しをする言語運用ストラテジー——が不可欠であり、これらを総合した能力を**コミュニケーション能力**と呼ぶ。

日本語能力試験➡P.49、談話管理➡P.92、社会言語能力➡P.91

ハイムズ(Hymes)

1970年代初め、コミュニケーション能力(communicative competence)という概念を提唱した米国の社会言語学者。彼は、**チョムスキー**が示した「言語能力」と「言語運用」だけではコミュニケーションが成立しないとした。この考えが**オーディオリンガル・メソッド**への批判と結び付き、**コミュニカティブ・アプローチ**を発展させた。

チョムスキー➡P.320、オーディオリンガル・メソッド➡P.182、
コミュニカティブ・アプローチ➡P.186

社会言語能力

その言語が話されている社会に合わせた**待遇表現**や相手の**フェイス**への配慮、さらには**言語変種**への対応能力のこと。ある社会においてコミュニケーションをしようとする場合、どのような場面で話して(書いて)いるのか、自分がどのような立場にいて、相手がどのような立場の人かを考慮し、適切な表現をする必要がある。それが欠けると、言語的に正しい表現をしても、コミュニケーションは円滑に進行しないので、**社会言語能力**は、**コミュニケーション能力**の重要な要素となる。

待遇表現➡P.88、フェイス➡P.89、言語変種➡P.76、コミュニケーション能力➡P.91

談話管理

談話を作っていくこと、またその能力。すなわち、断片的な文を話せるというだけでなく、会話の中で相手に合わせて柔軟に話題を変更したり、発言権を獲得したりすることや、文章を書くときに一つの話題を展開し一貫性を持たせた上で、過不足なく終わらせるまでの一連の能力のこと。**コミュニケーション能力**を構成する要素の一つである。ディスコース(談話)構成能力あるいは談話能力と呼ばれることもある。

談話➡P.312、コミュニケーション能力➡P.91

会話分析

語用論の一分野、あるいは研究手法の一つ。実際の会話を記録し、詳細に分析し、言語が具体的に使われる様相を明らかにし、コミュニケーションとそれによって形成される人間関係の在り方を研究することを目的としている。「談話分析」という用語も同じように使われることがあるが、採用する研究方法論が若干異なっており、それぞれの専門家は厳密に使い分けている。「**会話分析**」の方が社会学(エスノメソドロジー)の影響を受け、より厳密な研究手法をとるという。

語用論➡P.312

優先応答／非優先応答

隣接ペアの第二発話(応答)において、相手の依頼や要求に応答するときは、それを承諾するか拒否するか選択しなければならない。この場合、どんな人でも承諾(無標)が選びやすく、拒否(有標)は選びにくい。これは日本語／日本人だけではなく、どんな民族がどんな言語を使う場合も同じであることが会話分析により確認されている。

例えば「1万円貸して」という要求に対して、「いいよ」という応答は選びやすいが、断るときは、ためらいを感じてしまう。そのため『いま、ちょっと持ち合わせがない』とか『給料日前だからムリ』とか、なんらかの言いわけを言って間接的に断ることが多い。このとき、言いやすい承諾の方(無標)を「**優先応答**」という。反対に、言いにくいので間接的な表現になりやすい方(有標)を「**非優先応答**」という。非優先応答は間接的な表現になることが多いので、優先応答に比べて表現も時間も長くなる。

隣接ペア➡P.95

開始部

明確な目的を持って行われる会話(商談や面接など)でも、いきなり用件について会話を始めることはほとんどない。あいさつなどから会話が始まることが一般的である。

下記の例のような会話の開始に当たって交わされる**スモールトーク**を会話の**開始部**という。開始部の内容や長さは、言語や文化によりかなりの差異があることが明らかになっている。

スモールトーク➡P.100

例：「本日はご足労いただきましてありがとうございます」
「いいえ。こちらこそ、貴重なお時間を割いていただき、恐縮です」
「山本さんは、弊社にいらしたのは初めてですか？」
「いいえ。以前、別件でお邪魔したことがありまして」

終結部

会話は開始する時と同様、終わる時にも一定の形式を持って終わる。会話の用件の終了を確認した後、さらにあいさつなどが続くのが普通である。会話の終了の確認を「**前終結**」、さらにその後に続く部分を「**終結部**」と呼ぶ。

例：「では、今日の打ち合わせは、ここまで、ということで」
「帰社しましたら、すぐに担当部署に確認して回答を差し上げます」
「よろしくお願いします」

――――ここまでが「前終結」。以降が「終結部」――――

「では、これで失礼いたします。本日はお時間をいただきましてありがとうございました」
「こちらこそ、遠くまでご足労いただいて、おかげさまで話が一気に進みました。ありがとうございました」
「では、失礼いたします」
「どうぞお気をつけてお帰りください」

ターン・テイキング・システム

会話における話者の交代を「ターン」という。会話は、ターンを繰り返して進められる(→ターン・テイキング 参照)が、そのとき「いつ、どこで話を交代するか」「次は誰が話すか」「発話が重なったときにどのように調整が行われるか」などを決定する仕組み、あるいはルールを**ターン・テイキング・システム**と呼ぶ。討論会・座談会などでは、司会者が「それについて○○さんのお考えはいかがでしょうか」などと明示的に「話を振る」が、日常的な会話では、「あいづち」「**フィラー**」「割り込み」「さえぎり」などがターン・テイキングの合図や方法として使われる。そのルールは会話に参加している人間の関係を詳細に反映するためターン・テイキング・システムの解析が**会話分析**の重要な研究テーマとなってきた。また、言語や文化による差異も小さくないため、**異文化コミュニケーション**研究にも関係する。近年の研究では、**レギュレーター**などの非言語行動もターン・テイキング・システムとして機能していることが明らかになっている。ビデオカメラなどを使った音声と非言語行動(→ノンバーバル・コミュニケーション 参照)の総合的な分析は「マルチモーダル(研究)」とも呼ばれる。

ターン・テイキング➡P.171、フィラー➡P.263、会話分析➡P.92、
異文化コミュニケーション➡P.100、レギュレーター➡P.102、
ノンバーバル・コミュニケーション➡P.101

共同発話

２人以上の人が共同で一つの発話をすることを**共同発話**と呼ぶ。相手の発話を先取りして別の人が後ろを発話する場合と、相手の発話の間に割り込んで発話する場合がある。

> **先取り**：「あのコンビニで新発売したロールケーキ」「うん、すごーくおいしいよねー！」
> **割り込み**：「あのコンビニの新しいロールケーキ」「あー、私も昨日食べた！」「すごーっくおいしいよねー」

共同発話は、日本語・日本文化では全く問題ない。むしろ共同で話を作り上げていくことによって生まれる一体感が好まれる傾向さえあるが、言語・文化によっては、他人の発話を途中で妨害する行為として厳しく禁じられている場合がある。同様に他人の話の途中に「あいづち」を打つことは、日本語では、相手の話をきちんと聞いているというサインになるが、言語によっては、発話を妨害する行為として禁じられていることもある。したがって学習者には、共同発話に対する感じ方の違いを具体的に説明する必要がある。

隣接ペア(adjacency pair)

会話の最小単位を構成する対になったターンで、２人(以上)の話者によって交わされ、決まった順序とある程度典型的なパターンを持つもの。「あいさつ」「問いと答え」「勧誘・招待・申し出と、受諾または拒否」などが代表的。最初の発話(問い)を「第一発話」、それを受けての発話(答え)を「第二発話」という。**会話分析**において、会話の基本構造とされる。「第二発話」(回答)が肯定的な場合は**無標**となり「**優先応答**」と呼ぶ。否定的な場合は**有標**となり「**非優先応答**」と呼ぶ。

会話分析➡P.92、無標／有標➡P.242、優先応答／非優先応答➡P.92

挿入連鎖

隣接ペアの間に別の隣接ペアが挟まることがある。これを**挿入連鎖**と呼ぶ。次のような例である。

例：「ねえ、今週の土曜日、釣りに行こうよ」A
「天気予報はどうなってる？」B
「週末は晴れるって」C
「じゃ、行こうか」D

AとDは「誘い」とその「応答(承諾)」という隣接ペアを構成している。その間に挟まったBとCは「質問」「回答」という別の隣接ペアを構成しており、挿入連鎖となっている。挿入連鎖の間にさらに別の隣接ペアが挟まり2重、3重の挿入連鎖を構成することもある。

隣接ペア ➡P.95

ムーブ

話し手の発話は、聞き手に何らかの反応を引き起こす。その反応が聞き手の返答である場合は、元の話し手に新たな反応を引き起こす。また、反応が聞き手の動作・行動となって表れる場合もある。このような発話とそれによって引き起こされる行為のまとまりを**ムーブ**という。ムーブはある程度の長さを持つ会話となる場合もあるし、一つの発話だけで完了する場合もある。

ジェンダー

「生物学的な性の区別」をセックス(sex)というのに対し「文化・社会的な性の区別」を**ジェンダー**(gender)と呼ぶ。日本語教育の分野で使われるときは、次に挙げる3点のいずれかを指していることがほとんどである。

①フランス語・ドイツ語などに見られる語の区別、すなわち「女性名詞」「男性名詞」などについて。

②言語使用や**談話管理**の男女差。一般に男性の会話は情報の伝達に重きが置かれる傾向があり、「**リポート・トーク**」と呼ばれるのに対し、女性の会話は、他者との心地よい関係をつくるためのおしゃべり、「**ラポート・トーク**」に比重が置かれるとされるなど、言語の使用の仕方そのものに男女差があるとされる。

③広く社会にみられる性差別的な視点(一般的には女性蔑視)と言語の関係。例えば、「看護婦」から「看護師」への呼称変更の問題などが含まれる。

談話管理➡P.92、リポート・トーク➡P.220、ラポート・トーク➡P.220

言語景観

私たちの生活空間には、看板、ポスター、のぼりなどにさまざまな「文字」(書きことば)が書かれて掲示されている。このような「ことばのある光景・景色」を広く**言語景観**と呼ぶ。どのようなことばが、どのような場所に、どのような目的と意味をもって書かれているのかを研究するのが、言語景観研究である。もともと、街角で見られる方言や外国語の看板などを対象とした社会言語学的研究から始まったが、日本社会の多言語化の進展とともに、非日本語母語話者(への伝達機能)を意識した言語景観研究が現れ、日本語教育の分野でも注目されつつある。

公共サイン

看板、ポスター、のぼり、掲示物など、文字(書きことば)によるコミュニケーションを意図して設置・掲示されたものを「サイン」と総称する。そのうち、通行人・利用者の利便を図るため、出入り口や通りの名称や方向、施設(トイレ、コインロッカー、エレベーター)の場所や使用法などを示すものを**公共サイン**という。これに対し製品やサービスを広告宣伝する目的で掲示されているサインを「商業サイン」と呼ぶ。

公共サインは、仮名やローマ字の併記、英語や多言語表記、さらにピクトグラム(トイレを表す男女のシルエットに代表される定型的なシンボル・絵文字)の使用などによって、できるだけ多くの通行人が理解できるように表示されることが望ましい。

ピクトグラム

6. 異文化コミュニケーションと社会

多言語多文化社会

母語の異なる人々が一つの社会を構成し、その中で生活していく状態。長い間、日本人は自分たちが暮らす社会が漠然と単一言語単一文化社会であると考えてきた。そのため、一般の日本人の言動は、言語的・文化的マイノリティ(少数派)に対する配慮が欠落していることが多い。近年、**多言語多文化社会**というキーワードが多用されるのは、このような日本人の意識変革が求められているからである。

異文化接触

文化的背景が異なった人々が出会うこと。人は無意識のうちに、自分の生まれ育った文化を基準として行動し、また、相手の行動を解釈している。そのため、文化的背景が異なる人を相手にした場合、なにげない行動でも、相手に思いがけない誤解を与える可能性があるので、注意が必要である。

エスノセントリズム(自民族中心主義・自文化中心主義)

自分の生まれ育った文化・社会の価値観を絶対的なものと考え、それを基準にほかの文化・社会を評価する考え方。一般的に自分の文化を最上のものとし、ほかの文化はそれよりも劣ったものだとみなす態度(例：中華思想)につながりやすい。偏見や蔑視、そして差別の多くは**エスノセントリズム**に原因がある。

文化相対主義

自分の生まれ育った文化・社会の価値観を絶対的なものと考える**エスノセントリズム**とは反対に、すべての文化は、その環境や歴史的経緯の中で形成されたものであり、複数の文化間に優劣をつけることはできないという考え方。しかし、**文化相対主義**の立場は尊重しながらも、人道・基本的人権など、すべての文化において絶対的に守られなければならない人類共通の価値が存在する、という考え方もあり、しばしば国際政治において国家間の摩擦の原因となる。例えば国際会議で特定の国家の人権問題を論議しようとするような場面にそれがみられる。

エスノセントリズム➡P.99

異文化コミュニケーション

異文化接触に伴うコミュニケーションのこと。言語が異なる場合はいうまでもないが、たとえ双方が同じ言語を使用していたとしても、そこには無意識のうちに自分の文化の価値観が入り込んでいて、思わぬ誤解や摩擦を生むことがある。

異文化接触➡P.99

スモールトーク(small talk)

日本語で「おしゃべり」「世間話」「雑談」などと呼ばれる種類の会話。通りすがりに交わされるあいさつのようにそれだけで完結することもあるし、主題に入る前や後に行われることもある。情報の伝達を目的としない「無駄話」のように思われるが、会話の相手との心のつながり(ラポート)を確認するという点で重要な機能を果たしている。**スモールトーク**としてどのような話題(トピック)が好まれるか、反対にタブー視されるかは文化によって異なるため、話題の選択に注意が必要となる。

交渉会話／交流会話

会話には、①約束、提案、依頼、推薦、許可／拒否など特定の目的を持って行われるものと、②あいさつ、雑談、情報交換など「話すこと」自体を目的として行われるものがある。そのうち前者を「**交渉会話**」と呼び、後者を「**交流会話**」と呼ぶ。交流会話は**スモールトーク**とほぼ同じだが、会話中に行われるものを「スモールトーク」、それだけで独立して行われるものを「交流会話」と区別する場合もある。交渉会話／交流会話は、どちらも重要である。交渉会話がうまくできないと日常生活に支障をきたし、交流会話がうまくできないと周囲の人たちとの自然な人間関係がつくれない。

スモールトーク➡P.100

交流会話とほぼ同じ意味で「交感的言語使用」という用語もあるよ。「交感的言語使用」は言語哲学で使われる場合が多いんだよ。

ノンバーバル・コミュニケーション

日本語で**非言語行動**と呼ぶ。「非言語コミュニケーション」とも。すなわち言語によらないコミュニケーションのこと。人がコミュニケーションに使っているのは、言語だけでなく、声そのもの(イントネーション・プロミネンス)・ジェスチャー(身振り)・表情・服装やメークなども言語と重ね合わせて、あるいは単独で重要なコミュニケーション手段となっている。言語と同様にこの**ノンバーバル・コミュニケーション**も、文化によって意味が異なっている場合があるので、**異文化コミュニケーション**に際して注意が必要である。P・エクマンとW・V・フリーセンは、ノンバーバル・コミュニケーションに使われるジェスチャー(身体動作)を以下の五つに分類した。

異文化コミュニケーション➡P.100

エンブレム(emblem)

特定の語句を身体動作で表現するもので、音声言語が使えない(使いにくい)状況下でその代用に使われる。野球の「サイン」や、スキューバ・ダイバーが使う「ハンドシグナル」などがそれに当たる。これらの例でわかるとおり、その身体動作の意味を事前に学習した人にしか伝わらないので、個々の**エンブレム**の通用範囲はそれほど広くならないのが普通だが、口の前に人差し指を立てる「静かに」、親指を上げた「いいね！」のように、かなり広い範囲で理解され、使われているものもある。

イラストレーター(illustrator)

音声言語のメッセージと共に使われ、その内容を視覚的に保障・補強する身体動作。日本語(日本文化)では、感謝を表現する場合「ありがとうございます」という音声と共に、必ず「頭を下げる」という動作(おじぎ)が併用されるが、この「おじぎ」が**イラストレーター**である。日本語ではあまり使われないが、自分の主張を強調するために机をたたいたり、聴衆に訴えかけるため、両腕を胸の前で広げたりするような動作もイラストレーターである。
エンブレムやイラストレーターは、言語や文化と同様に地域によって差があり、同じような身体動作がまったく異なった意味で使われることがある。

アフェクト・ディスプレー(affect display)

個人的な感情を表現するために意識的・無意識的に行われる動作のこと。スポーツ選手が勝利の喜びを伝えるために行う「ガッツポーズ」などがそれに当たる。

レギュレーター(regulator)

音声言語によるコミュニケーションがうまくいっている(いない)ことを表明するために聞き手が行う身体動作。聞き手が話の合間に「うなずく」、話に賛成できないことを表明するために「腕組み」をする、会話のターンを促すための「視線移動」などが挙げられる。

アダプター(adapter)

前4者と異なり、コミュニケーションのために行われる動作ではなく、その文化・社会の作法に合わせて、人前でするとマナーに違反するような動作を、なんとか隠そうとするための「適応」動作を**アダプター**と呼ぶ。会話の最中に「あくび」をかみ殺すような動作である。

パラ言語

音声言語の分節的な要素(例えば意味を弁別する発音やアクセントなど)を超えてコミュニケーションに関与する要素を指す用語。例として(秘密であることを示す)ひそひそ声・(甘えるときの)鼻声などが挙げられる。
アクセント、イントネーションや**プロミネンス**などが、**パラ言語**として扱われることも多い。時には、身ぶりや表情など**ノンバーバル・コミュニケーション**も含めて「パラ言語」ということばが使われる場合もある。現実的に個々の言語と文化によってアクセントやイントネーション、身ぶりの形態と機能には、大きな差異があるため、パラ言語とそうではない要素の境界をはっきり決めることは難しいと思われる。

プロミネンス➡P.247、ノンバーバル・コミュニケーション➡P.101

メタ言語行動表現

この語は、「メタ言語」行動表現ではなく、メタ「言語行動」表現であり、「言語行動」をメタ的にとらえていることに注意。
例えば、人に話しかけるとき、突然、主題に入らず、相手との関係を考えながら「あのう、すみませんが」「ちょっとお尋ねしますが」「いまちょっといいですか？」「お忙しいところ恐縮ですが」といった前置きをしてから本題を始めるのが普通である。これらの前置きは、自分がこれから相手に質問するなど、「言語行動を開始する」ということを相手に宣言する表現なので、**メタ言語行動表現**と呼ばれる。講演会やプレゼンテーションの冒頭では、これから話すことについて、自己紹介や時間配分、話の概要など、「これからどんな人がどんな話をするのか」ということを説明してから話を始めることが多い。これもメタ言語行動表現の一種だと言える。

接触場面

母語話者と非母語話者(学習者)とがコミュニケーションする場面のこと。母語話者同士の場合は「母語場面」と呼ばれる。**接触場面**においては、非母語話者だけではなく、母語話者もさまざまな工夫をしてなんとかコミュニケーションを成立させようと努力をすることが知られている。つまり、母語話者と同じように日本語を話せなければコミュニケーションができないという考え方は誤りであり、入門レベルから接触場面におけるコミュニケーションを成功させることを意識して練習をすることが重要である。また、接触場面がはっきりと意識されるようになるとともに、日本語学習の最終目標が「日本語母語話者になる」ことではないことが認識されるようになったといえる。

ネウストプニー

チェコ出身の日本語学者、社会言語学者。モナシュ大学(オーストラリア)、大阪大学、千葉大学、桜美林大学などで教員を務め、数多くの日本語教師、研究者を育てた。ビョルン・H・イェルヌドと共に「言語管理」という概念を提示し研究を進めた。また、日本語(外国語)教育に**接触場面**という概念を導入し、大きな影響を与えた。

接触場面➡P.104

異文化理解

文字どおり「異文化を理解する」ことだが、異文化に関する知識(文化・習慣・社会など)の理解という表層的な意味合いだけではなく、まず自分自身が持っている文化、すなわち思考や感情の基準となっているものを理解し、それとの比較・対照により他の文化を総合的に理解すること、その上で、個々の事象を理解するという意味をもつ。

なお、言語化して伝えることができる明示的な「文化(知識)」、例えば行事・習慣・社会慣行などを「**大文字のC(Culture)**」、生まれた時から特定の文化の中で育ったことにより、暗黙的に身に付いた「思考の方法」や「感情の動き方」「好み・嫌悪」といった「文化」を「**小文字のc(culture)**」と呼ぶ。

スティグマ

「烙印(らくいん)」という意味。所属する集団(「民族」「国籍」「家族」など)、出身地、肌の色など、本人が自分の意思や努力で変えることができない要因によって、周囲の人々が特定の人物を差別したり、自分で自分を貶(おとし)めたりすることがあり、その要因となるものを**スティグマ**と呼ぶ。スティグマが原因で自己肯定感を得られない学習者(特に年少者)は、学習に支障をきたす場合もある。

プロクセミクス

動物としてのヒトも「なわばり」を持っているのではないか、という考え方から人類学者のエドワード・T・ホールが提唱した概念。彼によると、ヒトは、密接距離(45㎝以内)、個人距離(45～120㎝)、社会距離(120～360㎝)、公共距離(360㎝以上)の4種類の「なわばり」を持つという。ヒトがこのような「なわばり」を持っていることは本能的に理解できるが、その種類と距離は、文化によって差異がある可能性が指摘されている。例えばハグや握手といった身体を接触させる「あいさつ」に抵抗を感じる日本文化の中で育った日本人の**パーソナル・スペース**は「より広い」のではないか、それが日本語の待遇表現、ことに敬語の発達と関係しているのではないか、などといった声もある。現在、日本語の「敬語」使用は、敬意の表現よりも、むしろ相手との親疎関係、すなわち「相手との距離」を表現する働きが強いからである。現在は、より理解しやすい「パーソナル・スペース」という用語で呼ばれることが多い。

ホールは異文化理解研究を創始した研究者の一人で**非言語行動**(→ノンバーバル・コミュニケーション 参照)や**高／低コンテクスト文化**などの概念の確立にも重要な貢献をしたよ。

ノンバーバル・コミュニケーション➡P.101、高／低コンテクスト文化➡P.108

LOTE

オーストラリアで行われている英語以外の言語教育のこと(Languages Other Than English=**LOTE**)。オーストラリアは、英語を母語とする国の常として、あまり外国語教育には熱心でなかったが、1980年代の終わりごろから、アジア太平洋諸国への接近をはかり、中等教育機関での外国語教育を重視しはじめた。その言語教育政策がLOTEである。LOTEでは、学習を推進するべき近隣諸国の言語として、インドネシア語・中国語などとともに、日本語が挙げられており、1990年代から2006年まで、オーストラリアの日本語学習者数は世界3位であった。

異文化間教育

明確な定義はなく、また、研究テーマも非常に多岐にわたる学際的領域である。主な研究テーマとしては、複数の文化を移動する人々に起きる教育上のさまざまな問題、例えば外国への長期滞在者や移民の子どもへの教育、さらに、長期滞在を経て帰国した人々(子ども)への教育などが取り上げられる。

同化

移民など、異文化社会で生活しはじめた人が、言語をはじめ自らが持つ文化を捨て、移動先の文化に溶け込むこと。**同化**を推進するための教育を「同化教育」という。かつては移民が移住先の言語・文化に同化することは、当然のことと考えられてきたが①同化教育の主たる対象となる子どもに**アイデンティティ・クライシス**などの深刻な影響を与えることがある②異文化を持つ人たちを人的リソースとして生かすべきである③自らの生まれ育った文化を保持して生きていくことは基本的人権の一つである—などの意見が高まり、現在では、否定的な意味合いで使われることが多い。

アイデンティティ・クライシス➡P.107

アイデンティティ

「**帰属意識**」「**自己同一性**」などと訳されることもある。自分がどんな集団に属しているのかを認識する(できる)こと。人は群れ(社会)をつくる動物なので、自分がどの群れに属しているかが明確になっていないと精神的な不安に襲われる。ふるさと(出身地)や母校が同じであると初対面でもうちとけやすいのは、双方の**アイデンティティ**に共通点があることを容易に確認できるからである。

アイデンティティ・クライシス

自分がどんな集団に属しているのかを見失ってしまい、精神状態が不安定になること、またそのような精神状態。生まれ育った社会から、文化の異なるほかの社会へ移動した人は、自分の**アイデンティティ**を確認する手段を失うため、精神的・身体的に不安定となりやすく、中には深刻な危機に陥る人もいる。すでにアイデンティティを確立した大人の移動者には少ないとされるが、自分を意識しはじめた小学校高学年から中学校にかけての間に文化を移動した子どもには、顕在化しやすい。

コンテクスト(context)

「コンテキスト」と表記される場合もある。日本語では「**文脈**」と訳される。日本語教育においては二つの使われ方がある。
一つは、文字どおり文章や**談話**の流れのこと。同じ「すみません」ということばでも、その**コンテクスト**によって「謝罪」「呼びかけ」「感謝」など異なった意味を持つ。文章・談話研究で使われる用法。
もう一つは、「文化的(社会的)コンテクスト」と呼ばれるもので、**異文化コミュニケーション**で使われる。特定の文化・社会において、人の行動様式が自然に定まっていること。例えば「見知らぬ人とエレベーターに乗り合わせる」という状況において、日本では無言で自分の行く階のボタンを押せばよいが、それが危険な人物を連想させるため、あいさつや**スモールトーク**を交わすことが必要である文化もあるし、あるいは、男性が乗り合わせた女性のためにボタンを押すのが礼儀となっている文化もある。このような、それぞれの社会(文化)における定型的な行動(パターン)を文化的コンテクストと呼ぶ。

談話➡P.312、異文化コミュニケーション➡P.100、スモールトーク➡P.100

高コンテクスト文化（高文脈文化）

ほとんどの構成員が共通の「文化的**コンテクスト**」を持っている文化・社会。ある場面である人がある行動をしたときに、すべての人がその意味を理解できて、同じような対応をすることが期待できるような場合、その社会は**高コンテクスト文化**である。大多数の人が「空気を読んで」行動する社会だと考えれば理解しやすい。日本社会は比較的「高コンテクスト文化」であるといえる。

低コンテクスト文化（低文脈文化）

高コンテクスト文化とは反対に、そのつど自分の行動や意見を説明したり、主張したりしなければならない文化・社会。さまざまな文化的背景を持つ人々で構成された社会（多文化社会）では相手に「空気を読んでもらう」ことが期待できず、常に、具体的に言語によって自分の意志を表明することが重要となる。米国などが典型的な「**低コンテクスト文化**」社会であるとされる。

サピア・ウォーフの仮説

人はことばによって世界を認識し、物事を考える。したがって、ことば（言語）が異なれば、自分の周囲の世界の認識もものの考え方も異なるという説。アメリカの文化人類学者、サピアとウォーフがほぼ同時期（20世紀初め）に唱えはじめたので「**サピア・ウォーフの仮説**」と呼ばれる。主たる提唱者である「ウォーフの仮説」と呼ばれることもあるが、彼自身はこの呼び方を嫌っていたと伝えられる。そこで、彼の意思を尊重して、彼自身が使っていた「**言語相対論**」と呼ばれることもある。言語間の色彩語や**指示詞**などに関する実験的な研究などによって、ある程度の妥当性が確認される反面、言語間で翻訳という作業を行って、宗教や哲学など高度な思考を人類が共有しているという事実もある。したがって、人の思考に、使用している言語が限定的な影響を与えることはあるが、母語が異なる人々の間では相互理解が成立しないというほどの絶対的な壁はないと思われる。

指示詞➡P.311

ステレオタイプ

ある集団について、個々の構成員をみるのではなく、すべての構成員を画一的にとらえてしまうものの見方、考え方。「日本人は勤勉だ」「日本人は時間に正確だ」などという表現がそれに当たる。**異文化理解**では、**ステレオタイプ**なものの見方が偏見や蔑視に結び付きやすいため注意が必要である。

異文化理解➡P.104

多文化主義

複数の文化が一つの社会を構成する際、お互いの文化の存在を認めていかなければならないという考え方。**多文化主義**の成立には、マジョリティ（多数派）がマイノリティ（少数派）の文化を積極的に評価する態度が不可欠である。米国、カナダ、オーストラリアといった移民で構成されている国家で意識されはじめ、やがてヨーロッパでも移民の増加とともに安定した社会をつくるためのキーワードとして使われるようになった。これからの日本社会においても重要な概念になると考えられている。

多言語主義

「多文化主義」に対して「**多言語主義**(→複言語主義 参照)」に代表される「多言語○○」ということばをよく目にする。多言語という言葉はあるが、具体的に「何言語以上が話されている状態を多言語という」あるいは「複数の言語がどのように使われている状態を多言語と呼ぶ」といった「多言語」についての学術的な定義はない。ただ、長い間、日本は「単一言語社会」であると漠然と考えてきた日本人が、世界のグローバル化、外国人居住者の増加、さらにインバウンド訪問客の急増などの要因によって、日本社会も単一言語社会ではないのだ、ということを強く意識するようになったために、頻出する用語となったのだろう。日本社会の多言語化を常に意識し、それに対応し、適応する方策を考えることは、将来の日本社会を考える上で欠かせない。その最先端に立つ職業が「日本語教員」である。

複言語主義➡P.68

エスノグラフィー

本来は、民族学者(文化人類学者)が未開社会に入りこみ、住民たちと生活を共にしながら見聞した(参与観察)ことを記述(記録)したものを指す。この本来の意味で使われた場合は「民族誌」と訳される。現在では、そこから転じて、インタビューや観察によって一人一人の行動や思考パターンを調査していくことを意味している。調査に時間がかかるが、アンケートなどの量的(統計的)な分析に比べて調査対象者の本音に迫ることができるとされる。

第2章　言語と社会

用語チェック問題

1 どの言語を国家の公用語とするかを決めることは？

A　実体計画　　B　席次計画

2 母語とする人々がいるのはどちら？

A　ピジン　　B　クレオール

3 社会の成員のほとんどが複数の言語を話す状態を何と呼ぶ？

A　ダイグロシア　　B　リンガフランカ

4 ヨーロッパの言語政策に関連するものは？

A　複言語主義　　B　異文化間教育

5 精密コードと共通することが多いものは？

A　L変種　　B　H変種

6 言語として使われているものは？

A　点字　　B　手話

7 「方言周圏論」を唱えたのは？

A　柳田国男　　B　東条 操

8 方言と標準語の接触により生まれたものは？

A　ネオ方言　　B　新方言

9 一人の人が、場所や立場によってことばを使い分けることを何という？

A　スタイル　　B　レジスター

10 話者が「伝えたかったこと」を示すのは？

A　発話内行為　　B　発話媒介行為

11 「冗談を言う」のはどちら？

A　ネガティブ・ポライトネス　　B　ポジティブ・ポライトネス

12 文化・社会的な的な性の区別を何と呼ぶ？

A　セックス　　B　ジェンダー

13 しぐさや表情による意思の伝達は？

A　ノンバーバル・コミュニケーション　　B　エスノセントリズム

14 オーストラリアの外国語教育政策は？

A　CEFR　　B　LOTE

15 みんなが「空気を読んで」行動する文化は？

A　高コンテクスト文化　　B　低コンテクスト文化

16 ある集団を均一化してとらえるものの見方は？

A　ステレオタイプ　　B　文化相対主義

第2章　言語と社会
用語チェック問題　解答

	答え	A		B	
1	B	A 実体計画	→P.65	B 席次計画	→P.64
2	B	A ピジン	→P.71	B クレオール	→P.71
3	A	A ダイグロシア	→P.72	B リンガフランカ	→P.68
4	A	A 複言語主義	→P.68	B 異文化間教育	→P.106
5	B	A L変種	→P.72	B H変種	→P.72
6	B	A 点字	→P.78	B 手話	→P.77
7	A	A 柳田国男	→P.80	B 東条 操	→P.80
8	A	A ネオ方言	→P.81	B 新方言	→P.80
9	A	A スタイル	→P.83	B レジスター	→P.83
10	A	A 発話内行為	→P.87	B 発話媒介行為	→P.88
11	B	A ネガティブ・ポライトネス	→P.90	B ポジティブ・ポライトネス	→P.90
12	B	A セックス	→P.97	B ジェンダー	→P.97
13	A	A ノンバーバル・コミュニケーション	→P.101	B エスノセントリズム	→P.99
14	B	A CEFR	→P.68	B LOTE	→P.106
15	A	A 高コンテクスト文化	→P.108	B 低コンテクスト文化	→P.108
16	A	A ステレオタイプ	→P.109	B 文化相対主義	→P.100

第3章

言語と心理

7. 言語理解の過程

トップダウン処理／ボトムアップ処理

単語を理解し、文を理解し、段落を理解し、という形で、小さい部分の理解からテキスト全体の理解に進む処理の仕方を**ボトムアップ**、先に予測を立ててから全体を理解する処理の仕方を**トップダウン**という。二つの処理が併用されて言語理解が進むと考えられており、また読む目的によって、どちらの処理がより必要となるかも変わってくる。特にリスニング指導では、トップダウンで聞く練習に偏る傾向があるという指摘もあり、バランスのよい指導が望まれる。

橋渡し推論／精緻化推論

文章理解の過程においては、常に「推論」が行われている。文章理解における推論は、**橋渡し推論**と**精緻化推論**に大きく分けられる。
橋渡し推論は、明示的には述べられていない部分を埋める推論である。例えば、「昨日北海道へ行った。飛行機はガラガラだった」と聞けば、ガラガラだったのが北海道へ行くために乗った飛行機だったことは容易に理解できる。しかしこれは無関係な二つの文が並んでいるだけで、話し手がその飛行機に乗ったとは全く述べられていない。その部分を聞き手は自分の持つ知識で埋めて理解をしている。つまり、二つの文の間に橋を渡しているのである。このような橋渡し推論は、文章理解の過程では必要不可欠なものである。
一方、精緻化推論は、読んだり聞いたりした内容を深く理解するための推論で、理解のために必要不可欠なものではない。例えば、「母はいつも私の勉強をみてくれた」という文を読んで、教育熱心な母親だったのだろうと考えるような推論である。

スキーマ

経験から蓄積された既有知識(その人が既に持っている知識)のまとまりを**スキーマ**という。例えば「あーあ、明日は月曜日だ」という発話を理解するには、「月曜日」という語の意味だけでなく、月曜日から仕事や学校が始まり一般的には金曜日まで仕事が続くことや、日曜日が終わり月曜日を迎える前の憂鬱(ゆううつ)な気持ちなど、月曜日に関する背景知識が必要である。

コンテント(内容)・スキーマ／フォーマル(形式)・スキーマ

スキーマの項で挙げた「月曜日」に関するスキーマのように、トピックや内容に関するスキーマを**コンテント(内容)・スキーマ**という。
一方、テキスト構造などにかかわるスキーマを**フォーマル(形式)・スキーマ**という。われわれは、これまで読んだり聞いたりした経験から、物語文がどのように進んでいくのかということや、説明文がどのような構造になっているか、新聞の見出しがどのような構成になっているかなどの知識を蓄積しており、それにより、その先にどのようなことが書かれているかを予測できたり、深い読みが可能になったりする。

スクリプト

内容スキーマのうち、出来事に関して、台本のように場面と行為の系列で表現される知識を**スクリプト**という。例えば、レストランで食事をすることに関して、「テーブルに座る→店員がメニューを持ってくる→注文する→料理が運ばれてくる……」といった一連の流れが私たちの頭の中にある。それにより、「昨日の昼、友人とレストランへ食事に出かけたが、料理を待っている間に急に気分が悪くなってしまった」という文章の「料理を待っている間」というのが、テーブルに座り注文をし、その料理をテーブルで待っているときだということが読み取れる。

先行オーガナイザー

その後の学習を促進するために、関連する既有知識を活性化させる活動を**先行オーガナイザー**という。学習内容に関連する既有知識を活性化させて、学習する内容と既有知識を関連づけることで学習が促進されると考えられている。読解や聴解に入る前に、その内容について話し合ったりする活動がこれに当たるが、これから読んだり聞いたりする内容より、一般的なことや包括的なこと、あるいは抽象的内容について扱うことが大切だといわれている。例えば、日本における仏教の役割について読むのであれば、学習者の母国や世界のさまざまな文化圏における諸宗教の役割について話してから読解に入るような例が挙げられる。テキストの内容を最初からわかってもらって読解や聴解を易しくすることが目的ではないことには注意が必要である。

スキミング／スキャニング

スキミングと**スキャニング**は、どちらも速読の方法で、スキミングは全体をざっと読み大意を取る読み方、スキャニングは自分にとって必要な情報のみを拾い出す読み方である。スキミングで読み取る内容が全体的な大意であるのに対して、新聞のスポーツ欄の記事から自分の好きなチームの試合結果だけを探し出すような読み方がスキャニングである。もともと速読の方法を示す用語であるが、聴解における聞き方の種類としても使われる。

エコイック・メモリー

私たちが知覚した情報は、非常に短い時間、そのままの形で保持される。これを感覚記憶というが、そのうち、視覚情報の感覚記憶をアイコニック・メモリー、聴覚情報の感覚記憶を**エコイック・メモリー**と呼ぶ。私たちは目や耳から入ってきた情報すべてに注意を向けるわけではないため、注意が向けられなかった情報は短時間で消えていく。アイコニック・メモリーは非常に短く、1秒以内で消えてしまうといわれているが、エコイック・メモリーはもう少し長く、5秒程度残るといわれている。これらの感覚記憶のうち、注意が向けられたものが、**短期記憶**となる。

短期記憶➡P.119

短期記憶／長期記憶

私たちは短い時間であれば、人から言われた電話番号などを覚えていることができる。このような短時間保持される記憶は**短期記憶**と呼ばれ、その保持時間は15～20秒程度であるといわれている。短期記憶にあるもののうち一部は、**リハーサル**(頭の中での反復など)により、**長期記憶**に送られる。長期記憶に送られたものは、永続的に保持されるといわれており、一般的にいう「忘却」は、記憶が消え去ったわけではなく、検索ができなくなることだと考えられている。長期記憶には、**宣言的記憶**と**手続き的記憶**がある。

リハーサル➡P.119

宣言的記憶

宣言的記憶とは、**長期記憶**の一種で、ことばで表現することができる記憶である。宣言的記憶には、**意味記憶**と**エピソード記憶**がある。意味記憶は、人の名前やことばの意味など、一般的な知識・情報に関する記憶である。それに対して、エピソード記憶は、ある時間にある場所で生じた個人的経験に関するもので、昨日何をしたか、晩ご飯に何を食べたかといった記憶である。意味記憶が**リハーサル**(頭の中での反復など)により長期記憶になったものなのに対して、エピソード記憶は、一度体験するだけで長期記憶として記憶されるといわれている。

リハーサル➡P.119

手続き的記憶

長期記憶の一種で、いわゆる「体で覚えた記憶」であり、言語化できない記憶であることが多い。例えば箸の持ち方、自転車の乗り方などがこれに当たる。**手続き的記憶**は一度形成されると長期間保持されるといわれる。

リハーサル

短期記憶に入った記憶は、そのままでは15～20秒程度で消え去ってしまう。それを保持し続けたり、**長期記憶**に送ったりするために必要なのが、頭の中で繰り返すなどの**リハーサル**である。リハーサルには、維持リハーサルと精緻化リハーサルがある。

短期記憶➡P.119、長期記憶➡P.119

維持リハーサル

維持リハーサルは、主に**短期記憶**内での情報の保持を目的に行われるもので、頭の中で何度も繰り返したり、声に出して繰り返したりすることをいう。

精緻化リハーサル

精緻化リハーサルは、主に**短期記憶**にある情報を**長期記憶**に移すために行われるもので、単に繰り返すだけの維持リハーサルとは異なり、既に持っている知識と関連づけたり、覚えようとする情報同士を関連づけたり、イメージ化したりすることなどを伴う。例として、語呂合わせで覚えたり、同じカテゴリーの語をまとめて覚えたりすることなどが、挙げられる。

作動記憶（ワーキング・メモリー）

情報を一時的に保持しながら処理を行う記憶のシステムを**ワーキング・メモリー**（**作動記憶**・作業記憶）と呼ぶ。例えば読解の過程では、最初に読んだことを一時的に保持して次の内容を処理しなければならず、その間に前に読んだ部分を忘れてしまったら理解は進んでいかない。このように言語の理解の過程では情報の保持と処理が同時に行われるが、ワーキング・メモリーの容量には制限があり、第二言語の理解の場合、語の理解や文法処理などで処理の負担がかかるため、保持ができなくなり、前に読んだ部分を忘れてしまったり、**スキーマ**の活用や推論が十分にできなかったりする。 スキーマ➡P.117

リーディングスパンテスト

ワーキング・メモリーの容量を測るテストの一つ。画面に現れた短文を声を出して読んでもらいながら（＝処理）、その文の中の指示された単語を記憶してもらう（＝保持）という方法で、処理と保持の二つの作業を同時に行わせ、ワーキング・メモリーの容量を測定する。

チャンク

チャンクとは一つのかたまりという意味を表す。言語教育分野ではイディオムや決まり文句を指して使われることが多く、“See you later.”のような表現を文法構造などを考えずにそのまま覚えることを「チャンクで覚える」「チャンク学習」のように呼ぶ。一方、認知心理学の分野では、人間が一つのまとまりとして処理する情報の単位を表す。短期記憶に記憶できる情報量は7±2チャンクとされている。携帯電話の11桁の番号を一つずつそのまま覚えると数字の一つ一つが「一つのまとまり」になるため、合計11チャンクになってしまうが、090＋xxxx＋xxxxという三つのまとまりとして記憶すれば、3チャンクとなり記憶されやすくなる。言語教育・習得や記憶の分野ではチャンクという語はこのように異なった使われ方をするが、最近ではその両分野の使い方を混ぜた形で「ある一定の長さのまとまり」といった意味で使われることも多い。

チャンキング

チャンクをより大きな単位にしていくことを**チャンキング**と呼ぶ。例えば、“Today I'll talk about~”という英語を話そうとするときに、Today・I・will・talk・aboutのように単語を一つずつ思い出し文を作っていくと時間がかかり流ちょうに話すことはできず、また途中で誤りが起こることもあるが、“Today I'll talk about”というチャンクを記憶していれば、その記憶を一度に引き出してひとまとまりの「語」のように発話することができる。さらに、このあとに“my experience in the United States”のような別のチャンクをつなげて使っていくうちに、より長いチャンクができていく。このようなチャンキングのプロセスが、流ちょうで正確な発話につながると考えられており、外国語学習・教育では注目されている。

外国語副作用

外国語を使用している最中に思考力が一時的に低下するという現象を**外国語副作用**と呼ぶ。人間の脳ではさまざまな情報処理をするための処理資源(エネルギーのようなもの)には限りがある。外国語を使っているときは母語を使っているときよりも言語処理に資源が多く使われてしまうため、高度な思考を行うための資源が少なくなってしまう。そのために外国語副作用という現象が起こる。言語処理の**自動化**が進めば、言語処理に使われる処理資源が少なくて済むようになるため、思考に回せる資源が増えることになる。

自動化➡P.135

外国語の教室では、学習者に意見を求めたり議論をしたりすることも多いけど、本来なら論理的に考えたり斬新な意見を言ったりすることができる人でも、外国語を話しているためにありきたりな意見しか出てこない場合もある。発話内容で学習者を過小評価しないことが重要だよ。

プライミング効果

プライミング効果とは、心理学の用語で、先に受け取った刺激がそのあとに受ける刺激の知覚や反応に影響を及ぼすことをいう。例えば、「医者」という語を先に見せたあとに、「病院」という語や、「医者」とまったく関連のない語(果物の名前など)を見せて、読みにかかる反応時間を比べると、「病院」に関する反応時間のほうが、果物の名前などに関する反応時間より短いことがわかっている。これは、先に読んだ語からのプライミング効果によって、それに関連した語が**想起**されやすくなるからだといわれている。

認知言語学

チョムスキーの提唱した**生成文法理論**などの形式言語学が、ことばの形式・構造にかかわる要因に目を向けているのに対し、**認知言語学**は、言語を人間の認知の仕方に基づいて説明しようとする言語学である。生成文法理論では、言語能力を、言語以外の一般的な認知能力からは独立したものと考える。それに対し、認知言語学では、言語能力をほかの認知能力から独立したものとは考えず、知覚、イメージ形成、カテゴリー形成、記憶などの一般的な認知能力によって支えられているものだと考えている。

チョムスキー➡P.320、生成文法理論➡P.244

プロトタイプ

認知言語学の重要な概念の一つ。私たちは、何を「鳥」だと思うか、何を「野菜」だと思うかなどのカテゴリーを頭の中に作っているが、それは「鳥とは、こういう属性を持つものである」という必要十分条件によって規定されているのではなく、典型的なメンバーとそれとの類似性によって作られているという考え方に基づく。例えば「鳥」であれば、私たちは最も「鳥らしい」と感じる典型的なメンバー(スズメ、カラスなど)を中心として、典型的メンバーに類似しているものは「鳥らしく」感じ、類似していないもの(ペンギン、ダチョウなど)ほど「鳥らしく」感じないという、典型的メンバーを中心としたカテゴリーを作っているとされる。この典型的なメンバー(鳥であれば、スズメなど)を**プロトタイプ**と呼び、このような類似性に基づくカテゴリーをプロトタイプ的カテゴリーと呼ぶ。

認知言語学➡P.122

認知心理学

認知心理学は、人間がさまざまな情報をどのように処理しているのかという観点から、人間の記憶、思考、学習、言語などの認知の働きを解明しようとする心理学である。

8. 言語習得・発達

第二言語

第二言語習得の「**第二言語**」という用語は、母語が「**第一言語**」と呼ばれるのに対して、母語よりも後で学ばれる言語を指して使われる。この場合、日本語母語話者が英語を学習後、さらにフランス語を学習したような場合でも、学んだ順番には関係なく、どちらの言語も第二言語とされる。一方、狭義では、「第二言語」と「外国語」を対比させて、その言語が使われている国で学ぶ場合には「第二言語」、使われている国以外で学ぶ場合は「外国語」というように区別して使われる場合もある。この区別を使って、日本で学習している学習者を「**第二言語としての日本語学習者(JSL学習者)**」、日本国外で学ぶ学習者を「**外国語としての日本語学習者(JFL学習者)**」と呼ぶ。

JSL／JFL ➡ P.29

対照分析仮説

第二言語学習の過程で起こる学習者の誤りは、目標言語と学習者の母語の間の違いから予測できるとする仮説。学習者の誤りは母語の影響により起こるという考えが前提となっている。1950年代から60年代にかけて、この仮説に基づき対照分析研究が盛んに行われた。しかし、その後、実際に学習者の誤りを見てみると、すべての誤りが母語と目標言語の違いから説明できるわけではないことや、むしろ母語とは関係のない誤りのほうが多いことが明らかになり、この仮説は衰退した。

誤用分析

英国の応用言語学者**コーダー**は、1967年の論文で、学習者の誤用をみることの重要性を主張した。コーダーの主張は「学習者の誤用は学習者の心理的プロセスを反映しており、誤用を分析することが第二言語習得のメカニズムの解明につながる」というもので、この論文以降、学習者の誤用の原因を探ったり分類したりする「**誤用分析**」が盛んに行われるようになった。しかし、誤用分析からは、学習者がどこを間違えるかはわかっても、習得がどう進むのかという全体像はわからない。さらに、学習者は難しい項目を避けて使わないこと(**回避**)もあり、誤用分析には限界があることや、そもそも誤用の原因など簡単には決められないことも指摘されるようになった。現在の第二言語習得研究では、誤用をみるだけでは不十分であり、正用も含めた学習者言語全体をみることが必要だとされている。

回避➡P.126

言語間の誤り／言語内の誤り

学習者の誤りのうち、母語が原因になって起こる誤りを**言語間の誤り**と呼び、学習者の母語とは関係なく言語発達の途上で必然的に起こる誤りを**言語内の誤り**と呼ぶ。言語内の誤りは、発達上の誤りとも呼ばれる。例えば、英語母語話者はよく「人が多くてにぎやかだ」という意味で「東京は忙しいです」と言うが、これは英語の“busy”にこのような意味があるために起こる言語間の誤りである。一方、「忙しかったです」を「忙しいでした」としてしまう誤用は、「雨でした」のように名詞やナ形容詞に付く「でした」を、イ形容詞にも適用してしまうという**過剰般化**によって起こるもので、母語にかかわらない言語内の誤りである。ただし、一つの誤用でも複数の原因が複合的に関係している場合も多く、必ずしもどちらかに分類できるわけではない。

過剰般化➡P.126

グローバルエラー／ローカルエラー

意味の理解が妨げられたり、コミュニケーションに支障を来したりする誤りを**グローバルエラー**、そのようなことを引き起こさない誤りを**ローカルエラー**という。例えば、風邪を引いたから昨日は休んだということを言いたいときに、「から」を英語の“because”と同じだととらえて、「昨日は休みました。から、風邪を引きました」と言ってしまうと、まったく意味が変わってしまうため、これはグローバルエラーである。一方、場所を表す「に」と「で」を誤って使って「図書館に本を読みます」と言っても、意味も通じるし、コミュニケーション上の問題も起こらないため、これはローカルエラーに分類される。ただし、すべての誤りがきれいに二つに分けられるわけではない。

過剰般化

あるルールをそれが適用できないところにまで適用してしまうことを**過剰般化**(または過剰一般化)という。「雨でした」のように名詞やナ形容詞に付く「でした」を、イ形容詞に適用して「忙しいでした」と言ってしまう例が挙げられる。母語習得過程でも第二言語習得過程でも共通して見られる現象である。

回避

学習者が使いにくい形式や自信のない形式の使用を避ける現象を**回避**と呼ぶ。1970年代に、学習者の誤用を分析する研究が盛んに行われていたが、学習者が使用を回避したためにその言語形式の誤用が少なくなる場合もあることがわかり、誤用をみるだけでは学習者の言語発達は明らかにできないことが指摘された。ただし、学習者による使用が少ないとしても、本当に学習者が意図的にその使用を回避したからなのか、それともほかの理由で使わなかったのかはわからないため、回避かどうかの判断は難しい。

中間言語

第二言語習得の過程で、学習者が作っていく言語体系を**中間言語**と呼ぶ。**セリンカー**によって名づけられた。中間言語は、学習者が頭の中に持っている母語の言語体系とも、目標言語の母語話者の持つ言語体系とも違い、その中間のどこかに位置する言語体系であり、徐々に修正されながら目標言語体系に近づいていくとされる。中間言語は自律的な言語体系と考えられている。学習者の誤りに関しても、目標言語の言語体系を規範として「間違えた」と考えるのではなく、学習者が自分なりに作った言語体系を基に使われた結果という観点でとらえる。

U字型発達

学習者の**中間言語**の発達では、初めは正しく使えていたのに一時的に誤りが増え、その後また誤りが減っていくというU字型曲線を描く現象が起こることがある。**U字型発達**は、もともと母語習得の分野で報告されていたもので、英語を母語とする子どもが動詞の過去形を習得するときに、初めはwentやcameのような不規則動詞を正しく使うが、その後、不規則動詞にも-edを付けてgoedやcomedのように使うようになり、そして再び、wentやcameという正しい形に戻ることが指摘されている。これは、初めはwentやcameを語としてそのまま覚えて使うため正しく使えるのだが、その後、過去形には-edを付けることを知り、一時的に不規則動詞にも-edを付けてしまうからだと考えられている。このように、新しい規則が入ってきたり、新しいことに気づいたりすることによって、それまで使っていたものが一時的に使えなくなる現象が、第二言語習得のプロセスでも観察される。

中間言語➡P.127

化石化(定着化)

「**化石化**」とは、あるところまでで中間言語体系(→中間言語 参照)の発達が止まってしまい、それ以上前に進まない現象を指す。それ以上どんなにインプットがあっても、教えられても、効果がないといわれている。「化石化」という用語は、もともとはある段階で中間言語が固定してしまう現象を指す用語だが、ある項目の習得がそれ以上進まず誤用のまま残ってしまう場合を指して使われることも多く、特に教育現場では、定着してしまって簡単には直りそうもない誤りを指して使われることが多い。ただ、止まっているとしても、絶対にそれ以上前に進まないかどうかはわからないということから、最近では「**定着化**」と呼ぶべきであるという主張もされている。

中間言語➡P.127

言語転移

何かで身に付けた能力が、ほかのことに利用されたり、影響したりすることを転移と呼ぶ。**言語転移**(または、言語間転移)とは、第二言語学習における、ほかの言語からの影響である。最も影響があるのが母語からの転移であるが、既に学習したことのあるほかの外国語からの転移も起こる。言語転移には「正の転移」と「負の転移」がある。日本語と韓国語のように**言語間の距離**(→言語間距離 参照)が近いと、言語転移は全体的に多くなる。言語転移が起こりやすい言語領域としては、音声、語の意味、**談話**が挙げられる。談話における転移には、述べ方の順序などの談話構造の転移や、**語用論的転移**がある。

言語間距離➡P.162、談話➡P.312、語用論的転移➡P.129

正の転移/負の転移

言語転移が習得を促進する場合、「**正の転移**」という。日本語と韓国語のように言語間の距離が近いと、正の転移が多くなる。例えば、韓国語にも日本語の「は」と「が」に似た使い分けがあるため、同じように使い分けることで、かなりの部分は成功するといわれている。一方、習得にマイナスの影響を引き起こす言語転移を、「**負の転移**」という。「負の転移」に関しては、「干渉」という用語もあるが、現在はあまり使われなくなっている。

プラグマティック・トランスファー(語用論的転移)

ことばは、文法的に正しいかとは別に、社会的な文脈の中で、そのときの状況や聞き手が誰かなどさまざまなことを考えて適切に使われなければならない。第二言語学習者が母語での適切さを基に第二言語を使うために起こる**言語転移**を**プラグマティック・トランスファー**(**語用論的転移**)と呼ぶ。例えば、日本語で誘いを断る場合には、「先約があるんです、すみません」のように理由だけを述べたり、「その日は、先約があって……」のように文末まで言わない形がよく使われるが、行けないという事実や理由をきちんと述べたほうが適切だとされる母語を持つ学習者の場合、「すみません、その日は約束があるので、行けません」のように文末まできちんと述べた断り表現を使うことがある。

言語転移➡P.128

母語干渉

第二言語習得過程で、学習者の母語の影響により習得が阻害される現象を指す。しかし、学習者の誤りが目標言語と母語の違いから起こると考えられ母語が悪者とされていた時代からの用語であり、現在はあまり使われず、「**負の転移**」という用語が使われる。母語や既習の外国語などの影響は「**言語転移**」と呼ばれ、習得を促進する場合は「**正の転移**」、習得を阻害する場合は「**負の転移**」と呼ばれる。

負の転移➡P.128、言語転移➡P.128、正の転移➡P.128

習得順序

さまざまな異なる文法項目が習得される順序を**習得順序**と呼ぶ。1970年代に、英語の過去形、三人称単数現在の-s、複数形の-s、進行形(-ing)などの異なる**形態素**が、どのような順序で習得されるかをみる研究が盛んに行われ、これらの英語の**形態素**習得研究の結果が、学習者の母語にかかわらずかなり似た結果になった。このことから、文法項目の習得には「母語にかかわらない決まった習得順序がある」という仮説が立てられた。その後「**モニターモデル**」の提唱者である**クラッシェン**は、「文法項目の習得には自然な順序があり、それは教える順序によっても変わらない」という主張をした(自然(習得)順序仮説)。このように、習得の早いものや遅いものがあるということを知っておくのは、教師にとって重要である。ただし、現在では、習得順序は母語の影響も受けることが明らかになっており、また、どんな文法項目にも習得順序があるかどうかは、わかっていない。

形態素➡P.278、モニターモデル➡P.131、クラッシェン➡P.131、自然(習得)順序仮説➡P.132

発達順序

習得順序(acquisition order)がさまざまな異なる文法項目の習得される順序を指しているのに対して、**発達順序**(developmental sequence)は「否定形の発達」「疑問形の発達」というように、一つの構造がどう発達するかというプロセス(道筋)を指す。例えば、英語の疑問文は、まずはYou can swim?のように肯定文のまま形を変えずに文末のイントネーションを上げる形が使われ、その後Can youのように倒置ができるようになり、次の段階で疑問詞が使われるようになるといったプロセスをたどるとされている。

習得順序➡P.130

発達順序は元の英語の用語はdevelopmental sequenceであってorderではないので、「順序」ではなく「発達の道筋」と訳す研究者もいるんだ。ただ、現在は「発達順序」という日本語が使われることが多く、訳語と内容がずれているので注意が必要だよ。

クラッシェン(Krashen)

1980年代初頭に第二言語習得の理論として**モニターモデル**を提唱し、また、テレルと共に、教授法**ナチュラル・アプローチ**を開発した。**クラッシェン**は、その主張には極端な部分もあり、批判されている部分もあるが、その後の第二言語習得・学習・教育の理論の発展に大きく影響を与えた研究者である。

モニターモデル➡P.131、ナチュラル・アプローチ➡P.185

モニターモデル

モニターモデルは**クラッシェン**が提唱したもので、①**習得・学習仮説**②**インプット仮説**③**モニター仮説**④**自然(習得)順序仮説**⑤**情意フィルター仮説**—の五つの仮説が含まれる。このモデルを理論的基盤とした教授法として**ナチュラル・アプローチ**がある。クラッシェンの主張には、極端な部分もあるため、その後批判もされているが、第二言語習得・学習の理論の発展に大きく影響を与えたモデルである。

クラッシェン➡P.131、ナチュラル・アプローチ➡P.185

習得・学習仮説

クラッシェンは、幼児が母語を習得するときのように自然に無意識にことばが学ばれることを「**習得**(acquisition)」とし、主に教室学習などで意識的にことばを学ぶ「**学習**(learning)」と区別した。そして、「習得」された知識と「学習」された知識は別々に蓄積され、「学習」された知識は「習得」された知識になることはなく、自然なコミュニケーションには役立たないとしている。(→**インターフェイスの立場/ノン・インターフェイスの立場** 参照)

インターフェイスの立場/ノン・インターフェイスの立場➡P.133

インプット仮説

クラッシェンは、言語は聞いたり読んだりというインプットを理解することを通して習得されるとしている。そのインプットは、学習者にとって理解できないインプットでは意味がなく、「**理解可能なインプット**」でないといけないとされている。**インプット仮説**によれば、言語習得はインプットを理解することによってのみ起こり、文法学習や、話すこと(アウトプット)は、「習得」には必要ないとされている。第二言語習得にインプットが必要不可欠であることを否定する第二言語習得研究者はいないが、習得にはインプットのみが必要でアウトプットは必要ないということに対しては、議論が起こっている。

理解可能なインプット➡P.133

モニター仮説

教室での文法学習のような「学習」で身に付いた知識は、自然なコミュニケーションには役に立たず、自分の発話をチェック(＝**モニター**)する機能しか持たないという仮説である。

自然(習得)順序仮説

言語形式の習得には「自然な順序」があって、それはどのような順序で教えても変えられないという仮説。「自然な順序があるので、その順序で教えたほうがいい」という主張であると誤解をされやすいが、**クラッシェン**の考えは、教室での文法学習は習得にはつながらず、また、自然な順序を変えることもできないというものである。したがって、「この順序どおりに教えたほうがいい」という主張ではないことに注意が必要である。

クラッシェン➡P.131

情意フィルター仮説

どんなに**理解可能なインプット**があっても、学習者の動機づけが低かったり、不安度のレベルが高かったり、自信がなかったりすると、情意フィルターが高まり、習得が起こらないという仮説である。「情意フィルター」というのは、入ってきたインプットをブロックしてしまう精神的なフィルターのことで、言語習得は、情意フィルターが低い状態、つまり、動機づけが高く、学習者が不安を感じずに、リラックスしているような状態でないと起こらないという仮説である。

理解可能なインプット➡P.133

理解可能なインプット

学習者が意味を理解できるインプットのこと。クラッシェンのインプット仮説では、理解可能であり、現在の学習者の言語レベルよりも少し高いレベルのインプット(**i＋1のインプット**)が習得には必要だとされている。「i＋1」の「i」は、学習者の現在の言語能力を指す。

インターフェイスの立場／ノン・インターフェイスの立場

クラッシェンは**モニターモデル**の中で、意識的に学ぶ「学習」と自然な「習得」を分け、「学習」された知識は「習得」にはつながらず、自然なコミュニケーションでは役に立たないとしている。このような考え方は、**ノン・インターフェイスの立場**と呼ばれる。一方で、明示的に学習された知識でも繰り返し使うことで**自動化**され、使えるようになると考える研究者もおり(**自動化モデル**)、これを**インターフェイスの立場**と呼ぶ。どちらも極端な主張であるが、現在のところ、学習された知識は、インプットの理解や気づきを促し自然な習得を助ける(弱いインターフェイスの立場)と考える研究者が多い。

クラッシェン➡P.131、モニターモデル➡P.131、自動化➡P.135

明示的知識／暗示的知識

母語話者が母語に関して持っているような無意識的で直感的な知識を**暗示的知識**と呼び、意識的に学習され、分析や説明ができる知識を**明示的知識**と呼ぶ。**クラッシェン**が、意識的に学習された知識は自然なコミュニケーションでは役に立たないと主張して以降、明示的知識の第二言語習得における役割に関する研究が続けられている。明示的知識を得ることが習得に役に立つのかどうかは、まだ明らかになっていないが、現在のところは、明示的知識はインプットの理解や気づきを促し自然な習得を助けると考える研究者が多い。

クラッシェン➡P.131

明示的指導／暗示的指導

文法説明をしたり文型練習をするなどの形で言語形式に注意を向けさせた指導を**明示的指導**と呼び、言語形式に注意を向けさせずに自然なインプットやアウトプットの中で言語を学ばせる指導を**暗示的指導**と呼ぶ。明示的指導では**メタ言語**(言語を説明する言語のこと。「英語で物が二つ以上のときは-sを付ける」というような説明や「イ形容詞」などの文法用語が含まれる)による説明が行われることもある。また、学習者側にとっては、意識的に言語を学ぶことが**明示的学習**、自然な言語使用の中で無意識的に学んでいくことが**暗示的学習**となる。学習者が第二言語を使えるようになるためには、**クラッシェン**が言うように暗示的学習によって**暗示的知識**を付けていくことが必要だと考えられているが(**モニターモデル**)、そのプロセスの中で明示的指導に効果があるかが第二言語習得の分野では大きなトピックとなっている。近年では、コミュニケーションを中心とし自然なインプット・アウトプットが豊富な授業の中での適度な明示的指導に効果があるという考え方が主流である。また、**言語分析能力**が低い学習者には明示的指導の効果があるという指摘もある。ただし、明示的指導が言語教育の中心ではないことは非常に重要である。

明示的知識／暗示的知識➡P.133、クラッシェン➡P.131、モニターモデル➡P.131

宣言的知識／手続き的知識

認知心理学の分野の、技能(スキル)の学習に関する理論の中で使われる用語。**宣言的知識**は、事物や概念に関する知識で、その内容を記述したり説明したりできるような知識である。一方、**手続き的知識**は、「やり方」に関する知識である。例えば、箸の持ち方について、われわれがそれをことばで説明することは難しいし、箸を持つときに、どの指を動かすかなど考えてはいないが、そんなことは考えずに箸を使えている。このような知識が手続き的知識である。第二言語習得に関しても、初めは宣言的知識を使って発話をしていても、繰り返し使うことによって、手続き的知識になるという考え方もある(**インターフェイスの立場**)が、それに反対する考え方もある(**ノン・インターフェイスの立場**)。なお、第二言語習得の分野では、宣言的知識・手続き的知識と明示的知識・暗示的知識という用語は、ほぼ同じものを指していると考えて差し支えないとされている。

認知心理学➡P.123、インターフェイスの立場／ノン・インターフェイスの立場➡P.133

自動化

車の運転を習うとき、初めはエンジンをかけたり、ブレーキを踏んだりすることなど、意識を集中して考えながら行うが、何度も運転をすることにより、話をしながらでもできるようになる。このように、何も考えなくても無意識的にできるようになることを**自動化**という(知識が**手続き的知識**に変わるという意味で、手続き化と呼ぶこともある)。第二言語の習得においても、頭の中に知識があるだけでは、流ちょうには話せない。初めから、自分の言いたいことを表す言語形式に瞬時にアクセスできて、すらすらと話す、ということは普通は起こらない。流ちょうに使えるようになるためには、知識へのアクセスが自動化されることが必要である。

手続き的知識➡P.134

インターアクション仮説

第二言語習得には、インターアクション(ことばを使ったやりとり)が必要であるとする仮説で、ロングが提唱した。インターアクションの中で、意味が理解できなかったり通じなかったりするなど、コミュニケーションがうまくいかなかったときに、**意味交渉**が起こることにより、**理解可能なインプット**が得られ習得が促進されると主張されている。

理解可能なインプット➡P.133

意味交渉

意味交渉とは、意味が理解できなかったり通じなかったりするなど、コミュニケーションがうまくいかなかったときに行われる、コミュニケーションを修復させるためのやりとりである。聞き返したり、言い換えてもらったり、意味を確認したり、自分の理解が正しいかどうかを確認したりするなどが含まれる。**インターアクション仮説**では、インターアクションの中で意味交渉が起こることにより**理解可能なインプット**が得られ、習得が促進されると主張されている。

理解可能なインプット➡P.133

明確化要求

コミュニケーションの過程で相手の発話が理解できなかったり不明確であったりした場合に、「もう一度言ってください」「それは、どういうことですか」のような形で、発話をより明確にしてもらうよう要求すること。意味交渉の一つであるが、教師からの**フィードバック**としても使われる。

フィードバック➡P.173

アウトプット仮説

クラッシェンが第二言語習得にはアウトプットは必要ないと主張したことに対して、**スウェイン**は、インプットだけでは十分ではなく、アウトプットも必要不可欠であるとする**アウトプット仮説**を提唱した。アウトプット仮説では、アウトプットには次のような効果があるといわれている。①アウトプットをすることで、「自分の言いたいこと」と「言えること」とのギャップに気づくことができる、②言語形式に注意が向く、③相手の反応(**フィードバック**)によって、自分の持つ**中間言語**が通じるものであるか、適切であるかを検証すること(仮説検証)ができ、目標言語と自分の中間言語とのギャップに気づくことができる。さらに、言語形式に注意を向けながら自分のアウトプットを修正する過程が言語習得を促進するとされる。

クラッシェン➡P.131、中間言語➡P.127

気づき仮説

クラッシェンの**インプット仮説**では、インプットを理解することで第二言語習得が起こるとされている。一方、シュミットの**気づき仮説**では、第二言語の習得には、インプットの理解だけでなく、インプットの中から言語形式とそれが表す意味・機能の結び付きに気づくことが必要だと主張されている。現在では、気づき、あるいは言語形式に注意が向くことが第二言語習得には重要な役割を果たすこと自体を否定する研究者は多くはない。しかし、気づきがなければまったく習得は起きないのか、気づきとはどのようなレベルの気づきなのかなど議論もある。

クラッシェン➡P.131、インプット仮説➡P.132

インテイク

学習者が触れたインプットのうち、学習者によって気づかれ理解され、**短期記憶**に取り込まれた言語情報を**インテイク**と呼ぶ。また、その取り込まれるプロセスを指してインテイクと呼ぶこともある。

短期記憶➡P.119

意識化

意識化(コンシャスネス・レイジング)とは、学習者の注意を言語形式に向けさせる指導のことである。**フォーカス・オン・フォーム**が提唱される前から使われた用語であるが、**明示的知識**を付けさせることを目的としたものだともいわれている。また、「意識」というものが外からはとらえにくく、定義の難しい用語であることもあり、最近では「意識化」よりも、「注意を向けさせる」「言語形式に焦点を当てる」ということばのほうがよく用いられるようである。

フォーカス・オン・フォーム➡P.137、明示的知識➡P.133

フォーカス・オン・フォーム／フォーカス・オン・フォームズ／フォーカス・オン・ミーニング

フォーカス・オン・フォーム(Focus on Form)とは、意味やコミュニケーションに焦点を置いた授業の中で、学習者の注意を必要に応じて言語形式に向けさせる指導方法である。フォーカス・オン・フォームと区別するために、**オーディオリンガル・メソッド**のように初めから言語形式に焦点を当てた指導方法は**フォーカス・オン・フォームズ**(Focus on Forms)と呼ばれる。また、言語形式にはあまり焦点を当てずにコミュニケーションを中心とした指導方法は**フォーカス・オン・ミーニング**(Focus on Meaning)と呼ばれる。オーディオリンガル・メソッドのようなフォーカス・オン・フォームズではコミュニケーションができるようにはならないことが明らかになっているが、一方で、フォーカス・オン・ミーニングではコミュニケーションはできるようになっても正確さが育たないことが指摘されるようになり、フォーカス・オン・フォームが提唱されるようになった。フォーカス・オン・フォームの具体的な方法には、ある言語形式を含むインプットを大量に与える方法や、学習者との自然なやりとりの中でコミュニケーションの流れを止めずに**フィードバック**を与える方法など、さまざまな方法が提唱されている。

オーディオリンガル・メソッド➡P.182、フィードバック➡P.173

肯定証拠／否定証拠

日本語母語話者がおいしくなさそうに何かを食べながら「おいしくない…」と言うのを聞いた日本語学習者は、「おいしくない」がnot deliciousのことだとわかったり、「おいしい」を「おいしくない」に変えると否定になることに気づくことができる。このような「目標言語でどう言うか」を示す情報を「**肯定証拠**」と呼ぶ。肯定証拠はインプットから得られ、言語習得は基本的には肯定証拠によって起きていく。一方、「目標言語で何ができないか」「その言い方は適切ではない」「非文法的である」といったことを気づかせてくれる情報を「**否定証拠**」と呼ぶ。否定証拠はインプットを聞いているだけでは普通は得られない。「おいしくない」というインプットを聞いたからといって、「おいしいじゃない」とは言えないかどうかはわからない。否定証拠が得られるのは、学習者が使用したあとに起こる**訂正フィードバック**(→フィードバック 参照)である。第二言語習得に否定証拠が必要かどうかは意見が分かれているが、多くの研究者は否定証拠を得ることが言語発達を促進すると考えている。

フィードバック➡P.173

リキャスト

リキャストとは、学習者の誤用に対する口頭での**フィードバック**のうち、誤りであることを明示的には示さずに正用に言い直して返すフィードバックのことである。例えば、学習者が「寒いでした」という発話をした場合、「ああ、寒かったですか」というように、正用を提示する。自然なコミュニケーションの流れを止めないため、コミュニカティブな教室では最も使いやすいフィードバックである。**フォーカス・オン・フォーム**の一つの方法としても提唱され、その効果が期待されており、研究も盛んに行われているが、学習者に気づかれにくいという欠点が指摘されている。

フィードバック➡P.173、フォーカス・オン・フォーム➡P.137

プロンプト

プロンプトとは、学習者の誤用に対する口頭での**フィードバック**のうち、誤りがあることに気づかせ、学習者自身による訂正を促そうとするフィードバックのことである。例えば、「寒いでした」という学習者の発話に対しては、「寒いでした、でいいですか？」のように明示的に訂正を促す方法から、「寒いは、イ形容詞ですね」のようにヒントを出す方法、「寒か…」のように途中までを教師から言って誘導する方法、「寒いでした？」のように学習者の発話を繰り返して聞き返す暗示的な方法などがある。スウェインの**アウトプット仮説**が理論的基盤となっている。

フィードバック➡P.173、アウトプット仮説➡P.136

リペア（修復）

コミュニケーションの過程で発話がうまく伝わらなかったり言い間違いや誤りがあったりといった問題が起きた際に、話者自身あるいは聞き手によって行われる修正を**リペア（修復）**という。リペアには自己修復と他者修復がある。例えば、母語話者に「すてきな時計ですね」と言われた学習者が「これ、誕生日に友だちがあげました」と誤りのある返答をした場合に、学習者自身が「あ、友だちがくれました」とすぐに言い直せば自己修復、聞き手が「ああ、友だちがくれたんですね」と修正すれば他者修復となる。

教授可能性仮説

教えることにより習得が促進されるのは、学習者が習得の準備のできた状態のものを教えたときのみであるとする仮説。**ピーネマン**が提唱した。ピーネマンは、第二言語学習者は初めから複雑な言語処理ができるわけではなく、徐々に複雑な処理ができるようになっていくという考えに基づいて、**発達段階**を提案している。その発達段階において、今の学習者がいる段階より一つ上の段階の言語形式を教えれば効果はあるが、発達段階を飛び越えたものを教えても効果はないとされている。

偶発学習

単語や文法を学ぶといった意図を持って行われる意図的学習に対して、コミュニケーション重視の活動や読解、聴解などの中で、明確な意図を持たずに単語や文法が学ばれることを**偶発(的)学習**と呼ぶ。母語における語彙(ごい)の多くは偶発(的)学習により学ばれるといわれている。第二言語における語彙学習でも、偶発(的)学習が注目されており、多読による語彙学習の効果が期待されている。

文化変容モデル

第二言語習得を、新しい文化への適応プロセスだと考えるモデルで、シューマンによって提唱された。文化変容とは、新しい文化と接触することによって、個人が新しい文化に順応し変化する過程のことをいう。このモデルでは、文化変容の度合いが、第二言語習得過程に影響を及ぼすと考えられている。例えば、ある言語を話す集団や個人が、第二言語を話す集団に溶け込もうという度合いが高ければ、第二言語習得が進むとされている。

アコモデーション理論

話す相手によって自分の話し方や**スタイル**が変わることを説明しようとする理論で、日本語では適応理論や応化理論と呼ばれる。話者は、聞き手との関係をどう認知するかによって、聞き手の言語使用のスタイルに近づけたり(**コンバージェンス**)、逆に遠ざけたり(**ダイバージェンス**)するとされる。近づける例としては、会社の上司が若い社員との心理的距離を近づけるために若者ことばを使う例が挙げられる。遠ざける例としては、自分の出身地方から離れた場所に住むことになっても、出身地の方言をわざと使い続けることが挙げられる。第二言語習得に関しても、自分の母語を話す集団と目標言語を話す共同体それぞれをどう認知するかによって、どのようなことばを使うかが変わり、そのことが言語習得過程にかかわると考えられている。

スタイル→P.83

コンバージェンスは「収束」、ダイバージェンスは「分岐」と訳されることもあるよ。

社会文化的アプローチ

旧ソ連の心理学者**ヴィゴツキー**の理論の流れをくみ、言語習得を含む認知発達を社会文化的な面から説明しようとするアプローチ。子どもや学習者が他者の助けがあれば解決できる領域(**最近接発達領域**)にある課題を、大人や教師、より能力が高い仲間などの他者の支援を借りながら遂行することで発達につながるというヴィゴツキーの理論に代表されるように、学習は他者との社会的関係の中で起こると考える。**ピア・レスポンス**に代表される協働活動の理論的基盤となるアプローチである。

最近接発達領域➡P.142、ピア・レスポンス➡P.173

ヴィゴツキー

ヴィゴツキーは旧ソ連の心理学者である。子どもの認知発達について周りの大人との社会的関係から理論化した研究者であり、のちに社会文化的アプローチにつながる理論の基礎を築いた。**最近接発達領域**を中心とするヴィゴツキーの理論は成人の第二言語習得や言語学習に関するものではないが、熟達者と初学者の関係の中での言語発達にも応用できるのではないかと考えられるようになり、現在では特に**ピア・ラーニング**の理論的基盤となっている。

最近接発達領域➡P.142、ピア・ラーニング➡P.172

状況的学習論

状況的学習論は、学習は個人個人の頭の中で起きるのではなく、周囲の共同体とのかかわり(＝相互行為)の中で起こると考える学習理論である。職人などの共同体では、最初は親方や先輩の見習いのような仕事をしながら、より重要な仕事を覚えていき、能力や技術を身に付けていく。状況的学習論では、最初は周辺的な参加の仕方から、徐々に共同体への参加度を深めていくことを「学習」ととらえ、最初の周辺的な参加の仕方でも、その共同体の正式な(＝正統的な)メンバーであると考え、「**正統的周辺参加**」と呼ぶ。

最近接発達領域(ZPD)

子どもの能力の領域には、自分一人で問題解決ができる領域と、親などの助けがあれば問題解決ができる領域がある。旧ソ連の心理学者**ヴィゴツキー**は、助けがあれば可能になる領域を、潜在的な次の発達段階と考え、「**最近接発達領域**(the zone of proximal development=**ZPD**)」と呼んだ。ZPDはもともと子どもの発達に関していわれたものだが、子どもや学習者がZPDの領域にある課題を、大人や教師、より能力が高い仲間などの他者の支援を借りながら遂行することで、支援の効果があると考えられている。このような考え方を重視した授業活動の一つが、**ピア・レスポンス**に代表される**協働学習**である。

ヴィゴツキー➡P.141、ピア・レスポンス➡P.173、協働学習➡P.172

スキャフォールディング

子どもや学習者が他者の助けがあれば解決できる課題を遂行する場合の、大人や教師、より能力が高い仲間からの支援を**スキャフォールディング**(足場掛け)と呼ぶ。ヴィゴツキー自身の用語ではないが、ヴィゴツキーの影響を受けた研究者が提唱したもの。

インナースピーチ

発話せずに自分自身の頭の中で用いられる言語行為や、自分自身への語りかけを**インナースピーチ**と呼ぶ。思考の道具としての機能を持つ。内言、内語、内的発話などと訳されることもある。**ヴィゴツキー**は、子どもはまずことばをコミュニケーションの道具として発達させ(外言)、その後それが内部に取り込まれ思考の道具としてのインナースピーチとして分化していき、また同時に思考が発達していくと考えている。

ヴィゴツキー➡P.141

言語適性

成人の第二言語学習では、人によってその進み方も到達度も異なり、個人差が大きい。その個人差を生み出す要因の一つが、第二言語学習にかかわる適性だと考えられており、これは**言語適性**（言語学習適性、外国語学習適性）と呼ばれ、進み方の速さに影響すると考えられている。言語適性には、①新しく聞いた音を識別し記憶する能力（**音韻符号化能力**）②文法的規則や機能を分析できる能力（**言語分析能力**）③音と意味の結び付きを暗記できる能力（記憶力）、の三つの要素がかかわるといわれている。言語適性を測るテスト（**言語適性テスト**）としては、MLAT（Modern Language Aptitude Test）が最もよく使われてきている。近年では、**作動記憶**（**ワーキング・メモリー**）も言語適性の一つと考えられている。

作動記憶（ワーキング・メモリー）➡P.120

適性処遇交互作用

どんな指導方法（処遇）が効果が高いかは、学習者の適性によって異なるといわれており、ある学習者にはある指導方法が効果があっても、別の学習者には別の指導方法のほうが効果があることもある。これを、**適性処遇交互作用**という。教育心理学などの分野での用語であるが、近年、第二言語習得の分野における**言語適性**に関しても、使われるようになっている。言語適性と指導方法・学習方法の関係について具体的にわかっていることはまだ多くはないが、学習者の適性に合わせた教育方法を考えていくことが必要であろう。

言語適性➡P.143

学習スタイル

人間が情報を処理したり覚えたり考えたりするときの個人個人のスタイルを**認知スタイル**と呼ぶ。例えば、何かを理解するとき、聞いて理解するのと読んで理解するのとでは、どちらが理解しやすいか、文章での説明と図での説明ではどちらが理解しやすいかなど、人によって得意・不得意がある。このような認知スタイルについて、学習に関して述べるときには**学習スタイル**という用語もよく使われる。かつては、どの学習スタイルが外国語学習に有利かを明らかにするための研究が多く行われたが、はっきりとした結果は出ていない。それよりもむしろ、自分に合った学習スタイルで学ぶことで学習が促進されることが近年明らかになっている。

場独立型／場依存型

認知スタイルの中で、第二言語習得研究の分野で最も注目されてきたものの一つが、「**場独立型**」(field independence)と「**場依存型**」(field dependence)である。場独立型というのは、細部を全体や背景から切り離して把握する傾向の認知スタイルで、場依存型というのは細部よりも全体を見る傾向の認知スタイルのことである。場独立性の高い人は、分析的思考に優れているとされ、場依存性の高い人は社会的スキルに優れているといわれる。

第二言語学習に関しては、場独立性が高い学習者は文法の力を測るテストで成績が高いという結果が出た研究や、場依存性のほうはコミュニケーション能力と関係があるという結果が出た研究もあるが、場独立性が第二言語能力に影響するかどうか、はっきりしたことはわかっていない。

ビリーフ

ビリーフは、「言語を学ぶには、文法を勉強することが大切だ」「外国語はネイティブスピーカーから教わるべきだ」「学習者の母語や媒介語は使うべきではない」というように、学習者や教師が言語や言語学習、言語教育に対して持っている確信や信念を指す。

学習ストラテジー

学習者が自分の学習をより効果的に進めるために取る方略(工夫・方法)は**学習ストラテジー**と呼ばれる。最もよく使われるオックスフォードの分類では、学習ストラテジーはまず、学習の仕方に直接かかわる**直接ストラテジー**と、環境づくりのように周辺的な**間接ストラテジー**に分けられる。さらに、直接ストラテジーは、認知ストラテジー、記憶ストラテジー、補償ストラテジーの三つに、間接ストラテジーは、メタ認知ストラテジー、情意ストラテジー、社会的ストラテジーの三つに分類されている。

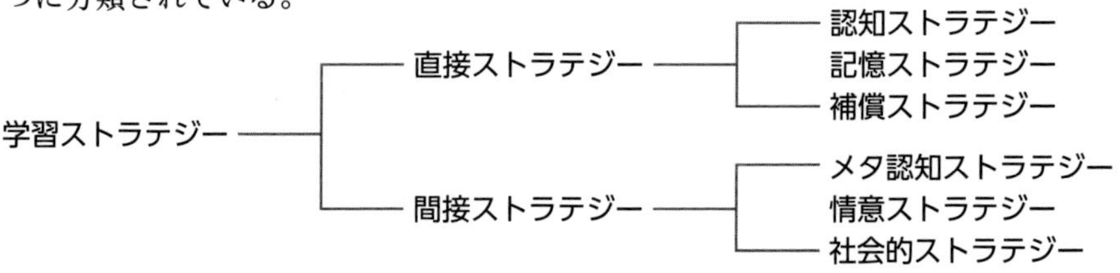

認知ストラテジー

直接ストラテジーの一つ。外国語を理解したり練習したりする過程で使われる、さまざまなストラテジーが分類される。例えば、例文から規則を類推したり、母語に翻訳して考えたり、わかりやすくノートにまとめたり、何度も声に出して練習したりする、などが挙げられる。

記憶ストラテジー

直接ストラテジーの一つ。記憶するために使われるストラテジーである。語呂合わせで覚えたり、カテゴリーに分けて覚えたり、語源などの知識を使って覚えたりする、さまざまな**記憶ストラテジー**がある。

補償ストラテジー

直接ストラテジーの一つ。自分の言語能力の足りないところを補うストラテジーである。読んだり聞いたりしていてわからないことばが出てきたら文脈から類推する、話すときに知らないことばがあったら、ほかのことばで代用する、などが挙げられる。この**補償ストラテジー**は、**コミュニケーション・ストラテジー**と重なる部分がある。

コミュニケーション・ストラテジー➡P.146

メタ認知ストラテジー

間接ストラテジーの一つ。自分の学習を管理するストラテジーである。「メタ認知」とは、認知を認知すること、つまり、自分自身の認識や思考、理解、学習や行動の仕方などを自分で把握することという意味である。学習計画を立てたり、目標を設定したり、自分の学習の進み方や成果を評価したりということが含まれる。

情意ストラテジー

間接ストラテジーの一つ。感情や動機づけなどにかかわるストラテジーで、「もっとがんばろう」と自分を勇気づけたり、励ましたりするストラテジーである。

社会的ストラテジー

間接ストラテジーの一つ。目標言語の母語話者の友だちを作ったり、その言語を話すためのサークルに参加したり、周囲のネーティブスピーカーに質問したりする、といったものが含まれる。人的・社会的な学習環境づくりに関するストラテジーである。

キーワード法

キーワード法は、目標言語の語と発音が似ている母語の語をキーワードとしてイメージを結び付けて覚える記憶法である。英語の単語を語呂合わせで覚えるような方法がこれに当たる。記憶するという点では有効な方法だとされているが、深い理解にはつながらず、使えるようになるという点で効果があるわけではないことには注意が必要である。

「ときどき」を英語の oki-doki（OK を表す俗語）の音と関連付けて覚えたりする英語母語話者もいるよ。日本語学習者にも利用しやすい方法だと言えるね！

コミュニケーション・ストラテジー

コミュニケーションの過程で問題が起こると、それを解消するためのさまざまな方法が使われる。このようなコミュニケーションを円滑に進めるための方略（方法）を**コミュニケーション・ストラテジー**と呼ぶ。コミュニケーション・ストラテジーにはさまざまなものがあるが、例えば、以下のようなものが含まれる。①言いたいことを表す語がわからなかったり、伝えられなかったりする場合に、その話をすることをあきらめたり、言いたいことを言わなかったりする（**回避**）②ほかのことばで言い換えたり、知っている語を組み合わせて語を作ったりする（言い換え）③母語の言い方をそのまま訳して使ったり、母語をそのまま使ったりする（意識的転移）④対話の相手に尋ねたり、辞書を見たりする（援助要請）⑤ジェスチャーを使う（身振り）。

回避➡P.126

統合的動機づけ／道具的動機づけ

外国語学習に関する動機づけは、**統合的動機づけ**、**道具的動機づけ**という二つのタイプに大きく分けられる。統合的動機づけは、目標言語を話す人々を理解したい、その社会に参加したいといった動機づけである。道具的動機づけは、試験に受かりたい、いい仕事につきたいということや、そのことばが上達すると社会的な地位が向上するから、などといった動機づけである。かつては統合的動機づけのほうが道具的動機づけより重要であるという主張もされたが、どちらが重要かという結論は出ていない。言語が学ばれる環境によっても異なるだろうといわれており、今はどちらが重要かということ自体は大きな課題とはされていない。

内発的動機づけ／外発的動機づけ

統合的動機づけ、**道具的動機づけ**という分類が、第二言語学習に限定されたものであるのに対して、教育学の分野での、より一般的な動機づけ分類に、**内発的動機づけ**と**外発的動機づけ**がある。内発的動機づけは、知りたいから勉強する、おもしろいから、楽しいからといった、自分自身の内面から出てくる動機づけである。外発的動機づけは、外部から来る動機づけで、報酬がもらえるから、ほめられたいから、といったものである。教師は、学習者が教室内の活動に興味を持って取り組めるようにし、内発的動機づけを高めていく必要があるといわれている。

統合的動機づけ➡P.147、道具的動機づけ➡P.147

学習者オートノミー

学習者オートノミーは「自分自身の学習を管理する能力」のことである。近年、学習者オートノミーの育成・促進を目指した授業設計が注目されている。能力とされているが、教師の介入により育てていけるものと考えられている。そのための具体的な方法としては、**ポートフォリオ**を日常の授業で活用し、学習者自身による学習過程の自己管理を促していくことが注目されている。学習者が自分自身の学びの過程を管理し、省察を行うことが学習者オートノミーの育成に貢献をすると考えられている。また、**協働学習**も学習者オートノミー育成の効果が期待されている。

ポートフォリオ➡P.213、協働学習➡P.172

臨界期仮説

「言語習得には最も適した期間があり、その期間を過ぎると母語話者のような言語能力を習得することが難しくなる」という仮説。**臨界期仮説**では、第二言語学習を始めるのが思春期を過ぎると母語話者のような言語能力を付けるのは難しいと考えられている。しかし、年齢が第二言語習得に及ぼす影響が臨界期によるものかどうかは、わかっていない。心理的な要因によるという説明や、母語を習得することにより第二言語が習得しにくくなるという説明など、意見は分かれている。また、臨界期があるとしても、それが何歳までなのか、さらに、その年齢を過ぎると急に習得できなくなるのか徐々にできなくなるのかなど、臨界期仮説に関してはわかっていないことが多い。

生得説

チョムスキーは、幼児がなぜ複雑な言語構造を習得できるかという問題に対し、人は生まれながらに**普遍文法**(Universal Grammar=UG)を持っているために、必要最低限のインプットに触れることで複雑な言語規則が習得できると考え、**生得説**を主張した。しかし、言語習得が生得的な言語能力によるかどうかは、今のところ意見が分かれている。

普遍文法➡P.148

普遍文法

普遍文法(Universal Grammar=UG)は、**チョムスキー**の提唱した仮説で中心概念になっているものである。研究者によって定義は異なっているが、どのような自然言語にも共通する普遍的な文法特性に関する知識、あるいはその特性を獲得するための能力を指し、人間の脳に生得的に備わっているとされる。

チョムスキー➡P.320

用法基盤モデル

生成文法理論が、人は生得的に持っている言語知識に基づいて言語を使用していくと考えるのに対して、**用法基盤モデル**は、実際のコミュニケーションの中における使用パターンから文法や言語知識が形づくられるとする言語理論である。この用法基盤モデルでは、言語習得に関しても生得的な文法知識や文法能力は想定しない。トマセロらは、子どもは個々の場面で使われる具体的な言語表現から使用パターンを抽出し、そこから徐々に規則が形成されていくと主張している。

用法基盤モデルは、使用依拠モデルともよく呼ばれるよ。

バイリンガリズム

バイリンガリズム（2言語使用）とは、社会あるいは個人が二つの言語を使用することで、二つの言語を使用する人のことを**バイリンガル**という。それに対して、一つの言語しか使わない人のことは**モノリンガル**という。一般的なことばとしては、バイリンガルという用語は二つの言語のどちらもネーティブスピーカーのように自由自在に操る人を指して使われることが多いが、専門用語としてのバイリンガルはそれ以外のさまざまなタイプの2言語使用者を含む。なお、3言語を話す人はトリリンガル、2言語以上の複数言語を話す人をマルチリンガルと呼ぶ。

バイリンガルは、下記のように分類されることもあるよ。

聞くことだけは両言語でできる。	聴解型バイリンガル
聞く・話すことは両言語でできるが、読み書きは一つの言語でしかできない。	会話型バイリンガル
聞く・話す・読む・書くの4技能すべてを両言語でできる。	読み書き型バイリンガル ※バイリテラルとも呼ばれる。

均衡バイリンガル

バイリンガルのうち、両方の言語が同じぐらいに使える場合、**均衡バイリンガル**(balanced bilingual)と呼ばれる。それに対して、どちらかの言語能力のほうが高い場合、**偏重バイリンガル**(dominant bilingual)と呼ばれる。両言語が同じように使えるようにみえても、実際には、専門的な話題に関してはどちらかの言語のほうが優勢であるというように、偏重バイリンガルであることのほうが普通だといわれている。

加算的バイリンガリズム／減算的バイリンガリズム

第二言語やその文化が習得されても、それが母語やその文化に取って代わることがない場合の2言語使用状況を、**加算的**(または付加的)**バイリンガリズム**という。例えば、カナダの英語を話す地域での、フランス語バイリンガル教育では、バイリンガル教育を受けることによって母語の英語が失われることはない。それに対して、多数派言語を第二言語として学ぶことなどにより、母語である少数派言語やその文化が損なわれる場合の2言語使用状況を、**減算的バイリンガリズム**という。親と一緒に日本に移り住んできた子どもが、次第に自分の母語を喪失し日本語のモノリンガルになってしまうような場合が、これに当たる。

BICS／CALP

カミンズは、子どもが身に付けていかなければならない言語能力を、**BICS**(Basic Interpersonal Communication Skills)と**CALP**(Cognitive Academic Language Proficiency)に分けた。日本語では、BICSは**伝達言語能力**または日常言語能力、CALPは**認知学習言語能力**または**学習言語能力**と訳されることが多い。BICSは、文字通り日常的な生活のコミュニケーションに必要な言語能力、CALPは学習に必要な言語能力で、読み書きをしたり複雑なディスカッションをしたりすることにかかわる言語能力である。子どもがどこか外国に住むことになり、その国のことばを第二言語として習得する場合、BICSは1～2年で身に付くといわれており、2年もすると子どもは日常会話はこなせるようになるが、CALPが年齢相応のレベルに達するのには5～6年かかるといわれている。

2言語基底共有仮説

カミンズの**2言語基底共有仮説**では、二つの言語を習得し使用していく場合でも、まったく別々に発達していくのではなく、二つの言語に共通の部分は共有されると主張されている。その共有される部分に含まれるのが**CALP**(**認知学習言語能力**)であるとされる。したがって、一方の言語で抽象的な文章を読む能力を得れば、その能力自体をもう一方の言語で習得し直す必要はなく、一方の言語で習得した「読む力」を使って、もう一方の言語でも読むことができるということである。

CALP➡P.150

敷居(閾)仮説

敷居(閾)仮説は、バイリンガルの子どもの言語発達と認知発達の関係を説明する仮説で、**カミンズ**によって提案された。3階建ての家の1階から3階の間に二つの敷居があるように、バイリンガルの子どもの二つの言語の発達には2段階の敷居があると考える。下図の1階に相当する場合、ダブル・リミテッド・バイリンガル(またはリミテッド・バイリンガル)と呼ばれる。

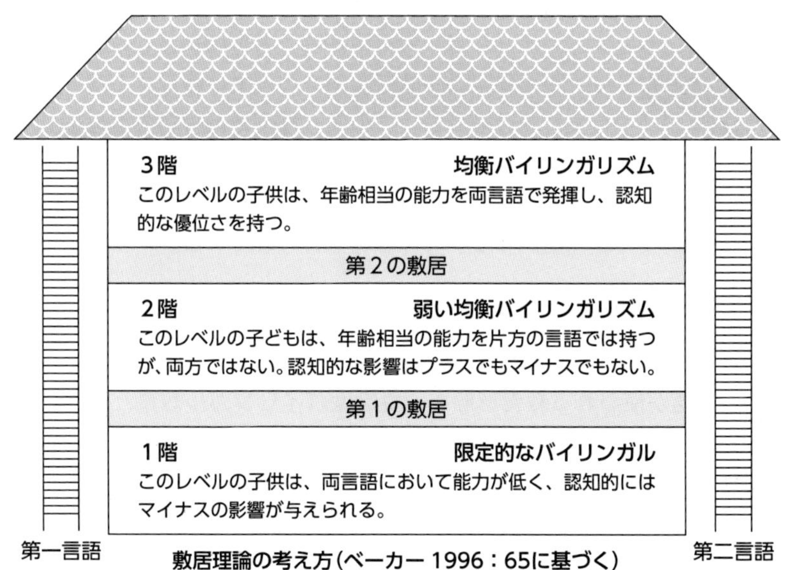

3階 均衡バイリンガリズム
このレベルの子供は、年齢相当の能力を両言語で発揮し、認知的な優位さを持つ。
第2の敷居
2階 弱い均衡バイリンガリズム
このレベルの子どもは、年齢相当の能力を片方の言語では持つが、両方ではない。認知的な影響はプラスでもマイナスでもない。
第1の敷居
1階 限定的なバイリンガル
このレベルの子供は、両言語において能力が低く、認知的にはマイナスの影響が与えられる。
第一言語
第二言語

敷居理論の考え方(ベーカー 1996:65に基づく)

バイリンガル教育

バイリンガル教育とは、学校で第二言語または外国語を用いて行われる授業形態を指す。さまざまな形態のバイリンガル教育があり、また、一口にバイリンガル教育と言っても、**イマージョン・プログラム**のように2言語の使用を促進しようとする教育と、少数派言語の生徒を対象とした教育とは、目的も性質も大きく異なる。

イマージョン・プログラム➡P.153

移行型バイリンガル教育

子どもの家庭で使われている少数派言語から、多数派言語へ移行させることを目的とするバイリンガル教育である。初めは少数派言語のほうで授業を受けるが、多数派言語での力が付いたところで、多数派言語での授業に移行する形態を取ることが多い。例えば、米国の移民に対して行われる**移行型バイリンガル教育**では、初めは自分の母語で教育を受けるが、後に英語による授業に移行する。

維持型バイリンガル教育

子どもの家庭で使われている少数派言語を維持しながら、多数派言語の力も付けていこうとするバイリンガル教育である。初めは子どもの母語で授業を受け、のちにいくつかの科目は多数派言語での授業に移行するが、いくつかの科目は母語で授業を受け続ける。このような形で両言語の能力を身に付けることを目指す。米国では移民に対しては、移行型バイリンガル教育が最も主流であるが、例えば、スペイン語母語の子どもがスペイン語を維持できるようにといった**維持型バイリンガル教育**も行われている。

主流型バイリンガル教育

二つ(または二つ以上)の多数派言語がある社会で、その二つ(または二つ以上)の言語が使われる教育形態を、**主流型バイリンガル教育**という。スペインのバスク地方で、その地方の言語であるバスク語とスペイン語の両方で教育が行われている例が挙げられる。

イマージョン・プログラム

目標言語そのものを教えるのではなく、算数や理科などの教科を目標言語で教えることで目標言語に浸らせる教育方法を**イマージョン・プログラム**という(immerseは「浸す」という意味)。カナダのフランス語イマージョン・プログラムが有名である。イマージョン・プログラムを受けた学習者は聞き取りにおいては母語話者と変わらないほどになるが、文法の正確さや**社会言語能力**が身に付きにくいという。

社会言語能力➡P.91

サブマージョン

イマージョン・プログラムのクラスでは、学習者全員が第二言語学習者なのに対して、日本の小学校の授業を日本語非母語話者児童が受けるように、目標言語の母語話者を対象に行われている授業に非母語話者が入る状態は**サブマージョン**と呼ばれる(submergeは「沈む」という意味)。

イマージョン・プログラム➡P.153

質的研究/量的研究

起こった現象のありのままの状態を観察、記述し、数量化しないで質的に分析しようとする研究方法を**質的研究**という。質的研究の例としては、日本語非母語話者の児童が日本の小学校の教室でどのように日本語を習得していくかを実際に教室の中で観察し記述していく研究や、学習者と母語話者の会話を録音してコミュニケーション上の問題が起こった際にどのような修復(→リペア 参照)が行われるかを分析する研究などが挙げられる。それに対して、数量化したデータを扱い一般化を目指す研究方法を**量的研究**という。量的研究では統計処理を行うことが多い。例として、異なる教え方をした二つのクラスの学習成果の違いを比べる研究などが挙げられる。質的研究では、数量化したデータからは得られないような深い考察が可能であるが、一般化は難しいとされている。

リペア➡P.139

発話プロトコル

課題を行いながら頭の中で考えたことや感じたことをそのまま口に出して言語化してもらい録音をする研究方法を、発話プロトコル法(発話思考法とも呼ばれる)といい、得られたデータを**発話プロトコル**と呼ぶ。課題遂行時の認知や思考の流れを探るための研究方法である。発話プロトコル法を使った研究の例としては、学習者の読解の過程を見る研究や、作文を書く過程でどのようなことを考えているかを見る研究などが挙げられる。

9. 異文化理解と心理

文化的気づき

文化的気づきとは、自分の考え方や行動が自文化によって規定されていることへの気づきのことをいい、文化的気づきの度合いが高いことが**異文化理解**につながる。

異文化理解➡P.104

エポケー

人の話を聞く際に、自分の判断や評価を停止させて話をよく聞こうとすることを**エポケー**といい、「判断留保」「判断停止」などと訳される。異文化間のコミュニケーションでは、自文化の価値観からの判断をしてしまわないよう、いったん判断を留保し、自分の判断や意見を脇に置いて考えてみることが必要であるとされる。例えば、文化的背景の異なる相手の話を聞いていて、相手の話の内容が日本での常識とは外れたものであったとしても、そこですぐに非常識であると判断してしまうのではなく、一度立ち止まり、相手の文化圏ではそのようにするのが普通なのかもしれないと考えてみるということである。

カルチャーショック

異文化環境に接したときに、その文化や習慣に対して起こる、違和感、不安感、不快感、ストレスなどの感情を指す。**カルチャーショック**を含めた異文化適応の過程を表すモデルとして、**Uカーブ**と**Wカーブ**がある。

Uカーブ／Wカーブ➡P.156

Uカーブ／Wカーブ

Uカーブと**Wカーブ**は、異文化適応のプロセスを表すモデルである。異文化環境に入ると、最初のうちは新しい環境への期待感もあり気分も高揚しているが、その後生活に慣れるにつれて、徐々に孤独や不安感を感じたり、環境に順応しきれない感覚になり、**カルチャーショック**の時期になる。しかし、その後環境にも慣れ、適応できるようになっていくといわれる。このプロセスを表したモデルがUカーブである。Uの字の底辺がカルチャーショックの時期に当たる。また、異文化環境から自国へ戻ったときに、今度はしばらく離れていた自国の文化に違和感を覚えるなどにより、同じようなカルチャーショックを受けることがある。これを**リエントリーショック**という。Wカーブは、Uカーブのプロセスの後ろに、さらにリエントリーショックとその後の過程を加えた異文化適応モデルである。

カルチャーショック➡P.155

文化受容態度

個人や集団が新しい文化に接したときに、それをどの程度受容していくかという態度のこと。ベリーらは、「**統合**」「**同化**」「**分離**」「**周辺化**」という四つに分類している。「統合」は自文化を保持しながらも新しい文化も取り入れていこうという態度であり、「同化」は自文化の保持を望まずに新しい文化に適応していくという態度である。また、「分離」は自文化を維持し新しい文化との関係を避ける態度であり、「周辺化」は自文化を保持することもできず新しい文化への適応にも関心を示さない態度のことである。

セルフ・エフィカシー(自己効力感)

セルフ・エフィカシー(自己効力感)とは、目標を達成できたり、結果を出せたりする力が自分にはある、という感覚である。セルフ・エフィカシーが高いことで動機づけが高まるなど、第二言語学習に影響を与えると考えられている。

欲求階層説

米国の心理学者マズローが提唱した仮説である。マズローは、人間の基本的欲求を低次から高次までの5段階の階層に分けた。低次のものから「生理的欲求」「安全の欲求」「所属と愛の欲求」「承認の欲求」「自己実現の欲求」であるとされ、低次の欲求が満たされるとその上の段階への欲求が高まるというのが基本的な考え方である。つまり、安全な生活ができるなどの低次の欲求すなわち生活における基本的な欲求が満たされないと、自己を実現するなどの高次の欲求がなかなか持てないというモデルである。日本に滞在する外国人が自己実現を果たしていくためには、低次の欲求が満たされ、基本的な生活がしっかりと送れる必要があり、そのための支援として日本語教育分野から何ができるかを考えていくことが必要だと指摘されている。

コーピング

人がストレスを感じているときにそのストレスを軽減させるために行われる努力のことを**コーピング**またはストレスコーピングと呼ぶ。ストレスの原因となっているものを解決しようとする焦点型コーピングと、原因を解決するのではなく、「リラクゼーション法を試す」「音楽を聞く」などでストレスそのものを軽減しようとする情動焦点型コーピングの二つに分けられる。

人は周りの人からサポート（ソーシャル・サポート）を受けることによって、コーピングがうまくできるようになったり、その結果としてその状況を前向きにとらえられるようになったりするといわれているんだ。だから日本語教師は、異文化環境で不安定な状況の日本語学習者へのソーシャル・サポートも心がけていくことが求められているよ。

ソーシャル・サポート➡P.221

用語チェック問題

1 文章理解の過程で行われる推論のうち、明示的には述べられていない部分を埋める推論を何と呼ぶ？

A　橋渡し推論　　B　精緻化推論

2 読解の過程に関連するスキーマのうち、テキスト構造などにかかわるスキーマを何という？

A　コンテント・スキーマ　　B　フォーマル・スキーマ

3 経験から蓄積された既有知識のまとまりを何という？

A　スキーマ　　B　スクリプト

4 速読の読み方のうち、全体をざっと読み大意をとる読み方を何という？

A　スキミング　　B　スキャニング

5 学習者の誤りのうち、学習者の母語とは関係なく言語発達の途上で必然的に起こる誤りを何という

A　言語間の誤り　　B　言語内の誤り

6 学習者の誤りのうち、意味の理解やコミュニケーションに支障を来さない誤りを何という？

A　ローカルエラー　　B　グローバルエラー

7 さまざまな異なる文法項目が習得される順序を何という？

A　習得順序　　B　発達段階

8 クラッシェンが提唱した五つの仮説からなる理論の名前は？

A　モニターモデル　　B　インプット仮説

9 「学習」された知識は「習得」にはつながらず、自然なコミュニケーションでは役に立たないとする考え方を何と呼ぶ？

A　インターフェイスの立場　　B　ノン・インターフェイスの立場

10 事物や概念に関する知識で、その内容を記述したり説明したりできるような知識を何という？

A　宣言的知識　　B　手続き的知識

11 他者とのことばを使ったやりとりの中で起こる意味交渉が習得を促進するとする仮説は？

A　インターアクション仮説　　B　アウトプット仮説

12 意味やコミュニケーションに焦点を置いた授業の中で、学習者の注意を必要に応じて言語形式に向けさせる指導方法を何と呼ぶ？

A　フォーカス・オン・フォーム　　B　フォーカス・オン・フォームズ

13 読み書きをしたり複雑なディスカッションをしたりすることにかかわる言語能力は？

A　BICS　　B　CALP

14 目標言語そのものを教えることはせず、算数や理科などの教科を目標言語で教えることで目標言語に浸らせる教育プログラムの名前は？

A　イマージョン　　B　サブマージョン

15 学習ストラテジーのうち、学習計画を立てたり、目標を設定したりするなどの、自分の学習を管理するストラテジーを何と呼ぶ？

A　認知ストラテジー　　B　メタ認知ストラテジー

16 異文化適応プロセスのモデルで、異文化環境から自国へ戻ったときの心理状態までを加えた適応モデルは？

A　Uカーブ　　B　Wカーブ

第3章　言語と心理
用語チェック問題　解答

	答え				
1	A	A 橋渡し推論	→P.116	B 精緻化推論	→P.116
2	B	A コンテント・スキーマ	→P.117	B フォーマル・スキーマ	→P.117
3	A	A スキーマ	→P.117	B スクリプト	→P.117
4	A	A スキミング	→P.118	B スキャニング	→P.118
5	B	A 言語間の誤り	→P.125	B 言語内の誤り	→P.125
6	A	A ローカルエラー	→P.126	B グローバルエラー	→P.126
7	A	A 習得順序	→P.130	B 発達段階	→P.139
8	A	A モニターモデル	→P.131	B インプット仮説	→P.132
9	B	A インターフェイスの立場	→P.133	B ノン・インターフェイスの立場	→P.133
10	A	A 宣言的知識	→P.134	B 手続き的知識	→P.134
11	A	A インターアクション仮説	→P.135	B アウトプット仮説	→P.136
12	A	A フォーカス・オン・フォーム	→P.137	B フォーカス・オン・フォームズ	→P.137
13	B	A BICS	→P.150	B CALP	→P.150
14	A	A イマージョン	→P.153	B サブマージョン	→P.153
15	B	A 認知ストラテジー	→P.145	B メタ認知ストラテジー	→P.145
16	B	A Uカーブ	→P.156	B Wカーブ	→P.156

第4章

言語と教育

10. 言語教育法・実習

漢字圏学習者／非漢字圏学習者

漢字圏学習者とは、母語に漢字を持つ言語圏出身の学習者のことであり、**非漢字圏学習者**とは、漢字を持たない言語圏出身の学習者のこと。前者は主に中国・韓国を中心とした東アジア出身の学習者であり、後者は欧米を中心とした、それ以外の学習者ということになる。こうした区別をする理由は、母語に漢字を持つか否かによって、日本語の習得速度に大きな開きが出てくるためで、両者が混在するクラスの授業の場合、相応の教育的配慮が必要である。

言語間距離

言語のさまざまな特徴から総合的に判断した、2言語間の類似度のこと。例えば、韓国語母語話者は英語母語話者に比べて日本語の習得が速いといわれるが、それは、韓国語は英語に比べて言語構造や語順の点で日本語との一致度が高い、すなわち**言語間距離**が近いからである。言語間距離が近ければ近いほど、学習者にとって比較的学習しやすい言語であると言うことができる。

4技能

言語技能である「読む」「書く」「話す」「聞く」の総称。このうち、「**音声言語**か**文字言語**か」という観点と、「**産出技能**か**受容技能**か」という観点から、これら**4技能**を特徴づけることができる。音声言語は産出が容易である反面、文法的に不正確な文ができやすいという特性がある。一方、文字言語は表現の正確さが求められ、産出が比較的困難ではあるが、印刷物などのメディアを通じて広範囲に影響を与えることができる。また、受容技能は、単に受け身であるばかりではなく、必要な部分だけ選択的に聞くなど、目的に応じてさまざまなストラテジーを使う能動的な側面もある。

	産出技能	受容技能
音声言語	話す	聞く
文字言語	書く	読む

使用語彙(ごい)(産出語彙)/理解語彙

使用語彙(**産出語彙**)とは使いこなすことができる語彙のことを、**理解語彙**とは使いこなすことまでは求められず、理解できればよしとされる語彙のことをいう。何を使用語彙(産出語彙)とし、何を理解語彙とするかは、学習者のニーズや学習目的、社会的属性、彼らの置かれた言語環境、日本語のレベルなどによって異なり、また、明確な区別があるわけでもない。一般的に初級では日常会話の指導が主なため使用語彙(産出語彙)の比率が高く、レベルが上がるに従って抽象度の高い語彙が増えてくるため理解語彙の比率が高くなっていく傾向がある。最近では、両者を明示した教材も現れている。

アイスブレーキング

授業開始直後、とりわけコース最初の授業で行うコミュニケーションを取りやすくするための雰囲気づくり。**ウオーミングアップ**ともいう。授業開始直後は、教師も学習者も無意識に緊張して硬くなっていることが多い。そこで、出席確認を取りながらちょっとした雑談をすることで場を和ませたり、会話の中にさりげなく導入文型を差し込んだりすることなどによって、本活動へスムーズに移行できるよう配慮する。

導入

授業で何か新しいもの（語彙（ごい）、文型、文字など）を扱う際、学習者にそれをイメージさせ、関心を向けるために行う活動のこと。例えば初級の文型導入では、**絵カード**や既習の表現などを使って、その文型を使わざるを得ない状況を設定することで、文型の持つ意味や用法を学習者に提示する。また、中級以上の読解活動の**導入**においては、授業の最初に本文に関する簡単な話し合いを行うことによって、授業への興味をかきたてるとともに本文の内容やテーマに関連する知識の活性化を図る。

絵カード➡P.192

演繹（えんえき）的指導

一般的な規則や抽象的概念・テーマを提示し、それを個別の事柄や具体的な事例に当てはめていく指導方法。例えば、動詞の**テ形**の作り方を指導する場合、初めにテ形の作り方の規則を提示し、その後、個々の動詞を提示して学習者にテ形を作らせるなどがある。**トップダウン処理**を好む学習者やそうした処理能力を育成したい場合に行われる。

テ形➡P.284、トップダウン処理➡P.116

帰納的指導

多くの事柄や具体的な事例を提示し、そこから一般的な規則や抽象的概念・テーマに学習者を導いていく指導方法。例えば、動詞の**テ形**の作り方を指導する場合、初めに個々の動詞のテ形を提示しながら、テ形の作り方の規則を学習者に発見させるなどがある。**ボトムアップ処理**を好む学習者やそうした処理能力を養成したい場合に行われる。

テ形➡P.284、ボトムアップ処理➡P.116

ミムメム練習

学習項目（文型など）が組み込まれた対話文や例文を、モデル発話を聞きながら繰り返し口頭練習し、それら全体を完全に暗記する練習方法。「Mimicry（模倣）and Memorization（記憶）practice」から**ミムメム練習**と呼ばれる。**模倣－記憶練習**ともいう。**オーディオリンガル・メソッド**の代表的なトレーニング方法の一つ。実際の指導では、とりわけ音声面の正確さが要求される。

オーディオリンガル・メソッド➡P.182

パターン・プラクティス

主に初級の授業で行われる、新出文型の定着のために行う口頭練習。文型練習ともいう。機械的かつ反復的な活動である点に特徴がある。練習のタイプによって**リピート(反復)練習**、**拡大練習**、**代入練習**、**変形練習**、**応答練習**などがある。**行動主義心理学**と**構造主義言語学**の理論に基づいた、**オーディオリンガル・メソッド**で行われる練習方法として知られる。

行動主義心理学➡P.182、構造主義言語学➡P.182、オーディオリンガル・メソッド➡P.182

リピート(反復)練習

教師が提示したモデル文をそのまま繰り返す口頭練習。

（例）　教師：この本は安いです。
学習者：この本は安いです。
教師：この本は高いです。
学習者：この本は高いです。

拡大練習

教師の提示する**キュー**を不足部分を補いつつ次々につなげていきながら文末から文頭に拡大していく口頭練習。 キュー➡P.169

（例）　教師：行きます。
学習者：行きます。
教師：学校へ。
学習者：学校へ行きます。
教師：友だちと。
学習者：友だちと学校へ行きます。
教師：自転車で。
学習者：自転車で友だちと学校へ行きます。

代入練習

教師の提示する**キュー**に従って文型の中の語を入れ替えながら発話する口頭練習。

キュー➡P.169

（例）「この本は＿＿＿です」
教師：安い。
学習者：この本は安いです。
教師：難しい。
学習者：この本は難しいです。

変形練習

教師の提示する**キュー**に従って変形させながら発話する口頭練習。

キュー➡P.169

（例）「（教師の指示）タ形にしてください」
教師：この本は高いです。
学習者：この本は高かったです。
教師：この本は安いです。
学習者：この本は安かったです。

応答練習

教師の質問や**キュー**に対して指定の文型を使いながら答える口頭練習。学習者の返答を教材などで示す場合(例1)と、口頭で示す場合(例2)がある。

キュー➡P.169

(例1)(高い値札の付いた本と安い値札の付いた本を交互に示しながら)
　教師:これは高いですか。
　学習者:はい、高いです。
　教師:これも高いですか。
　学習者:いいえ、高くないです。

(例2)
　教師:これは高いですか。はい。
　学習者:はい、高いです。
　教師:これも高いですか。いいえ。
　学習者:いいえ、高くないです。

インターアクション

ことばを使った他者とのやりとりのこと。特に外国語教育において、授業中に行われる、学習者と母語話者(教師を含む)、学習者同士の情報のやりとりについてみると、**インターアクション**を活発にすることによって、教師は学習者の理解度をより正確に把握し適切な指導が行え、学習者同士においてもコミュニケーション能力の向上や相互学習を促す効果が期待できる。
インターアクションを活発にするものとして「質問」があるが、教師が学習者に行う質問の種類としては、「はい」「いいえ」で答えられる**イエス・ノー・クエスチョン**、二者択一で答える**オータナティブクエスチョン**、「なぜ?」「どう?」を問う**オープンクエスチョン**、教師があらかじめ答えを知っている**ディスプレークエスチョン**、教師を含め未知の情報を得るために行う**リファレンシャルクエスチョン**がある。一方、学習者同士が互いにことばを使いながら課題を遂行していくタスク活動の中で行われるインターアクションを、**タスクベースインターアクション**という。インターアクションの活発な授業がいい授業とされる。

リファレンシャルクエスチョンは「指示質問」、ディスプレークエスチョンは「提示質問」、オータナティブクエスチョンは「二者択一質問」って呼ばれることも多いよ。

コミュニカティブな活動

これまで学んできた学習項目を中心に、より豊かでより自然なコミュニケーション能力を付けるための活動のこと。具体的には、**ロールプレイ**、**シナリオプレイ**、**インタビュー**、**アンケート**、**自由会話**、**ディスカッション**、**プロジェクトワーク**、**ディベート**などを行う。**インフォメーション・ギャップ**(情報量の差)や**オピニオンギャップ**(意見の差)が生じやすい状況を設定することによって、活動が活発になる。指導上の特徴として、**流ちょうさ**重視が挙げられる。

ロールプレイ

会話活動で行われる役割練習のこと。複数の参加者に、それぞれ異なる役割や、状況説明を書いたカード(**ロールカード**)を渡し、それを基に会話練習を展開していく(例えば、学生役Ａが、学生役Ｂに授業のノートを貸してもらうよう頼むなど)。ロールカードの内容がどう異なっているかは、通常、相手には知らされていない。活動そのものは擬似的ではあるが、実践的なコミュニケーション能力を育成するのに適した活動といわれる。

シナリオプレイ

学習者の口頭能力を向上させるために行う教室活動の一つ。あらかじめ決められた会話例(シナリオ)に沿って学習者同士または教師と学習者で会話の当事者になりきって実演することを通じて、場面に合った表現や談話構成などをより現実的に学ぶ。あらかじめ内容が決められている分、学習者にとってはより少ない負担で談話レベルの日本語を学ぶことができる。また、**シナリオプレイ**には、会話のせりふが一語一句決められている場合もあれば、談話の展開を指定しているだけの場合もある。

プロジェクトワーク

学習者の日本語能力を総合的に向上させることを目的に行われる教室活動の一つ。グループ活動を通じて、何かを作り上げる点に特徴がある。具体的な活動としては、壁新聞の作成、日帰り旅行、記念文集の作成などが挙げられる。こうしたプロジェクトの、企画から実施、実施後のまとめまで積極的にかかわる過程の中で、学習者はさまざまな表現や**学習ストラテジー**、**コミュニケーション・ストラテジー**、問題解決法などを学びながら、同時に総合的に言語能力を高める。

学習ストラテジー➡P.144、コミュニケーション・ストラテジー➡P.146

インフォメーション・ギャップ

会話をしている2者の間にある情報の差のこと。**コミュニカティブな教室活動**（→コミュニカティブな活動 参照）を行う場合、こうした状況を意図的につくることによって、活発な会話活動が行われる。例えば、週末の過ごし方についてアンケートを取るなどは、相手の情報を聞き出すことであるから、**インフォメーション・ギャップ**を生かした活動であるといえる。

コミュニカティブな活動➡P.168

キュー

初級の授業で文型練習などをする際に、口頭練習を促すために教師が学習者に示す、言い換えたり付け加えたりする部分の指示のこと。ことばで示す場合もあれば、**絵カード**や**文字カード**といった教材で示す場合もある。なお、主に初級の授業において教師のキューによって学習者全員に口頭練習をさせる場合を「**コーラス**」といい、個別にさせる場合を「**ソロ**」という。

絵カード➡P.192、文字カード➡P.191

参加型学習

従来行われてきたような、教師から学習者への一方向の知識伝達型の授業形態とは異なり、学習者が、学習過程に、より積極的に参加し、ひいては学習者の社会参加を目指した授業形態のこと。参加者同士の対話やそれによる新たな発見を重視していること、教師は総合学習を促す**ファシリテーター**としての役割を担う点に特徴がある。具体的には、発表、ディベート、スタディーツアーといった活動を行う。

ファシリテーター➡P.227

ジグソー・リーディング

学習者の持つ情報の差によって、語学力のレベルにかかわらず学習活動への参加度を高めるよう構造化された読解活動。まず導入で学習のテーマや授業の進め方を説明したあと、クラスを数人のグループに分け、続いて各グループから一人ずつ集め新たなグループを構成する。そのあと、一つの読解教材を分割したものをグループごとに渡し、読解活動を行う。最後に、元のグループに戻り、持ち寄った情報の交換をしながら、協働学習を行う。情報の断片から全体を作り上げ、それを共有することで、読解力を強化することが狙い。

再話

文章を読んだり、音声を聴いたりした後に、その文章やスクリプトを見ずに、内容を人に語る活動のこと。文章や音声の内容理解の確認や、その文章に出てくる語彙、表現、文型などの定着、運用力の向上を目的として、主に読解や聴解の授業で行われる。学習者は、文章や音声の内容を文章や音声に出てきた語彙や表現を使いながら、自分の理解に沿って自分のことばでアウトプットすることによって、文章や音声に対する深い理解を得るとともに、理解が不十分な部分への気づきも得られ、その後の学習に役立てることができる。

シャドーイング

モデル音声を聴きながら、そのあとを追いかけるようにして同じように復唱する練習方法。従って、一文が終わったあと復唱する**リピーティング**とは異なる。もともと同時通訳の訓練法として開発された。原則として文字を見ずに音声を聞くだけで行うもので、聴解力・速く正確な発音・会話力が身に付くだけでなく、瞬時にことばを意味のあるまとまりでとらえ記憶する必要があることから、記憶力や言語情報処理能力も向上するといわれている。**シャドーイング**は、練習方法の簡便さから日本語教育でも注目されている。声を出さずに行う**サイレントシャドーイング**という方法もある。

ターン・テイキング

一連の会話における**話者交代**のこと。**ターン・テイキング**は無秩序に行われるのではない。話し手は、無意識的に**順番構成単位**と呼ばれるターンを構成する単位で話しており、その単位の切れ目である交代の起こる場所で、規則的に話者交代が行われているといわれている。これらの理論は、会話の主導権を独占しないための配慮の仕方や、相手に不快感を与えないよう効果的に発言する方法といった学習者に対する会話指導、とりわけ**コミュニケーション・ストラテジー**の指導に応用されている。

コミュニケーション・ストラテジー➡P.146

聴解

聴解は、基本的には一過性である音声言語を正しく理解する行為および能力(**受容能力**)のことをいう。具体的な教室活動としては、正確に聞き取ることを目的に、音声の一部あるいは全部を聞いて正しく書き取る**ディクテーション**や、**スキミング**や**スキャニング**といった選択的・能動的に聞き取るタスク活動などがある。省略、言いよどみ、**パラ言語**要素(発話の速さ、発話時の音の高低など)など、音声言語特有の現象を学習することも重要であることから、音声教材はより自然なものが望ましいとされている。

スキミング➡P.118、スキャニング➡P.118、パラ言語➡P.103

読解

読解は、基本的には視覚的に固定化された**文字言語**(**書記言語**ともいう)を正しく理解する行為および能力(**受容能力**)のことをいう。具体的な教室活動としては、分析的に読む**精読**、より多くの文章に触れる**多読**、**スキミング**(**大意読み**)や**スキャニング**(**探し読み**)といった**速読**などがある。また、文章の理解には、語句や文型を理解した上で文の意味を理解し、全体の意味をつかむ**ボトムアップ処理**、全体の大意を読み取った上で一つずつの文の意味を理解する**トップダウン処理**がある。これらの処理方法は、文章のタイプや読む目的によって、効果的かつ柔軟に用いられる。

スキミング➡P.118、スキャニング➡P.118、
ボトムアップ処理➡P.116、トップダウン処理➡P.116

パラグラフ・ライティング

読み手にとってわかりやすい文を書くという点を重視し、あらかじめパラグラフ(段落)単位で定められた文章構成や形式(パラグラフ・パターン)に沿って、文章を作成していく方法。パラグラフ・パターンは、リポート作成であれば「意見と根拠」、ビジネス文書であれば「前置き・本文・結語」など、読み手の思考パターンや文章のタイプに合ったものが用意され、学習者はそれを模倣し、適宜変更を加えるなどしながら作文技術を習得していく。

協働学習

複数の学習者が協力し合いながら学習を進めることによって、独学では得られない思考の広がりや他者の視点が入った新たな知見を得ながら発展的な学びに展開する、創造的学習のこと。従来の「個別学習」や「競争学習」に対する批判から生まれたものである。**協働学習**に必要な要素として、「対等」「対話」「創造」「協働のプロセス」「互恵性」の五つがあるといわれている。

協働学習の考え方に基づいた具体的な学習方法としては、数人の学習者(仲間：peer)で協力して学習課題を遂行していく**ピア・ラーニング**(特に読解活動に重点を置いたものを**ピア・リーディング**、作文活動に重点を置いたものを**ピア・レスポンス**という)、十数人から数十人のグループをいくつかの小グループに分け各グループで学習課題を遂行したのち、グループを再編成して新たな学習課題に取り組む**ジグソー学習**(特に読解活動に重点を置いたものを**ジグソー・リーディング**という)、参加者同士が対等な関係の中で相互に学び合う**参加型学習**などがある。

ピア・ラーニング➡P.172、ピア・リーディング➡P.173、
ピア・レスポンス➡P.173、ジグソー・リーディング➡P.170

ピア・ラーニング

共に学習する仲間同士(これを**ピア**〈peer〉という)の相互支援を通じて、新たな知識や価値観、人間関係などを学ぶ学習方法。ペアないし少人数で行われる課題解決型の授業展開であるのが特徴。従来の教師主導型の学習スタイルには、既存の知識や価値観を効率的に教授できる反面、新たな知識や価値観を創造しにくいという問題点もあった。そうした指導の限界を克服するものとして出されたのが**ピア・ラーニング**である。

ピア・レスポンス

ピア・ラーニングの手法を取り入れた作文活動のこと。学習者は２人から４人のグループを作り、互いの作文を読み合い、日本語の正確さや内容について相互に検討しながら推敲（すいこう）していく。従来行われていた、教師による添削指導では、教師が熱心に添削すればするほど、赤字による修正の多さや学習者自身の意図とは違う内容に書き換えられてしまうといったことから、かえって学習者の学習意欲をそぐことがあるという指摘がされていた。**ピア・レスポンス**は、学習者同士の対話を通じて作文の質を高める活動であるため、①学習者が学習に積極的に参加できる②より多くの目に触れるため多様なフィードバックが得られる③仲間の作文を分析したり修正したりすることから批判的スキルを身に付けることができる④仲間同士の信頼関係を築くことができる―などの効果があるといわれている。

ピア・リーディング

ピア・ラーニングの手法を取り入れた読解活動のこと。学習者同士で相互に支援したり、情報交換をしたりしながら協働的に行う読解活動。従来、読解活動は個人的な活動であったが、仲間との相互交渉を通じて行う**ピア・リーディング**では、多面的な理解を可能にしたり、読解ストラテジーの知識を身に付けたりすることが可能となる。また、ピア・リーディングには、メンバーが、ある一つのテキストをいくつかに分割したものや、同一のテーマだが異なるテキストなどを読んで情報を持ち寄る**ジグソー・リーディング**と、同一テキストを読んで理解の違いを検討する**プロセス・リーディング**の２種類がある。

ジグソー・リーディング➡P.170

フィードバック

学習者の学習活動や言語活動に対して行う教師の反応のこと。**フィードバック**には、テスト結果の返却や作文の添削指導、さまざまなタスク活動に対するコメント、学習者の発話に対する誤用訂正などがある。また、フィードバックには誤用の訂正を目的とした否定的なフィードバックと誤用のない場合に学習者を認めたり褒めたりする肯定的なフィードバックがある。

制限作文アプローチ

学習項目の正確な運用や定着を目的として、特定の文型や表現を使って文を書かせる指導法のこと。例えば、学習項目が「～てはいけない」という禁止表現の場合、その意味用法を導入した後、「美術館では、＿＿＿＿＿てはいけません。」といったタスクで文を作らせるなどがある。1950年代から60年代、**オーディオリンガル・メソッド**の枠組みの中、内容よりも語彙(ごい)や文法といった言語形式の正確さに重きを置いた教育の中で盛んに行われた。

オーディオリンガル・メソッド➡P.182

プロセス・ライティング・アプローチ

成果物が完成するまでの過程（構想→構成→執筆→推敲(すいこう)→完成）を重視し、各段階で教師による**フィードバック**を導入しながらライティングスキルの向上を目指した指導方法。学習者が作文を書いた段階で初めて教師のフィードバックが入る作文指導に比べ、より綿密な作文指導が可能となる。文章を書くのが苦手な書き手は、優れた書き手に比べ、計画的に文章が書けない、効果的な書き直しができないといった特徴がみられることから、学習者の作成過程に、教師が積極的に関与することを重視する。

フィードバック➡P.173

ニーズ

日本語教育の中での**ニーズ**とは、学習者が必要としている日本語のこと。どのような動機やスタイルで、どのような日本語をどの程度学ぶことが必要かといったことを、コース開始前に調査することを**ニーズ調査**という。この調査は、学習者本人や、学習者がコミュニケーションを取ることになる相手などに、アンケートや面接などで行われる。その調査結果から学習者に必要な日本語を明らかにすることを**ニーズ分析**という。

レディネス

日本語を学ぶに当たって、学習に充てられる時間や家族に日本語話者がいるかといった学習環境、今までに身に付けてきた日本語力など、日本語学習のためにできている準備のこと。学習者のこうした準備状況をコース開始前にアンケートや面接などによって調査することを**レディネス調査**という。ニーズ調査(→ニーズ 参照)とレディネス調査は、**コースデザイン**を行う際の重要な基礎資料になる。

ニーズ➡P.174、コースデザイン➡P.175

コースデザイン

コースを実施する上で必要とされる準備や計画といった作業の総体。「だれが」「だれに」「どこで」「何を」「何のために」「どうやって」教えるのかをデザインする。学校でのグループレッスンはもちろんのこと、プライベートレッスンにおいても**コースデザイン**を行う必要がある。日本語教師一人一人にそれぞれの学習者に応じたコースデザインをする能力が求められるが、日本語学校などでは一部の教務主任が一括して行う場合もある。

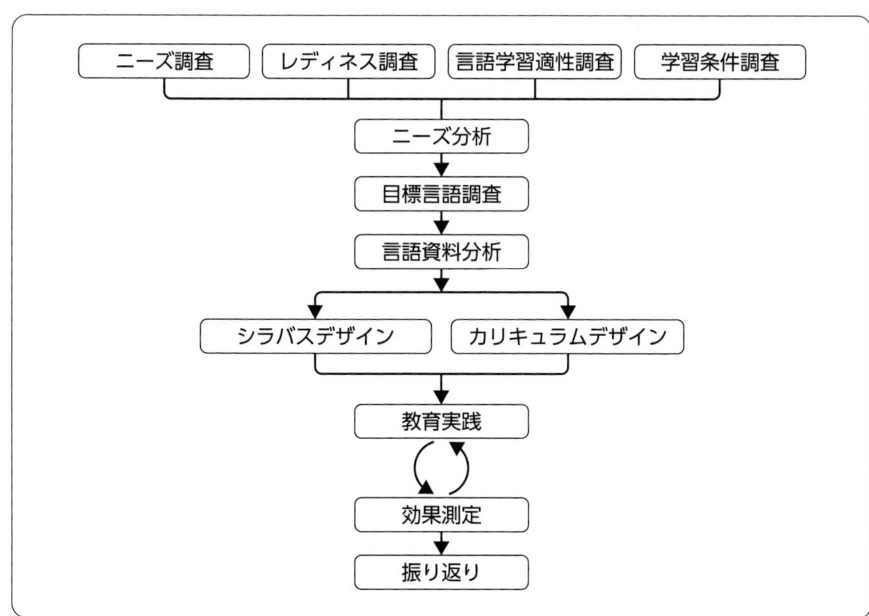

コースデザインの流れ　小林ミナ『日本語教育よくわかる教授法』アルクより

シラバス

学習項目すなわち「何を教えるか」についてその項目をリストアップしたもの。また、**コースデザイン**の一環として行われる、**シラバス**を決定する作業を**シラバスデザイン**という。シラバスには、リストアップする項目の種類による分類(「**概念シラバス**」「**機能シラバス**」など)と確定時期による分類(「**先行シラバス**」「**後行シラバス**」など)がある。

コースデザイン➡P.175

概念シラバス

「時間」「場所」「存在－非存在」など、人間の認識上の概念カテゴリーで構成されたシラバスのこと。学習者の言語生活にとって必要性の高い意味や概念を基に構成される。例えば「速度」であれば、それに関するさまざまな表現(「すぐに」「ただちに」「ゆっくり」など)を学ぶことになる。**概念シラバス**の代表的なものに**ウィルキンズ**の**ノーショナルシラバス**がある。また、概念シラバスで示されたことばや表現を使って効果的なコミュニケーションを行うためには、言語の持つ機能と連動させて指導することが有効であることから、**機能シラバス**と併せてデザインされることが多い。

機能シラバス

「依頼する」「同意する」「提案する」など、言語の持つ機能で分類し構成されたシラバスのこと。学習者のコミュニケーション行動(機能)を基にして構成される。**コミュニカティブ・アプローチ**の中心を成すシラバスで、例えば、「依頼する」の項目であれば「～てください」「～てくれ」「～て」「～ていただけませんか」などが含まれることになる。同じ機能を持った表現を、まとめて学習する場合に有効である。

コミュニカティブ・アプローチ➡P.186

場面シラバス

「郵便局で」「市役所で」「スーパーで」など、言語の使用場面で分類し構成されたシラバスのこと。実際の授業では、これらの場面に関連する語彙(ごい)や表現、会話例、またその場面特有の一連の行動パターンなど(例えば、市役所で書類を書いて窓口に提出する手順)を学ぶ。当面必要な日本語を短期間で学ぶことができる(これを**サバイバル・ジャパニーズ**という)点に特徴がある。来日直後の日本人配偶者や短期滞在者などに適したシラバスである。

サバイバル・ジャパニーズ➡P.179

話題シラバス 

「旅行」「家族」「日本の教育」など、コミュニケーションの際に挙がる話題で分類し構成されたシラバスのこと。ある話題について意見を述べたり、話し合ったりする能力を養成するのに適しているが、一方で体系的な学習を構成することが難しいという難点もある。コース開始直後から話題に関する語彙や表現を網羅的に学ぶこと、相応の**コミュニケーション能力**も求められることから、中級以上の学習者に適している。**トピックシラバス**ともいう。**ナチュラル・アプローチ**の中心を成すシラバスである。

コミュニケーション能力➡P.91、ナチュラル・アプローチ➡P.185

構造シラバス 

「～は～です」「～があります」「～てから～」など、言語の構造や文型で分類し構成されたシラバスのこと。文型シラバスともいう。文型を重視する**オーディオリンガル・メソッド**や**サイレント・ウェイ**に採用されている。易しいものから徐々に難しいものへと体系的に進む「**積み上げ型**」であることが特徴で、長期間にわたって日本語を学ぶ学習者(例えば留学生)に適したシラバスといえる。多くの日本語教材で採用されているシラバスである。ただし、文型中心に構成されていることから、コミュニカティブな力は付きにくいといわれている。

オーディオリンガル・メソッド➡P.182、サイレント・ウェイ➡P.183

タスクシラバス 

「新聞を作る」「旅行の計画を立てる」「銀行口座を開く」など、言語を使って何らかの目的を遂行するタスクで分類し構成されたシラバスのこと。日本語を使った実践力の養成を目的としており、実用性の高い練習を行うことができる。その反面、教室活動を超えて実施する必要も出てくるため、教育機関によっては実施に限界がある場合がある。**課題シラバス**ともいう。

後行シラバス

コース終了時に確定するシラバスのこと。例えば、仕事の都合などで毎回レッスン参加が難しいビジネスパーソンが学習者の場合、「積み上げ型」の授業を行うと、学習者はたちまちドロップアウトしてしまうことが少なくない。そこで、いつ授業に参加してもスムーズについてこられるよう、各回完結型の教材(これを**モジュール型教材**という)を使ったコース運営をすることがある。この場合、参加した授業によって、学習者それぞれのシラバスが異なり、コース終了時に最終的なシラバスが確定することになる。

モジュール型教材➡P.192

先行シラバス

コース開始時に確定しているシラバスのこと。多くの教育機関では、**コースデザイン**の段階ですでに学習項目が確定している**先行シラバス**を採用している。また、**eラーニング**といった**プログラム学習**も先行シラバスといえる。学習開始時点で、いつ、何を学習するのかがすでに明確であるため、ゴールまでの見通しが立てやすい一方、学習項目の追加や変更をしたい場合の融通があまり利かないという側面もある。

コースデザイン➡P.175、eラーニング➡P.227

可変シラバス(プロセスシラバス)

コース開始時にある程度緩くシラバスを決めた上で、学習の進捗(しんちょく)状況や学習者の**ニーズ**の変化に応じて微調整を行い、最終的にはコース終了時に確定するシラバス。ゴールまでの見通しがある程度立っているため、安定的に学習を進めることができるだけでなく、変化に応じた柔軟なシラバス操作ができる利点も併せ持っている。特に、コース開始時に明確なニーズを持たない学習者に対しては、有効なシラバスといえる。

ニーズ➡P.174

カリキュラム

シラバスデザイン(→シラバス 参照)で決定した学習項目を、「いつ」「どのように」教えるかに関する内容の総称。また、**カリキュラム**を決めること、あるいはその作業のことを、**カリキュラムデザイン**という。カリキュラムデザインあるいは**シラバスデザイン**は、**ニーズ調査**(→ニーズ 参照)、**レディネス調査**(→レディネス 参照)などの結果を踏まえて行われる。具体的には、コースの時間数、時間割、1コマの中での到達目標、定められた期間にどのぐらいの速度で学習を進めるか、教授法、教材などを決定する。

シラバス➡P.176、ニーズ➡P.174、レディネス➡P.175

文型積み上げ型

構造シラバス(文型シラバス)をシラバス構成の中心に据え、易しいものから徐々に難しいものへ、また、既習項目を踏まえた上で未習項目を学ぶよう配慮された教材や教授法のこと。日本語を長期間にわたって体系的に学習する学習者、特に初級の学習者に向いているといわれている。

構造シラバス➡P.177

サバイバル・ジャパニーズ

短期間で学ぶ、日本で生活するのに当面必要な日本語という意味合いで使われる。通常、**サバイバル・ジャパニーズ**を学ぶコースでは、来日直前直後の観光客やビジネスパーソンおよびその家族といった、学習歴のない入門期の学習者を対象に、生活場面で最低限必要な日本語表現の指導が行われる。自己紹介や買い物などの**場面シラバス**を基本とし、各場面でよく使われるフレーズを丸ごと覚えるところに特徴がある。

場面シラバス➡P.176

隠れたカリキュラム

文部科学省が出す学習指導要領およびカリキュラムデザイン(→カリキュラム 参照)に明記されるような通常の明文化されたカリキュラム(「**顕在的カリキュラム**」)とは異なり、学校教育の中で無意識的に学習者に学習させる教育内容のこと。「**潜在的カリキュラム**」「**ヒドゥン・カリキュラム**」ともいう。例えば、学習者は、教師の態度や学校の雰囲気などから、エリート意識や従順さ、無気力感までも学習するといわれている。

カリキュラム➡P.179

教授法

主に教室内で行われる具体的な指導方法のこと。語学教授法の大きな流れとしては、ラテン語の解読を目的とした**文法訳読法**→文献解読から口頭能力向上への転換を目指した**直接法**→**構造主義言語学**と**行動主義心理学**を理論的基礎に効率的な言語学習を目指した**オーディオリンガル・メソッド**→コミュニケーション力の養成を目指した**コミュニカティブ・アプローチ**となる。このほか、**TPR**や**サイレント・ウェイ**、**サジェストペディア**、さらに最近では、**内容重視の教授法**、**ピア・ラーニング**など、さまざまな**教授法**が開発されている。なお、**アプローチ**とは、「言語とは何か」「言語教育とはどうあるべきか」といった言語や言語教育に対する理論や仮説、あるいは哲学や信念を意味し、**メソッド**とは、アプローチで示された方針に沿って「何を、どのような順序で指導するか」「どのような方法で指導するか」といったより具体的な方法論を意味して使われることが多い。

文法訳読法➡P.180、直接法➡P.180、構造主義言語学➡P.182、行動主義心理学➡P.182、オーディオリンガル・メソッド➡P.182、コミュニカティブ・アプローチ➡P.186、TPR➡P.184、サイレント・ウェイ➡P.183、サジェストペディア➡P.185、ピア・ラーニング➡P.172

文法訳読法

目標言語(学習している言語のことで、日本語教育では日本語)で書かれた文章を、文法規則にのっとって母語に翻訳しながら理解させていく教授法のこと。とりわけラテン語で書かれた古典や、キリスト教文献の読解活動で採用された。文字言語にかかわる言語能力の育成には向いているが、会話能力など音声言語にかかわる言語能力の育成には向いていないといわれている。

直接法(ダイレクト・メソッド)

学習者の母語を使わず、**目標言語**(学習している言語のことで、日本語教育では日本語)で教える教授法。主流であった**文法訳読法**では養成が難しい口頭能力を高める指導方法として開発された。学習者の母語が多様なクラスでも実施できることから、国内の教育機関で一般的に行われている授業スタイルである。また、基本的には**直接法**によりながらも必要に応じて媒介語(英語や学習者の母語)を交えて指導することもある。これを折衷法という。

文法訳読法➡P.180

ナチュラル・メソッド

幼児の言語習得過程を取り入れ、音声面を重視するという考え方から開発された**直接法**による教授法。自然法ともいう。代表的なものに、**グアン**の**グアン法**(**サイコロジカルメソッド**とも)、ベルリッツの**ベルリッツメソッド**などがある。18世紀ごろまではラテン語解読のための**文法訳読法**が主流であったが、19世紀になって、産業革命の進展に伴い欧州各国間の人口移動が活発化したことから、会話を中心としたコミュニケーション能力が求められるようになった。そうした時代のニーズに応える必要性から、**ナチュラル・メソッド**が開発された。なお、この教授法は、**ナチュラル・アプローチ**とは異なる教授法である。

直接法➡P.180、文法訳読法➡P.180、ナチュラル・アプローチ➡P.185

グアン法

発達心理学を理論的な基礎にして**グアン**が開発した外国語教授法で、**サイコロジカルメソッド**、あるいは**シリーズ・メソッド**とも呼ばれ、ナチュラル・メソッドの一つである。幼児の母語習得をヒントに、動作と言語を連動させたもので、例えば、教師はドアに近づいて開ける動作をしながら、「ドアに近づく」「ドアのノブを持つ」「ノブを回す」「ドアを開ける」といった表現を提示する。また、これは**山口喜一郎**が台湾での日本語教育に導入した教授法として知られる。

山口喜一郎➡P.39

アーミー・メソッド

第2次世界大戦中、米国軍で行われた言語教育プログラムであるASTP(Army Specialized Training Program)で使われた教授法。短期間での授業であること、少人数で行うこと、米国人とネーティブスピーカーが分業で授業を行うこと、徹底した口頭練習をすることなどが特徴。この教授法は、戦後**オーディオリンガル・メソッド**へと発展していく。この教育プログラムを受けた著名人に**ドナルド・キーン**(日本文学者・日本学者)やサイデンステッカー(日本学者。川端康成『雪国』の英訳などを手掛ける)などがいる。

オーディオリンガル・メソッド➡P.182、ドナルド・キーン➡P.40

オーディオリンガル・メソッド

ミシガン大学の**フリーズ**が提唱した外国語教授法。**行動主義心理学**と**構造主義言語学**を理論的基礎に置いた、会話能力育成を重視した教授法である。**ミシガン・メソッド**、**フリーズ・メソッド**ともいう。オーディオリンガル・アプローチということもある。行動主義心理学が主張する**習慣形成理論**(言語習得は刺激−反応によって形成される)と構造主義言語学が主張する「言語には一定のパターンがある」という考え方から、**ミムメム練習**(**模倣−記憶練習**)や**パターン・プラクティス**(**文型練習**)という独特の練習方法が編み出された。

行動主義心理学➡P.182、構造主義言語学➡P.182、
ミムメム練習➡P.164、パターン・プラクティス➡P.165

行動主義心理学

心理学の1流派。心理が反映した行動を観察することにより、本来主観性の強い人間の心理というものを、より客観的に分析することが可能であると主張する。人間の行動は、外界から受けた刺激に対する反応が習慣的に形成された結果である。従って、賞罰などによる促進要因(=強化)を効果的に活用しながら、繰り返し刺激を与えることによって、行動が習慣化され学習が促進されるとした。これを**習慣形成理論**という。この学習観は、**オーディオリンガル・メソッド**の理論的基盤となり、**パターン・プラクティス**(**文型練習**)などの指導方法を生んだ。

オーディオリンガル・メソッド➡P.182、パターン・プラクティス➡P.165

構造主義言語学

ヨーロッパ各地と米国において別々に発達してきた、言語の構造を重視する言語学の総称。**オーディオリンガル・メソッド**の理論的基礎となったのは**アメリカ構造言語学**の理論(ブルームフィールドがその礎を作った)である。言語は一定の構造を持っていること、本質的に音声であること、科学的な分析・記述が可能であること、言語習得は習慣形成の過程であること、などが基本的な言語観である。

オーディオリンガル・メソッド➡P.182

ミニマルペア（最小対立）練習

発音練習の一種で、「行きます－行けます」（母音の対立）、「おばさん－おばあさん」（長音の有無）のように、１カ所だけ**音素**が違う語のペアを聞き比べたり発音したりすることによって、音の違いを認識する練習方法。**オーディオリンガル・メソッド**の代表的な指導技術の一つである。

音素➡P.260、オーディオリンガル・メソッド➡P.182

サイレント・ウェイ

心理学者**ガテーニョ**が提唱した教授法。教師は補助者となり、ほとんどしゃべらず（＝サイレント、沈黙）、**カラーチャート**や**ロッド**と呼ばれる独特の教材で指示を与えながら、学習者に**気づき（アウェアネス）**を促し、学習者自ら学ぶ姿勢を引き出すことを目指す。学習者は、教師の指示に従って、自分自身で解答を見つけていく中で、言語の習得と達成感を体感していくといわれている。

コミュニティ・ランゲージ・ラーニング(CLL)

(Community Language Learning)

心理学者**カラン**が提唱した教授法で、**CL(Counseling Learning、カウンセリング・ラーニング)**ともいわれる。この教授法の大きな特徴は、教師をカウンセラー、学習者をクライアントと位置づけ、クラスをコミュニティ(共同体)とみなしている点にある。具体的な教室活動は会話体験(参加者が自由に会話し、それを録音)と振り返り(誤用訂正や活動についての話し合い)からなる。会話体験中、学習者は円形に座り自由に会話をするが、その際、教師は巡回しながら、学習者からの質問に答える。質問は、原則的には学習者の母語で行われる。

TPR (Total Physical Response)

心理学者**アッシャー**が提唱した教授法。幼児の言語獲得体験を第二言語習得に応用したもので、聴解活動と身体動作の結合による言語習得を目指す。特徴としては、①教師の指示(例:「右手を上げてください」「立ちましょう」)に従って学習者が行動する②話すことよりも聴解力の養成を優先させる③活動時間・指導内容が調整しやすいことや即興でも実施できることなど比較的柔軟性が高い④発話は自発的に行おうと試みるまで強制されない―などがある。具体的かつ日常的な日本語の指導に適していることから、初級の授業でよく取り入れられる。

TPRは日本語で「全身反応教授法」というよ。

ナチュラル・アプローチ

カリフォルニア州のスペイン語教師であった**テレル**が実践的経験から提唱し、五つの仮説からなる**クラッシェン**の**モニターモデル**によって理論的に裏づけられた教授法。より自然な形での**コミュニケーション能力**の育成を目指す。ただし、**ナチュラル・アプローチ**は、あくまで言語教育における一つの指針であって、決まった教授法や教授活動があるわけではない。指導上の特徴としては、言語形式より**意味交渉**を重視する、学習者が自発的に発話するまで発話を強制しない、**理解可能なインプット**を十分行う、学習者の誤用に対して比較的寛容である、などがある。日本語教育においては、これらを参考にしたり、部分的に応用したりすることが考えられる。

クラッシェン➡P.131、モニターモデル➡P.131、コミュニケーション能力➡P.91、意味交渉➡P.135、理解可能なインプット➡P.133

サジェストペディア

精神科医**ロザノフ**が提唱した教授法。**暗示的教授法**ともいう。リラックスした学習環境の中で、創造的かつ集中的に学習することによって、学習者の潜在能力を最大限に引き出すことに主眼が置かれる。授業では、学習項目を簡単に導入したあと、バロック音楽などを流しながら教師の朗読を学習者が静かに聞く。学習者がそのあとについて発音することは特にしない。その後、運用能力を高めるための会話活動や歌、**ロールプレイ**などが行われる。

ロールプレイ➡P.168

コミュニカティブ・アプローチ

1970年代にヨーロッパで誕生した、**コミュニケーション能力**の養成に重点を置いた外国語教授法の総称。従来の文法シラバスでなく、英国の言語学者**ウィルキンズ**らが作成した、コミュニケーションにおける伝達機能の側面で分類した**概念シラバス**(Notional Syllabus)や**機能シラバス**(Functional Syllabus)などを取り入れ生まれたもので、特定の指導方法を指すものではない。文法ではなく、概念や機能を教える上では、**ニーズ調査・ニーズ分析**(→ニーズ 参照)の実施が重要とされ、それらの実施後、伝達能力を養成するための活動を行う。具体的には**インフォメーション・ギャップ**を利用した会話活動やさまざまなタスク活動、**プロジェクトワーク**などが考えられる。なお、モロー(K. Morrow)は、先のインフォメーション・ギャップのほか、学習者が自分の言いたいことを自由に選択できる**選択権(チョイス)**の尊重、自分の発話に対して相手から適宜**フィードバック(反応)**があることを伝達能力養成のための重要な要素として挙げている。

コミュニケーション能力➡P.91、概念シラバス➡P.176、機能シラバス➡P.176、ニーズ➡P.174、インフォメーション・ギャップ➡P.169、プロジェクトワーク➡P.168

VT法(ベルボ・トナル法)

ペタル・グベリナが開発した音声指導法。言語音と身体運動を連動させ、正しい発音時における筋肉の緊張と弛緩(しかん)を体感させながら指導する点に特徴がある(これを**身体リズム運動**という)。特にリズムやイントネーションの指導に重点を置く。例えば、吹奏楽の指揮者のように手を体の前で上下に振りながら発音することによって、日本語のリズムやイントネーションの感覚をつかむ。

CBI (Content-Based Instruction)

内容重視の言語教授法。理科や社会など、教科内容を第二言語を用いて教えることでそれぞれの同時習得を目指す教授法。**内容重視のアプローチ**ともいう。**イマージョン教育**(→イマージョン・プログラム 参照)などの影響を受けて提唱され、価値のある内容を第二言語を通じて与えられる限り、学習動機を保ちつつ言語能力と教科の理解を同時に促進することが可能であるとする。日本語教育では入国児童への学業支援で応用が試みられている。

イマージョン・プログラム➡P.153

CLIL (Content and Language Integrated Learning)

内容言語統合型学習。内容重視の言語教授法(**CBI**：Content-Based Instruction)をさらに発展させ、教科内容と言語を統合して学習しながら、内容(Content)、言語(Communication)、思考(Cognition)、協学(Community, Culture)を結び付けたさまざまな認知活動を行う学習形態。例えば、外国人児童生徒に対する日本語教育の場合、それぞれの教科内容(例：社会科)と各教科特有の語彙(ごい)や表現(例：選挙、投票する)を同時並行で学びながら、協働学習などを通じて学習する形態がとられることがある。

CBI➡P.186

CLILはその表記から「クリル」とも呼ばれるよ。

CCBI (Critical Content-Based Instruction)

内容重視の批判的言語教育。教科教育と言語教育を統合した「内容重視の言語教授法(**CBI**：Content-Based Instruction)」の教育理念を踏襲しつつ、学習者を社会に能動的にかかわる、より自立した学び手にするために、自分の置かれている状況を多面的に捉え分析する批判的思考力の育成を目指した言語教育。批判的思考とは、単に否定的になるのではなく、物事を適切に分析し最も妥当な結論を導くための思考法をいう。ただ教師から与えられたものを受け身的に学ぶのではなく、学習者が自らの頭で考え、分析し、その内容に責任を持って他者に伝える力の育成を目的とする。

CBI➡P.186

TBLT (Task-Based Language Teaching)

タスク重視の言語教授法。より現実的なコミュニケーションを行うためのさまざまなタスクを、学習活動の中心に置いている。**コミュニカティブ・アプローチ**と理論的に共通する部分が多い。タスクの遂行結果よりも、むしろ遂行時に行われる**意味交渉**そのものを重要視する。具体的なタスクとしては、**ジグソー・タスク**(それぞれ異なる情報を持った学習者が協力して何かを作り上げる)、**インフォメーション・ギャップ・タスク**、**問題解決タスク**などがある。

コミュニカティブ・アプローチ➡P.186、意味交渉➡P.135

コンプリヘンション・アプローチ

聴解活動を言語学習の中心に置いて、言語内容の理解を最重要視する教授法の総称。口頭練習を重視する**オーディオリンガル・メソッド**では、話すことと聞くことが同時に行われ、言語処理に過度に負担がかかってしまうため、かえって言語学習が抑制されてしまう、従って、目標言語そのもので考えることに有効な聴解活動を、言語学習の基本に置くべきである、ということを基本理念とする。この理念は、その後、**TPR**などにも引き継がれている。

オーディオリンガル・メソッド➡P.182、TPR➡P.184

行動中心主義

言語使用者や学習者を実生活の中で言語／非言語的課題を遂行する社会的存在と捉えた上で、その課題を遂行するための具体的な行動の遂行を学習目標の中心において言語教育を行うべきとする教育観のこと。具体的な行動目標は「○○できる」(例：出来事や活動の要点を短く述べることができる)という表現で表される。言語知識が豊富でも、それを具体的行動に活用できなければ言語能力があるとは言えないという考え方に基づいている。日本語教育では、**CEFR**(Common European Framework of Reference for Languages：**ヨーロッパ言語共通参照枠**)の影響を受け、**JF日本語教育スタンダード**や**日本語教育の参照枠**にその考え方が反映されている。

CEFR➡P.68、JF日本語教育スタンダード➡P.47、日本語教育の参照枠➡P.48

「○○できる」といった形で表現された行動目標を**能力記述文**あるいは**Can-Do Statements**というよ。

Can-Do Statements➡P.69

ジャーナル・アプローチ

日記(＝ジャーナル)のやりとりによって、個人レベルでの深い相互理解を目指す異文化理解学習法。学習者はおのおのノートを用意し、そこに日々の生活の中で感じたことや考えたこと、悩み、相談したいこと、思い出したこと、経験したこと、聞いたこと、訴えたいこと、聞いてもらいたいこと、疑問に思うことなどを自由に媒介言語(学習援助者と学習者の間でやりとりできる言語)で書き留める。学習援助者は、それを定期的に回収し、読後、学習者の書き留めた内容に対してフィードバックを記し、できるだけ短期間のうちに返却する。学習者は返却された記述に書き加え、次の提出日に再びこれを提出する。こうした長期間にわたる内面的なやりとりを通じて、自他に対する理解を深めつつ、視野の拡大や自己拡大を図ることを目指している。

教材・教具

主に日本語の教育(学習)活動で用いられるさまざまな資材や道具のこと。その種類は極めて多岐にわたる。**教材**とは、教育(学習)活動の内容を具体的に示したもので、教科書やワークブック、各種**視聴覚教材**などがそれに当たる。一方、**教具**とは、教育(学習)活動を補助的に支える道具のことで、**文字カード**、絵教材、ホワイトボードなどがそれに当たる。なお、教材か教具かの区別は、その資材や道具が教育(学習)活動の中で、どのように利用されるかによって異なる。その資材や道具の特性に応じた利用の在り方が重要である。

視聴覚教材➡P.189、文字カード➡P.191

文字教材／視聴覚教材

文字教材とは、文字で書かれた教材のこと。具体的には、教科書・タスクシート・新聞・雑誌・小説・統計資料・辞書類(電子辞書を含む)・チラシ・パンフレット・時刻表・メニュー・**文字カード**・**ロールカード**・**五十音図**などが含まれる。**視聴覚教材**とは、視覚や聴覚に訴えた教材のこと。具体的には、視聴覚教材として、ビデオ・映画・PC用**マルチメディア教材**、聴覚教材として、ラジオ・CD・電話、視覚教材として、**絵カード**・写真・図表・地図・スライドなどがある。

文字カード➡P.191、マルチメディア教材➡P.193、絵カード➡P.192

主教材／副教材

主教材とはコースの柱となる教材のことで、通常、**4技能**すべてをふくんだ総合教材が選ばれる。**副教材**とは主教材を補う、補助的、副次的な教材のことで、特定の分野や技能に特化した教材や主教材に準拠したワークブックなどがそれに当たる。とりわけ主教材は、**カリキュラム**と深く連動しているため、選ぶ際には十分な検討が必要である。

4技能➡P.163、カリキュラム➡P.179

生教材／加工教材

生教材とは、教育用に加工されていない教材のことで、テレビ番組・ラジオ番組・駅の案内放送・講義録・映画・新聞・雑誌記事・カタログ・メニューなどのように、目標言語の社会で実際に使われているものを指す。**レアリア**と同じ意味で使うこともある。**加工教材**とは、教育用に作成された教材のことで、さらに一般に市販されている**市販教材**と、教師自らが作成する**自主制作教材**に分けられる。

レアリア➡P.190

レアリア

教育用に加工されていない教材。広義には**生教材**や**実物教材**と同じ。狭義には、実物そのものを教材として使う場合で、雑誌なら「雑誌」という意味を教えるときに使うものとして使用する。例えば、入門期においては、「机」「いす」「掲示板」など実際に教室にあるものを指し示しながら、今後の教室活動に必要な語彙(ごい)を導入したり、初級以降であれば、扇子や着物、書道の道具などを授業に持ち込んで、それらの名称を学ぶと同時に実際に使ってみることによって、日本文化の体験授業を行ったりする。こうした**レアリア**の活用は、より現実的で臨場感のある授業を展開するのに有効である。

生教材➡P.190

タスク

コミュニケーション能力の向上を目的として学習者に目標言語で情報をやりとりさせるための課題のこと。課題の作成に当たっては目標設定が現実的であることや、特定の文型や表現の縛りが少なく言語的に自由度の高い活動になること、さらには**インフォメーション・ギャップ**を利用することによって活発な言語活動になるよう配慮されることに特徴がある。**タスク**は、入門期から超級まで、また、技能別教育(読む・話す・聞く・書く)など、あらゆるシーンで活用され、その種類も簡単な質問に対する応答からゲーム、インタビュー、ディベートなど多岐にわたる。学習者はタスクの遂行を通じて現実的なコミュニケーション能力を身に付ける。なお、タスク活動の際に学習者に配布する、タスクの手順を示したり活動内容の記録をしたりするためのシートのことを**タスクシート**という。

コミュニケーション能力➡P.91、インフォメーション・ギャップ➡P.169

ディクトグロス

教師が読み上げる短い文章を聞きながら適宜メモを取り、そのメモを基にして内容を文法的にも正確な形で再生し、再生した文章をピア活動(→ピア・ラーニング 参照)により検討するという学習方法。従来の機械的で学習者の思考を伴わないディクテーション活動(→聴解 参照)を改善するために考案されたもの。学習者個人が自身の言語知識を総動員して再生することで、日本語力の向上やメタ認知能力(→メタ認知ストラテジー 参照)、自己モニター能力の向上が期待できる。また、ピア活動によって言語学的知識の共有や気づき、さらには思考の修正などが行われる。

ピア・ラーニング➡P.172、聴解➡P.171、メタ認知ストラテジー➡P.145

文字カード

教具の一種。厚紙などに単語や文章などの文字を書いたもの。このうち、漢字や動詞などを書いたカードを、閃光(せんこう)(フラッシュ)のように素早く入れ替えながら見せて反復練習させるために用いるものを**フラッシュカード**と呼ぶ。**文字カード**は、入門期から超級まで、また、新出単語の導入から文型練習、復習活動まで幅広く活用することができる。

絵カード

視聴覚教材の一種で、厚紙などに、わかりやすい絵などを描いたもの。大きさは目的によって変わるが、A3以上のものまである。初級の文型導入や文型練習をするときなどに使うことが多い。例えば、文型「～くて～(可能動詞)ません」を導入する場合、「重いです。持てません。重くて持てません」と言いながら右のような**絵カード**を示す。作成に際しては、意図が正確に伝わるよう余分な情報を書き込まないよう留意する。

視聴覚教材➡P.189

モジュール型教材

各課間の関連がなく、それぞれ独立して使用できる教材のこと。積み上げ式の教材と異なり、授業に欠席してもその後の学習に大きな支障がない。また、各課の教材を自由に組み合わせて学習することができるため、学習者の生活スタイルや学習目標、学習期間などの多様な**ニーズ**に対応できる点に大きな特徴がある。

ニーズ➡P.174

リソース教材

教師や友人といった人的資源、図書館にある資料など身の回りにあるさまざまな物的資源の中から、学習者が自分の目的に応じて自由に選び学習できる教材群のこと。リソースとは資源という意味。教師から与えられた教材で学習する従来のやり方と異なり、学習者が目的に応じて選んだ教材を使うことで、自主性や主体性、計画性を伸ばす効果が期待できる。

ネットワーク教材

インターネットに代表される情報通信網上にある膨大な情報を利用した教材(情報リソース)のこと。インターネット上のあらゆるリソースが含まれる。各種辞書や一般向けサイト、学習コンテンツやeラーニングコースの構築ができるMoodleといった**学習管理システム**(Learning Management System＝**LMS**)、ブログ、動画サイト、メールマガジンといった閲覧を主としたものから、SNS(Social Network Service)のような双方向型の交流サイト、さらにはeメールなどである。圧倒的な量の情報をいつでもどこでも手軽に利用できる点に大きな特徴がある。

マルチメディア教材

文字や挿絵だけでなく、動画やCG(コンピューターグラフィック)、音声など、さまざまなメディア(伝達媒体)を複合的に組み合わせた教材のこと。ICT技術(インターネットを中心とした情報通信技術)の進歩やパソコンの普及により、現在、デジタル化された教材が盛んに開発され、インターネットやCD-ROMなどによって提供されている。**ネットワーク教材**と異なる点は、必ずしもインターネットにつながっている必要がない点である。

ネットワーク教材➡P.193

ブレンディッドラーニング

これまで一般的に行われていた対面式集合学習に、**eラーニング**を組み合わせた授業スタイルのこと。従来の対面式授業に比べ、①大勢の学習者を対象に一斉に教育できる②さまざまなメディアを複合的に組み合わせた学習環境を提供できる③学習者の詳細な学習状況を把握できる―といったメリットがある。また、従来の通信教育に比べ、ドロップアウト率を引き下げる効果もあるといわれている。

eラーニング➡P.227

反転授業

教師による講義など、基本的な学習はオンライン上の動画などを通じて予習として授業前に行い、対面授業では、主に個別指導や問題解決学習、プロジェクト学習など知識の定着や応用力の育成のための学習を行う授業スタイルのこと。**ブレンディッドラーニング**の一種。「反転」とは、まず授業中に基本的なことや新たな知識を学び、授業後に宿題として応用練習をするという従来の授業スタイルとちょうど活動内容が反転することから命名された。

ブレンディッドラーニング➡P.193

アクティブ・ラーニング (Active Learning)

従来の講義形式に見られる教師による一方的な知識伝達型の受動的学習ではなく、学習者自らが能動的に活動に参加する教授・学習法の総称。**アクティブ・ラーニング**により自ら考え行動する主体性を育むことで、これからの時代の変化に対応できる資質と能力を備えた人材育成を目指している。アクティブ・ラーニングには、学んだ知識やスキルの習得を目指す習得型、難易度を上げて学んだ知識やスキルを活用させる活用型、さらに、学習者が自ら課題を設定し学んだ知識やスキルを活用しながら課題解決を目指す探求型がある。

ARCSモデル

ケラー(J. M. Keller)が提唱した学習意欲を向上させるための**ID(インストラクショナルデザイン)**モデル。ARCSとは、「注意(Attention):学習者の関心を獲得し、学習に対する好奇心を刺激する」、「関連性(Relevance):学習体験が学習者の個人的**ニーズ**やゴールと結び付いていると感じさせる」、「自信(Confidence):努力や工夫次第で必ず成功できるという自信を学習者に持たせるための手助けをする」、「満足感(Satisfaction):学習の終わりに達成感や満足感が得られる工夫をすることで、継続的な学習につなげる」の頭文字をとったもの。これら四つのステップが段階的に進むようデザインすることによって、学習意欲を維持・向上させながら学習に取り組ませることが可能であるとする。

インストラクショナルデザイン➡P.231、ニーズ➡P.174

ティーチャー・トーク

教師が学習者のレベルや状況に配慮して工夫した話し方。具体的な現象としては、助詞をことさら強調して言う、平叙文より疑問文を多く用いる、などがある。日本語教師は、授業においては、既習文型や既習語彙(ごい)の範囲で話すなど、学習者の日本語レベルや状況に合わせたコントロールが求められる。ただし、ある程度配慮した話し方のほうが学習者にとって親切でわかりやすいという利点がある一方、あまりに使い過ぎると、学習者が日常で触れる日本語から離れてしまうため、教室外の日本語に触れたときに戸惑ってしまうという問題もある。

フォーリナー・トーク

母語話者が外国人に母語で話す際、外国人にわかりやすいよう配慮した話し方。**ファーガソン**提唱。**フォーリナー・トーク**の特徴としては、文法などの簡略化、言い換え、繰り返し、明瞭な発音などの言語形式に関するものと、より明確な表現にするよう求めること(**明確化要求**)や会話内容や同意事項の確認を求めること(確認要求。例:〈外国人の「この人形、とてもかわいいそうです」という発言に対して〉日本人「ん？ かわいいですか？」)といった言語機能に関するものとがある。**ティーチャー・トーク**のように話者が必ずしも言語教育専門家であるとは限らないことなどから、例えば、文法を簡略化するあまり、非文法的な文になったり、発音を明瞭にするあまり、やや不自然な発音になったり(例えば、「ウ」の場合[ɯ]を[u]と発音する)することがある。

明確化要求➡P.136、ティーチャー・トーク➡P.195

IRE／IRF

教室内で、教師と学習者の間で行われる「教師の働きかけ(Initiation)」－「学習者の応答(Response/Reply)」－「評価(Evaluation/Follow-up)」という三つの発話からなる談話構造のことで、下のようなやりとりがそれに当たる。

A：これは何ですか。　【教師の働きかけ(Initiation)】
B：本です。　【学習者の応答(Response/Reply)】
A：よくできました。　【評価(Evaluation/Follow-up)】

こうしたやりとりは、日常会話の中ではあまり見られないもので、教室談話特有の基本パターンといえる。

診断的評価

教育評価の一つ。コース開始前に行うもので、学習者のコース開始前の時点での日本語力の把握、コースのレベル設定(教育内容や最終目標の設定)、クラス分けの判断材料の収集を目的として行うもの。日本語教育では、**プレースメント・テスト**の実施と評価がこれに当たる。教師は、こうした情報やニーズ分析(→ニーズ参照)などを通じて、具体的な**コースデザイン**を行う。

プレースメント・テスト➡P.197、ニーズ➡P.174、コースデザイン➡P.175

形成的評価

教育評価の一つ。コースの実施途中に行うもので、学習者の理解度や問題点の把握、学習者への学習の動機づけなどを目的として行うもの。日本語教育では、日々の小テスト、単元ごとのまとめテストなどがこれに当たる。教師は、こうした情報を役立て、学習内容を調整する。

総括的評価

教育評価の一つ。コース終了時に行うもので、学習者の最終的な学習到達度の把握や、コース全体(あるいは一部)の教育内容の適切さの判断材料とすることを目的として行うもの。日本語教育では、期末試験などがこれに当たる。教師は、こうした情報を基に、学習者の最終的な学習到達度を成績として出したり、次期に向けたコースの改良を行ったりする。

プレースメント・テスト

コース実施前に行う、クラス分けの判断材料を得るためのテスト。**診断的評価**の一つ。通常は、各教育機関がそれぞれの指導方針や既存のコースを反映した独自のテストを作成し実施する。**プレースメント・テスト**実施後は、採点、クラス分け、教員や教室の配置、教材選定などが直ちに行われる。

診断的評価➡P.196

大規模テスト

不特定多数の受験者を対象に文字通り大規模に行われるテストのこと。**日本語能力試験**、**日本留学試験**などがこれに当たる。受験者も受験場所も不特定多数であること、問題作成はそのテストに関する専門家が行うこと、などがその特徴として挙げられる。

日本語能力試験➡P.49、日本留学試験➡P.50

小規模テスト

ある特定の受験者(例えば、担当クラスの学生)を対象に比較的小規模に行われるテストのこと。各教育機関で行われる定期試験や修了試験などがこれに当たる。受験者も受験場所も特定されていること、問題作成は主に指導を行った教師が行うことなどがその特徴として挙げられる。

アチーブメント・テスト（到達度テスト）

一定期間学習した内容をどの程度習得したかを測るテスト。従って、実施機関の教育内容がテストの出題範囲に反映する。コース中盤で行われる中間試験やコース終了時に行われる期末試験がこれに当たる。一般的にはその授業を担当した教師が問題作成から試験実施、採点まで行うことが多く、それだけに教育現場では比較的なじみの深いテストということができる。また、テストの結果は学習者の評価だけでなく、実施した教師や教育機関の教育プログラムの改善資料としても活用される。

プロフィシェンシー・テスト（熟達度テスト）

受験者の受験時の言語運用能力が一定の基準に達しているかどうかを測るテストで、「**能力テスト**」とも呼ばれる。従って、特定の教材や教育内容に基づいて出題されることはなく、また、現場の日本語教師が問題作成や試験実施、採点をすることはほとんどない。一般の日本語学習者を対象とした**日本語能力試験**、大学や大学院進学予定の学習者を対象とした**日本留学試験**、ビジネス関係者や就職予定の学習者を対象とした**BJTビジネス日本語能力テスト**などがこれに当たる。

日本語能力試験➡P.49、日本留学試験➡P.50、BJTビジネス日本語能力テスト➡P.50

客観テスト

採点者の主観的判断が入らず、誰が採点しても一定の評価が得られる形式のテストのこと。テスト形式としては多肢選択式問題(→**多肢選択法** 参照)が多く利用される。特徴としては、①主観的に採点しないので、テストの信頼性が高いが、まぐれ当たりの可能性もある②解答が一つに絞られるよう配慮しなければならないため、問題作成が大変である一方、採点が容易③**大規模テスト**に向いている④断片的知識しか測れない—などがある。日本語教育ではさまざまな文化圏(価値観)の学習者を対象としているため、客観的な評価基準を明示しやすい**客観テスト**を採用することが多い。代表的な客観テストに**日本語能力試験**がある。

多肢選択法➡P.199、大規模テスト➡P.197、日本語能力試験➡P.49

多肢選択法

三つ以上の選択肢の中から答えを選ぶもの。通常は正解は一つだが、複数選ばせる場合もある。選択肢は四つか五つが妥当であるといわれている。**日本語能力試験**などで採用されている出題形式である。なお、問題に先立ち、その解答方法について書かれてある文のことを指示文といい、正解以外の誤答の選択肢のことを**錯乱肢**という。

日本語能力試験➡P.49

(例)

問題　次の(　　　)に入るものを、下の1・2・3・4の中から一つ選びなさい。

お忙しい(　　　　)わざわざお越しいただき、ありがとうございました。

1　ところで　　2　ところを　　3　ところが　　4　ところに

組み合わせ法

二つのグループから、それぞれ関係のあるものを組み合わせるもの。文章の前半と後半や、結び付きの強い句のマッチングなどに利用される。

（例）

問題　右と左を結びなさい。

帽子	•	•	はく
ネクタイ	•	•	しめる
ワイシャツ	•	•	かける
ズボン	•	•	かぶる
めがね	•	•	きる

並べ替え法

ばらばらに並んだことばを正しく並べ直すもの。文の整序問題などに利用される。2010年から新しくなった**日本語能力試験**の文法問題で新たに採用された出題形式である。

日本語能力試験➡P.49

（例）

次の文の＿★＿に入る最もよいものを、次の中から一つ選びなさい。

他人に優しい彼の ＿＿ ＿＿ ＿＿ ＿★＿ 怒ったりはしないだろう。

1　ことだから　　2　遅刻した　　3　決して　　4　ところで

真偽法

2肢選択法、**○×法**、**正誤法**などともいう。二者択一であることから、まぐれ当たりの確率が50%というデメリットがある。例えば、読解活動で本文の理解度を確認する場合などに利用される。

（指示文例）

問題　次の1から9の文章のうち、本文の内容と合っているものには○、合っていないものには×を、（　　　）の中に書きなさい。

クローズ・テスト 

まとまった文章の中に、一定間隔で空所を作り解答させる形式のテスト。文法や語彙、文の**結束性**など総合的な言語能力をみる場合に適した出題形式である。採点方法には、原文通りの解答のみを正答とし、それ以外を誤答とする方法、原文通りでなくても、文脈上問題がなければ正答とする方法、あらかじめ母語話者にも同じテストを行い、より多くの母語話者が答えた解答を正答とする方法の三つがある。

結束性➡P.313

主観テスト 

主に採点者の主観的判断で採点されるテストのこと。テスト形式としては文章産出テスト（記述テスト）、インタビューテストなどがあり、総合的な言語産出能力・運用能力を評価・測定する場合に用いられる。特徴としては、①採点が採点者の主観的判断でなされるためテストの信頼性が低い②基本的には指示文のみによる出題であるため、問題作成は容易だが、採点が困難―などがある。専門性の高い内容を扱う場合、**主観テスト**を採用することが多い。代表的な主観テストに、学期末試験などで行われる作文テストなどがある。

文章完成法

文章（通常は1文）の一部を提示し、残りの部分を完成させるもの。文法（文型）を使った作文能力をみる場合に適した出題形式である。解答の自由度が高い分、採点基準を明確にしておく必要がある。

（例）
問題　＿＿＿＿＿にことばを入れて、文章を完成させなさい。

父に相談したところで、＿＿＿＿＿＿＿＿＿＿＿＿＿＿＿＿。

パフォーマンス・テスト

使用場面とほぼ同等の言語的な状況を設定し、受験者の言語運用力を測るテストのことで、「**直接テスト**」とも呼ばれる。会話力やプレゼンテーション能力といった話す力、文章作成能力やリポート作成能力といった書く力を測るのに適している。1試験官が一度に採点可能な受験者数に限りがあるため、比較的小規模な実施となる。口頭能力を測る代表的な**パフォーマンス・テスト**として**ACTFL-OPI**がある。

ACTFL-OPI➡P.204

項目別テスト

漢字テストや文法テストのように、ある特定の分野や領域に特化して作成されたテストのこと。特定の能力に特化して測定するために、例えば文法の能力を測りたい場合、問題を解くのに文法能力以外の要素が交じらないように作成される。「**個別要素テスト**」「**部分的測定テスト**」とも呼ばれる。

集団基準準拠テスト(NRT)／目標基準準拠テスト(CRT)

集団基準準拠テスト(NRT)とは、そのテストを受験した集団での受験者間の相対的な学力差の測定を目指したテストのこと(例：各種の選抜試験)。一方、**目標基準準拠テスト**(CRT)とは、ほかの受験者の得点との比較はなされず、あくまでも絶対評価として受験者の到達度と到達目標までの距離を測ったり、受験者個人の学力の伸びの測定を目指したりするテストのこと(例：各教育機関で行われている到達度を測るための定期試験)。

ハロー効果(後光効果、光背効果)

解答用紙の字がきれいであることが採点者に好印象を与え、結果的に採点が甘くなるなど、評価の対象外の要素が評価に影響を及ぼすこと。「**後光効果**」「**光背効果**」ともいう。**主観テスト**、とりわけ受験者と採点者の距離が近い**小規模テスト**において起こりやすい。こうした現象を起こさないためには、事前に採点基準や採点方法を明確にしておくことが必要である。

主観テスト➡P.201、小規模テスト➡P.197

波及効果

そのテストの実施や結果が学習者や教師、教育機関、さらには社会に与える影響のこと。例えば、**日本語能力試験**の場合、すべて4肢選択問題で、作文や会話能力を測る問題がないため、正解の選択肢を素早く選ぶための学習になる傾向がある。テストの波及効果やそのテストの在り方は、学習者の学習動機や意欲、学習ストラテジーの選択、さらにはその後のキャリア設計にまで大きく影響を与える。また、教育機関や教師にとっても、**カリキュラム**の中でテストの対策をどう位置づけ、どう指導するかなどを考える際、大きな影響を与える。

日本語能力試験➡P.49、カリキュラム➡P.179

適性テスト

言語学習について使う場合、学習に先だって行われる、言語学習にどの程度向いているかを測るテストのことをいう。**アプティテュード・テスト**ともいわれる。代表的なものに「**言語習得適性テスト(MLAT)**」がある。日本語教育ではまだ開発途上の段階であるが、こうしたテストが開発されることによって、学習者の言語適性に応じた教育の提案が可能となる。

熟達度(プロフィシェンシー)

学習歴に関係なく、ある一時点での外国語能力の程度を示す指標。**習熟度**ともいう。この考え方は、従来の知識重視の言語教育から、学習者が言語を使って何ができるか、すなわち**Can-Do**を重視した言語教育への移行を目指すものである。なお、熟達度を測るテストのことを**プロフィシェンシー・テスト**といい、代表的なものに**日本語能力試験**や**ACTFL-OPI**がある。

プロフィシェンシー・テスト➡P.198、日本語能力試験➡P.49、ACTFL-OPI➡P.204

ACTFL-OPI

アメリカ外国語教育協会(American Council on the Teaching of Foreign Languages＝ACTFL)が開発した口頭能力評価基準に基づき、外国語学習者の会話のタスク達成能力をインタビュー方式で判定するテスト。テストは最長で30分程度。資格を持ったテスターが、受験者に1対1でインタビュー形式の質問(導入、レベルチェック、突き上げなど)を行いながら受験者の言語レベルを探っていく。その後**ロールプレイ**(低いレベルではしないこともある)を行うことによって、面接からは得られない生活会話能力のレベルを探る。テスト中のやりとりはすべて録音される。そのようにして、受験者の発話サンプルをできるだけ多く収集し、それを評価基準に照らし合わせながら、受験者の口頭能力を測定する。**ACTFL-OPI**の評価基準は、初級下から超級まで10段階あり、それぞれ厳密にレベル設定が成されている。

ロールプレイ➡P.168

妥当性

テストの得点が、そのテストの測定しようとしている事柄(レベルや出題範囲)を的確に測定しているか否かの度合い。例えば、**日本語能力試験**N3レベル程度の力があるかどうかを測りたい試験問題の中にN1レベルの問題が交じっていれば試験問題としては**妥当性**が低いということになる。

日本語能力試験➡P.49

内容的妥当性

テスト項目と指導内容が合致しているか、問題が出題範囲から偏りなく出題されているか、問題の難易度が適切であるかなどを検証するもの。例えば、中間試験なのに、学習していない内容が出題されていれば、**内容的妥当性**に問題があるということになる。内容的妥当性を高めるためには、指導内容(すなわち出題範囲)の**シラバス**とテスト項目とを対照し、出題のムラや難易度などをあらかじめ検証しておくことが必要である。

シラバス➡P.176

基準関連妥当性

テストの結果を、ほかの外的基準に照らし合わせ、その両者がどの程度の対応関係を示しているか(これを**相関関係**(→相関 参照)という)をみることによって、テスト結果の妥当性を統計的、実証的に検証するもの。例えば、**日本語能力試験**N1の結果を**日本留学試験**の日本語科目の結果と比較することで、妥当性を検証する場合がこれに当たる。**経験的妥当性**、**実証的妥当性**とも呼ばれる。

相関➡P.225、日本語能力試験➡P.49、日本留学試験➡P.50

信頼性

同じ受験者に同じ条件で同じテストを実施した場合に同じ結果が得られるか(測定結果の安定性)、同じ受験者が同一ではないがほぼ同様の問題に対して同じような解答をするか(測定内容の一貫性)ということの度合い。2010年から新しくなった**日本語能力試験**における**得点等化**は**信頼性**を高めるためになされるもの。テスト作成においては、妥当性と信頼性の保証が重要とされる。

日本語能力試験➡P.49

評定者間信頼性

学習者(あるいは受験者)のある言語能力を測る際、複数の評定者(採点者)の評価がどの程度一致するかの度合い。例えば、口頭テストや作文テストなど、採点に主観的要素が入りやすいテストの場合、採点方法などについてあらかじめ訓練を受けた複数の評定者によって評価することで信頼性を高めることができる。また、**評定者間信頼性**は、**信頼性係数**によって数値で表すことができる。

信頼性係数➡P.206

評定者内信頼性

学習者集団(あるいは受験者集団)のある言語能力を、複数回のテスト(信頼性を高めるのが目的)によって測定する際、ある評定者(採点者)の評価が1回目と2回目でどの程度一致するかの度合いのこと。一定の間隔を置いて行った1回目と2回目のテスト結果から、無作為にサンプルを取り出し、それぞれ同一の評定者が採点したものを、統計学的処理をすることで求めることができる。

信頼性係数

テストの信頼性すなわちテスト結果がどの程度安定しているかを、客観的な数値で示したもの。数値は、0.00から1.00までの範囲で示し、1.00に近づくほど信頼性が高いことを表す。信頼性の度合いをみる方法は、**再テスト法**(同一テストを一定期間をおいて実施)、**平行テスト法**(難易度や出題形式が等しい2種類のテストを同一受験者に実施)、**折半法**(一つのテストを実施したあと、等質の問題ごとに採点結果を二つに分ける)などがあり、**信頼性係数**の算出方法もそれぞれの方法によって若干異なる。

真正性

学習の内容や方法あるいはテストの出題形式や内容が、学習者にとってどれだけ現実の言語環境を反映したものであるかについての度合い。**オーセンティシティー**(Authenticity)ともいう。例えば、動詞のテ形を学習する場合、文型練習をするだけよりも「ちょっと来て」「使い方教えて」など、実際に誰かに指示するような場面を設定して学習するほうが**真正性**が高いといえる。また、テストにおいても、例えば、アルバイトの採用面接で正しく受け答えができるだけの会話能力があるかどうかをみたい場合には、紙筆テストよりも**ロールプレイ**による**パフォーマンス・テスト**を実施するほうが、現実の場面でどの程度対応できるかをより正確に推測することができる。

ロールプレイ➡P.168、パフォーマンス・テスト➡P.202

ヒストグラム

測定した量的データにおける一定の幅(これを**級間**という)ごとの出現頻度(これを**度数**という)を棒グラフで表したもの。テスト結果など、データの散らばり具合を視覚的にわかりやすく把握するのに有効である。例えば、P.207の表1のような、ある日本語クラスのテスト結果を**ヒストグラム**(表2)で表すと状況を把握しやすい。なおヒストグラムを作成するに当たっては、①度数は縦軸②横軸の中央が級間の中心値③一般的な棒グラフと異なり、柱と柱の間を隙間がないようにする—ということが必要である。

代表値

測定したデータの特徴を示す値のこと。通常用いられる**代表値**として、**平均値**、**中央値**(**メディアン**)、**最頻値**(**モード**)の三つのタイプがある。どのタイプを用いるかは、データの性質や分布状態によって異なる。通常、**名義尺度**(性別や国籍、所属、電話番号など)によるデータの場合は最頻値を、**順序尺度**(試験結果の順位など)によるデータの場合は中央値を、**間隔尺度**(気温や知能指数など)によるデータの場合は平均値を用いる。

名義尺度➡P.222、順序尺度➡P.222、間隔尺度➡P.223

最頻値(モード)

測定によって得られたデータのうち、最も度数の高い級間値のこと。例えば、下の表2のヒストグラムでいえば、60-79が4人と最も度数が多い。従って、**最頻値**は60-79(あるいはその中央の値である69.5)となる。通常は**名義尺度**(性別や国籍、所属、電話番号など)によって得られたデータについて用いられる。

名義尺度➡P.222

中央値(メディアン)

測定によって得られたデータのうち、数値を多い順に並べた際、ちょうど中央に位置する値のこと。例えば、下の表1でいえば、15人中上位からちょうど8番目に当たるHの得点65が**中央値**である。この場合、受験者が偶数の場合は、中央を挟む二つの値の中間値を中央値とする。

表1　受験者15人の得点

学習者	A	B	C	D	E	F	G	H	I	J	K	L	M	N	O
得点	0	10	25	35	45	50	55	65	70	70	75	80	90	95	100

中央値

表2　表1を基にしたヒストグラム

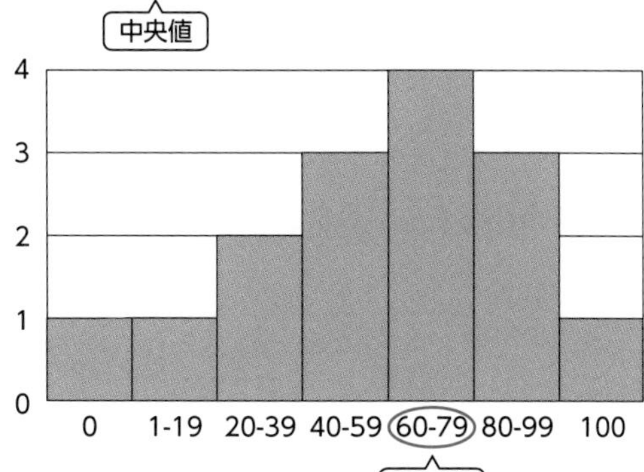

散布度

テスト結果などのばらつきの大きさの度合い。例えば、100点満点の二つの試験結果の平均値が同じ50点であったとしても、一方は平均値50点の±10点に得点が集中し、もう一方は0点から100点まで得点が均等に分布している場合、かなり性質を異にするテストであるということができる。**散布度**をみることにより、得られたデータの特徴をより詳細に把握することができるとともに、例えば、テストであればその改善資料として活用することもできる。散布度を表すものとして、**範囲**(レンジ)や**分散**、**標準偏差**などがある。

範囲(レンジ)

範囲(レンジ)とは、データを大小順に並べたときの最大値と最小値の差のこと。例えば、受験者20人に実施した100点満点の日本語テストで最高得点が98、最低得点が34であれば、そのテストの範囲は64となる。このように範囲(レンジ)により、複雑な計算をすることなく、データの大まかな散らばり具合を把握することができる。また、テスト結果においては、そのテストの改善資料として活用することもできる。例えば、十分な数の受験生が受験した100点満点のテストで、最高得点が75、最低得点が55であった場合、範囲(レンジ)が20と極端に狭いことから、同得点の受験者が多い、つまり、受験生の学力差を十分測定できていないと考えることができる。

分散

テスト結果などのばらつきの大きさを示す指標。例えば、A、B各20人のグループにテストをした結果、双方とも平均値が50で範囲も同じだったとする。このままだと両者の違いはないかのようにみえる。しかし、**ヒストグラム**に表してみるとAの20人は平均値周辺に集まっているのに対し、Bの20人はかなり散らばっていたとする。こうした散らばりの程度を数値的に示すのが「**分散**」という概念である。分散の算出方法は、ある受験者の得点 X から平均値 $\overline{X}$ を引いた値(これを「**偏差**」という)を2乗する。すべての受験者に対しても同様の作業をし、それらの合計を受験者数Nで割る。計算式は下のようになる。

ヒストグラム➡P.206

$$分散(S^2) = \frac{\Sigma(x-\bar{x})^2}{N} = \frac{(各受験者の得点-平均値)^2の合計}{受験者数}$$

標準偏差

得点分布の広がり、散らばりを示す指標の一つ。通常「SD」で示す。「**分散**」で得られた値の平方根が**標準偏差**を表す。計算式は下のようになる。数値が大きければ散らばりが大きく、小さければ散らばりが小さいことを表す。「分散」と「標準偏差」は基本的に同じ概念を表すが、「分散」は元のデータを2乗しているため、それを使っても平均値からの散らばりの幅などを把握できない。分散の平方根である標準偏差であれば、元のデータと単位がそろうので、平均値からの散らばりの幅が何点か把握し、ある特定の受験者の得点と比較することで評価に使うことができる。例えば平均値が50点の二つのテストで標準偏差が10と20のときとでは10の場合の方が散らばりが小さく、同じ70点を取ったとしても、標準偏差10の試験での**偏差値**は70、標準偏差20の試験での偏差値は60となり、標準偏差20の場合より、より成績上位に位置づけられることから優秀な点数であるといえる。

分散➡P.208、偏差値➡P.209

$$\text{標準偏差(SD)} = \sqrt{S^2} = \sqrt{\text{分散}}$$

偏差値

偏差値とは、個人の得点が全体の平均値からどの程度離れているのかを示す値。**正規分布**を前提に、平均値を50の標準値として、個人の偏差値が、50より高くなるにつれて、集団内で優れていることを表し、反対に50より低くなるにつれて、集団内で劣っていることを表す。通常、標準得点(個人の得点から平均値を引き、標準偏差で割ったもの)を10倍し50を加えて求める。なお、偏差値はあくまでも母集団内での位置を示すものであり、絶対的な学力を示すものではない点に注意する必要がある。

正規分布➡P.223

$$\text{偏差値} = 10 \times \frac{(\text{個人の得点} - \text{平均値})}{\text{標準偏差}} + 50$$

項目応答理論(Item Response Theory：IRT)

テストを構成する一つ一つの問題(項目)や受験者集団の能力と関係なく、テストの受験者の絶対的な能力を測定するために開発されたテスト理論のこと。項目反応理論ともいう。従来の素点(正答数)に基づいた採点方法では、例えば、100点満点のテストで90点を取ったとしても、その受験者の能力が高かったのか、それとも問題が易しかったのかはっきりしない。また、問題項目の難易度(困難度)も全受験者に対する正答者数の比率で出されるため、受験者の能力によって変わってしまう。**項目応答理論**では、そのような問題点を解消し、異なる問題項目、異なる受験者によるテストであっても、同じ受験者であれば同じ結果が出ることを可能にした。これにより、大規模なテストであっても年に複数回実施し、その結果を比較することが可能になった。現在、項目応答理論は、**日本語能力試験**や**BJTビジネス日本語能力テスト**の採点に活用されている。

日本語能力試験➡P.49、BJTビジネス日本語能力テスト➡P.50

尺度得点

項目応答理論(Item Response Theory＝IRT)というテスト理論に基づき、あらかじめ定められた共通の尺度によって統計的処理を経て算出された得点。従来の正答した問題の配点を単純に加算した**素点**による得点では、例えば、旧日本語能力試験の場合、同じ１級の問題でも年度によって微妙に難易度が異なるため、テスト結果を単純に比較することができなかった。**尺度得点**では、共通の尺度の下で受験者の学力が測れるため、同じ日本語レベルであれば、いつ受験しても同じ結果となる。これにより、受験時期が異なる試験の結果を比較することができるようになる。この採点方法は、現行の**日本語能力試験**で採用されている。なお、試験結果(得点)を尺度得点に変換することを**得点等化**という。

項目応答理論➡P.210、日本語能力試験➡P.49

縦断的個人内評価

同一学習者の成績や能力の変化を、時系列にみることによって行う評価のこと。集団内での成績順位ではなく、その個人の能力が過去の一時点よりどれだけ伸びたかが評価の対象となり、コースの実施中または終了時にこのような評価を行うことによって、学習目標に対する学習者の到達具合をみる。学習者の成績や諸能力の伸び率を評価の対象とすることにより、学習者に自らの成長度を実感させ、学習意欲を向上させる狙いもある。

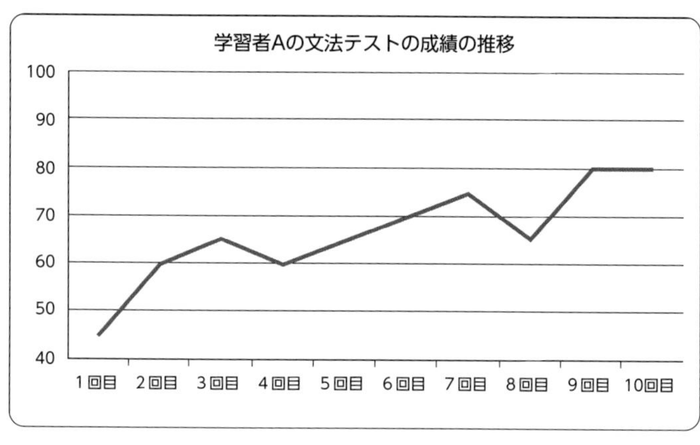

横断的個人内評価

同一学習者の同一時期のいくつかの能力を比較しながら行う評価のこと。ある能力とほかの能力を比較した場合の、ある能力の相対的な良しあしだけでなく、全体的な能力のバランスも評価の対象となる。従って、ある学習者の特性(得意な分野や克服すべき分野)などをみたい場合にこのような評価を行う。いくつかの能力を比較することにより、学習者自身が、ある一時点での自身の能力の全体像を把握するとともに、学習課題を自ら立て実行する、自律的な学習態度を育成する狙いもある。

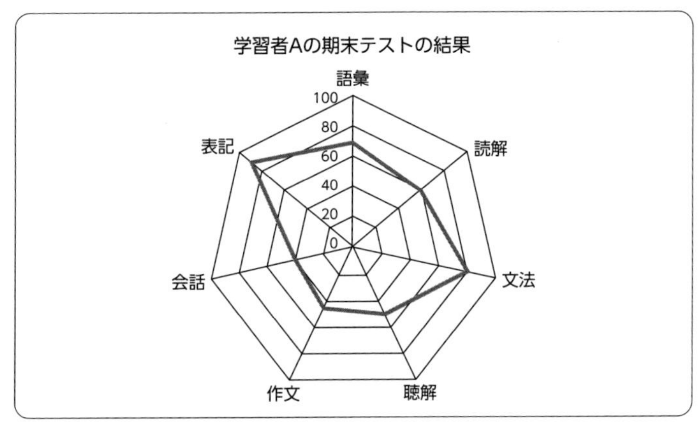

代替的評価

従来のテストによる評価(**伝統的評価**)では捉えきれない学習者の能力を、**紙筆テスト**などに代わる新たな手段で評価しようとするもの。教師と共に学習者自身も評価に加わること、評価を学習の助けとして利用すること、さらに、自己評価のための内省によって自律学習の促進を目指していることから**学習者参加型評価**ともいわれている。学習記録や学習成果など、学習者の学習にかかわるあらゆる資料が評価の対象となる。主なものとして**ポートフォリオ評価**、**カンファレンス**(教師のオフィスで学習者が自身の学習成果について教師から助言をもらう)、**ジャーナル**(学習者自身による学習日誌)、学習者の自己評価などがある。

ポートフォリオ評価➡P.213

ポートフォリオ

学習目的に沿って長期的に収集されファイルなどにまとめられた、学習者の学習記録や成果物のこと。ファイルに蓄積される資料は、チェックリスト(例えば、**ポートフォリオ**の内容物をリストアップしたもの)、インタビュー結果、作業記録、学習記録、成果物(作品など)、テスト結果など多岐にわたる。これらを蓄積し、評価の対象とすることによって、成長の過程が可視化され、さらに、自身の学習に対する振り返りの機会を与えられる。その結果、学習に対する主体性や積極性を促す効果があるといわれている。このため、**学習者オートノミー**を促すツールとしても活用されている。また、これは学習者に対してだけでなく、教師教育にも活用されており、その場合、特に**ティーチング・ポートフォリオ**という。

学習者オートノミー➡P.147

ポートフォリオ評価

ポートフォリオによる評価のこと。テストによる従来の評価(**伝統的評価**)では、断片的な知識や記憶の測定しかできないという批判から「**代替的評価**」として注目されるようになった。特徴として、学習者の学習過程を、長期間にわたって、全体的かつ多面的に評価すること、教師と共に学習者も評価活動に参加すること(学習成果を確認し、目標を話し合う)などが挙げられる。評価では**ルーブリック**と呼ばれる評価基準を用いる。

ポートフォリオ➡P.213、代替的評価➡P.212、ルーブリック➡P.214

DLA (Dialogic Language Assessment)

正式名称は、「**外国人児童生徒のためのJSL対話型アセスメントDLA**」。文部科学省が2014年に学校における外国人児童生徒の日本語能力を把握し、その後の指導方針を検討する際の参考とするために作成した日本語能力測定方法。児童・生徒とのマンツーマンでの直接対話を通じて紙筆テストでは測れない潜在的な能力を測定する。このアセスメント(評価)では、児童・生徒の言語能力を、1. 会話の流ちょう度(Conversational Fluency＝CF)、2. 弁別的言語能力(Discrete Language Skills＝DLS)、3. 教科学習言語能力(Academic Language Proficiency＝ALP)という、三つの観点から把握する。

ルーブリック

パフォーマンス評価(→パフォーマンス・テスト 参照)や**ポートフォリオ評価**で用いられる評価基準のこと。**ルーブリック**には、あらかじめ学習者が学習すべき内容(評価基準)と学習到達レベル(学習基準)が設定されており、それに基づいてそれぞれの学習成果が評価される。具体的な評価方法は、項目ごとの段階的評価やいくつかの能力記述文から選ぶ(例：自分の家族について、簡単な紹介ができる)などがある。ルーブリックに即した評価を行うことによって、評価の客観性や信頼性が高まるだけでなく、現在の学習の状況や今後の目標について、教師と学習者がより具体的に検討し合うことができる。

パフォーマンス・テスト➡P.202、ポートフォリオ評価➡P.213

PISA調査

経済協力開発機構(OECD)が参加国の15歳児を対象に、読解力、数学的リテラシー、科学的リテラシーの3分野について実施している学習到達度調査のこと。「PISA」は「Programme for International Student Assessment」の頭文字を取ったもの。2000年の本調査第1回実施以降、3年ごとに行われている。2022年調査では、81カ国・地域中、日本は読解力3位、数学的リテラシー5位、科学的リテラシー2位だった。

経済協力開発機構(OECD)➡P.14

教科書分析

ある教科書について、対象とする学習者やシラバス構成、学習レベル、課構成、学習時間数などについて分析すること。これは、採用しようとする教科書が、学習者の**ニーズ**や授業の目標、授業スタイル、実施期間などと合致しているか、合致していない部分があるとすれば、それをどうフォローするかについてあらかじめ検討するための重要な作業である。コース開始前の教科書選定の際に行う、上記に挙げたような全体的分析だけでなく、コース実施中の授業準備の際に行う、課ごとの指導項目やその提出順、練習問題やさまざまなタスクなどの分析も含まれる。

ニーズ➡P.174

教案

授業の展開を時間軸に沿って紙上に再現した授業計画案のこと。学習目標や学習内容、授業の進め方や授業中の教師と学習者のやりとり、板書の内容や書くタイミング、準備物（教材・教具）とその提示方法やタイミング、時間配分などが内容となる。教案作成を通じ、授業の流れを細部にわたって検討することで、効率のよい授業を組み立てることができる。教案作成後も十分なシミュレーションを行い、適宜修正を加えた上で授業に臨む。また、授業では、**教案**に従いながらもそれに縛られ過ぎず、臨機応変に対応することも重要である。このほか、教案は授業後、修正を加えたり記録を残したりすることによって、次の授業を改善するための資料として活用することができる。

アクション・リサーチ

教師自身が、教育現場で抱えている教育上の問題の解決や、自身の教育の質的向上を目的に行う調査研究のこと。自己教育力を育成する方法の一つ。具体的には、①計画：リサーチトピック（教授活動の問題点や調査対象）の決定と行動方略の計画立案→②行動：行動方略の実施→③観察：行動結果の観察・分析→④内省：行動方略の評価やさらなる改善策の検討―という手順で行う。また、実施した**アクション・リサーチ**の結果をほかの教師などに公開することもある。外部からの要請ではなく、問題意識のある教師自身の「解決したい」という欲求がその出発点であるため、比較的小規模かつ状況密着型の研究である点に特徴がある。

自己研修型教師

既存の教材や**シラバス**、教授法などを柔軟に取り入れながら、学習者に合った教材や教室活動を自分自身の力で能動的かつ積極的に作り上げていくことによって、自らの力で自身の教師力を高めていこうとする教師のこと。とりわけ日本語教員養成においては、学習者や教育現場の多様化に対応するため、**自己研修型教師**の育成の重要性が指摘されている。

シラバス➡P.176

内省的実践家

自身や他者の教育実践を観察し、振り返ることで、常に改善を試み、成長していく教師のこと。具体的には、①教育活動の最中に起こる内省(例：今の文法説明で、学習者は本当に理解しているのだろうか)②自分の行動についての内省(例：説明の仕方が一方向的過ぎたのではないか)③次の行動に向けての内省(例：次回から学習者が理解しているか、簡単な確認作業をこまめに入れながら授業を進めよう)—がある。教師はこれらの内省を通じて自らの教育活動を見直し、改善していく。

アカデミック・ジャパニーズ

大学や大学院など高等教育の場で求められる学術的活動に関連した日本語のこと。主な学習対象者は、大学・大学院に進学予定あるいは在籍中の留学生である。具体的には、論文の読み方やリポート・論文の書き方、講義の聞き方、口頭発表の技術などを学ぶことで身に付ける。**アカデミック・ジャパニーズ**を扱った試験として**日本留学試験**の日本語科目がある。

日本留学試験➡P.50

11. 異文化間教育・コミュニケーション教育

多文化教育

それぞれの文化の存在やその独自性を尊重しながら、一つの社会を構成していこうとする立場を**多文化主義**という。また、それぞれの文化を認めつつも、ことさら一つの社会を目指そうとせず、おのおのが独立した自治を行おうとする立場を**文化的多元主義**という。こうした理念のもと、文化的・民族的背景、社会的多数派(**マジョリティ**)・少数派(**マイノリティ**)や社会的地位の違いなどに関係なく、互いの文化を尊重して行われる教育のことを**多文化教育**という。1950年代から60年代にかけてアメリカで起こった黒人の公民権運動がその背景にあるといわれている。

多文化主義➡P.109

クリティカル・インシデント

文化の違いが原因で起こったコミュニケーション上のトラブルや**カルチャーショック**の事例のこと。**危機事例**ともいう。具体的な事例としては、グループで外食する場合、誘った人や最年長の人が全額負担するのが一般的な国から来た人が、日本の割り勘の習慣にカルチャーショックを覚えた、というようなものがある。

カルチャーショック➡P.155

カルチャーアシミレーター

異文化受容訓練の一つ。文化の違いが原因で起こったトラブルや**カルチャーショック**の事例(**クリティカル・インシデント**)を取り上げ、その原因や解釈、登場人物の心情などを選択問題形式で紹介し、解説やアドバイスを通じて、正しい解釈や解決方法などについて考えを深めようとするもの。さまざまな事例を、比較的簡便な方法で学ぶことができる。

カルチャーショック➡P.155、クリティカル・インシデント➡P.217

バーンガ

異文化受容訓練の一つ。トランプを使ったシミュレーションゲームで、概ね9人以上で行われる。活動はセッション1とセッション2からなり、セッション1では、参加者を数人ずつのグループに分けてカードゲームを行い、適宜グループ間でメンバー交代をする。ゲームのルールはグループごとで微妙に異なるが、そのことは参加者には知らされない。また、ゲームは無言で行う。このようにしてルールの違いを自分で探りながら、**異文化接触**を模擬的に体験する。セッション2では、ゲームの最中にどんなことを感じたか、また、日常生活の中で似たような体験はあったかなどについて話し合う。これをデブリーフィング(体験の振り返り)という。

異文化接触➡P.99

DIE法

異文化受容訓練の一つ。文化的背景や価値観の違いによって生じたトラブルに対し、事実の描写(Description)、解釈(Interpretation)、評価(Evaluation)という三つの観点から、トラブルが起こるまでの過程を分析する方法。事実の描写では、より多くかつ正確な情報を収集し、解釈や評価をせず客観的な事実のみの描写に専念する。また、解釈では、書き出された事実に対して、できるだけさまざまな立場から解釈し、意味づけを行うことが重要である。さらに、評価では、先の多様な解釈に対応する多面的な評価を行うことで、自己中心的で一面的な評価に陥らないようにする。こうした作業を通じて、誤解や**自文化中心主義**に陥ることなく、トラブルの内容を正確に把握し、将来同様のトラブルに遭遇した場合にも適切に対処できるようになることを目指す。

自文化中心主義➡P.99

自己開示

自分自身のこと、考え方や価値観、置かれている状況、感情、行動などについて、相手や自分以外の人に自発的に示すこと。ジェラードが提唱した概念。**自己開示**の効果として、①イライラや不安といった感情を表出することでストレスを解消し、精神的に安定した状態にする(感情表出)②自分の考えや感情をはっきりすることができる(自己明確化)③自分の意見に対する他者からのフィードバックを得ることで、自己概念をより客観的に評価できる(社会的妥当化)④互いに適度な自己開示をすることによって人間関係を深められる(対人関係の促進)—などがあるといわれている。とりわけ日本に滞在する日本語学習者や、海外で働く日本語教師などが、適度に自己開示のできる機会を持つことは、精神衛生上非常に重要であるといえる。

ジョハリの窓

自己開示の内容や程度を示すモデルの一つ。自分が自分を知っているか否か、他者が自分を知っているか否かという計四つの事象(開放、盲点、隠蔽、未知)からなる。開示する事柄や程度には個人差や文化差があり、コミュニケーションに大きく影響するといわれている。**ジョハリの窓**を自己分析に活用することで、自分がどのような人間かという自己理解を促進することができる。また、さらなる自己理解やより良好な人間関係を築くためには、開放領域を広げ(すなわち自己開示を積極的に行い)、盲点領域や隠蔽領域を小さくすることが重要であるといわれている。モデル図がまるで窓のように見えることから、こう呼ばれる。

自己開示➡P.219

		自分が自分を	
		知っている	知らない
他者が自分を	知っている	開放領域	盲点領域
	知らない	隠蔽領域	未知領域

ラポール

カウンセリングの分野において、援助者(カウンセラー)と来談者(クライアント)の間で築かれる信頼関係のこと。日本語教育の現場では、教師を含んだ学校関係者と学習者との信頼関係を指すことが多い。両者の間に良好な**ラポール**を形成できるかどうかは、日々の日本語学習を効果的なものにするかどうかに大きく影響を与える。例えば、学習者は教師や周囲の日本人とラポールを築くことによって、日本での生活の中で感じる孤立感や日本社会に対する**固定観念(ステレオタイプ)**から解放される。また所属する教育機関やクラスなどの集団に対する帰属意識が芽生えることによって、精神的な安定が促進されるといわれる。より良好かつ強固なラポールを築くためには、学習者を無条件に受け入れる受容性や、共感性などが教師にとって重要である。

ステレオタイプ ➡ P.109

傾聴

カウンセリング技法の一つ。相手の話を聴くこと。ただし、ただ単に相手の言っていることを聞けばよいというものではない。たとえ自分が聞きたくないと思っていることがあっても、それも含めて、相手の言っていることを聞くことが大切である。**傾聴**には、相手の意見を確認する方法、自分の理解が正しいかどうか相手に尋ねる方法などがあるが、基本的には相手の話の腰を折らず、相手の言っていることを確認しながら、相手の言おうとしていることを理解することが大切である。

ラポート・トーク(rapport-talk)／リポート・トーク(report-talk)

ラポート・トークとは心理的つながりや信頼関係の構築を重視したコミュニケーションスタイルのことを、**リポート・トーク**とは知識や情報の伝達およびそれによる問題解決を重視したコミュニケーションスタイルのことをいう。
タネン(Tannen)は男女の会話スタイルを分析し、「多くの女性は、相手と共感したり親近感をつくったりすることによって良好な関係(rapport)を築くことをコミュニケーションの目的と考えている。一方、多くの男性は、自分の持っている知識や情報、技術を相手に提供する(report)ことによって、問題解決をしたり自分の社会的地位を確保したりすることをコミュニケーションの目的と考えている」と述べた。

ソーシャル・サポート(Social Support)

教師やクラスメート、家族、隣人など、周囲の人から受けるさまざまな援助のこと。**ソーシャル・サポート**が十分に受けられない状態はストレスへの対処資源が乏しいことを意味する。また、ストレスが大きいときにソーシャル・サポートを受けると、ストレスが軽減され精神状態が改善されると言われ、これを**ストレス緩衝効果**という。ソーシャル・サポートには、当事者の言動の良否や社会的な適否など適切な評価を与える**評価的支援**、金銭や物資を提供するなどといった**道具的支援**、問題解決につながる情報を提供する**情報提供**、相談に乗ったり励ましたりといった**情緒的支援**の四つの支援がある。

12. 言語教育と情報

尺度水準

調査や実験などから得られた実証データを整理するための、水準(データの種類や利用範囲の基準)の異なる尺度のこと。**測定尺度**ともいう。具体的には、**名義尺度**(例：性別・国籍)、**順序尺度**(例：試験の成績順位)、**間隔尺度**(例：知能指数)、**比率尺度**(例：身長・学習量)の４尺度を指す。また、名義尺度、順序尺度で測定されたデータを**質的データ**、間隔尺度、比率尺度で測定されたデータを**量的データ**という。日本語教育においては、例えば、学習者の授業満足度調査を行う場合に、学習者の国籍や学習量ごとにデータを整理すると、より細かな傾向をつかむことができる。その際、例えば、名義尺度で得られたデータは足したり割ったりといった計算ができないが、比率尺度で得られたデータはすべての計算式に利用できるなど、尺度ごとのデータによって加減乗除の適用範囲が異なる。したがって、**尺度水準**にかなったデータ処理に留意する必要がある。

名義尺度

性別や国籍、所属、電話番号など、測定対象をいくつかの名義的カテゴリーに分類する尺度。名義とは、数値ではなく記号(あるいはことば)による名称という意味を表す。測定した二つ以上の対象が、同じカテゴリーに入るか入らないかをみるのに用いる。**順序尺度**と同様、記号による尺度であるため、得られたデータは**質的データ**に区分され、計算式に当てはめるようなことはできない。

順序尺度➡P.222

順序尺度

筆記試験を成績順に１番、２番と順序をつけたり、口頭試験の成績を上、中、下で評価したりするなど、測定対象を一定の順序性に従って分類する尺度。あくまでも順序を表すだけであるので、数値間の差を比べたり、計算式に当てはめたりといったことは通常できない。また、この尺度で得られたデータは記号による尺度であるため、**質的データ**に区分される。

間隔尺度

気温や知能指数など、対象の量の差を表す尺度。この尺度は、一定の順序のもとで等間隔に数値が割り振られている点に特徴がある。**比率尺度**との違いは0の位置が任意であること。例えば、会話の試験で学習者Ａが80点、学習者Ｂが40点取った場合、「両者の間に40点の差があった」とはいえるが、「学習者Ａの会話力は、学習者Ｂの会話力より２倍優れている」とはいえない。なぜなら、仮に０点であっても、それが会話力がまったくないことを意味するわけではなく、異なるテストで得点する可能性は十分あるからである。なお、**間隔尺度**で得られた**量的データ**で加減の演算はできるが乗除の演算はできない。

比率尺度➡P.223

比率尺度

身長や体重など、対象の量や対象間の比率を表す尺度。**間隔尺度**との違いは、**比率尺度**は絶対的な基準としての０を持っている点。これにより、対象の量だけでなく、例えば、「テキストを10ページこなした学習者Ａは、同じ時間で5ページこなした学習者Ｂより２倍のページ数、学習した」といった、対象間の比率を問題にすることができる。ただし、学習者の日本語力を測定する場合、比率尺度はほとんど用いることはない。なぜなら、テストの０点が日本語力がまったくない状態を表すわけではなく、レベルの異なるテストで得点する可能性は十分あるからである。なお、比率尺度で得られた量的データで加減乗除すべての演算を行うことができる。

間隔尺度➡P.223

正規分布

母集団(ある現象について、知りたいと思う対象の全体)のデータの散らばり具合の一つで、平均値を曲線の頂点とし、それを中央にして線対称に釣り鐘型を成した分布状態。多くの統計量(例：身長の分布)や社会現象(例：試験の得点分布)がこの**正規分布**に従っていることや、統計的手法の多くが正規分布に従っていることを前提にしていることから、統計学では最も基本的かつ重要な分布といわれている。**偏差値**を算出する場合などに利用されている。

偏差値➡P.209

正規分布の図

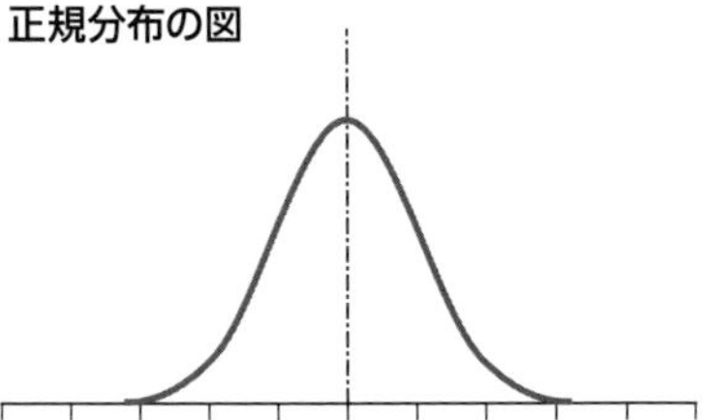

t 検定

統計学的検定方法の一種。二つのグループ(**標本**)の平均に**有意差**(単なる偶然ではなく、統計的に意味のある差であると考えられること)があるかどうかを検定する場合に用いる。例えば、AB二つの学習者グループに、まず同じ漢字20個を異なる学習方法で学習させる。その後、テストを行い、その結果から学習方法の有効性をみる場合などに利用する。***t* 分布**と呼ばれる分布表を用いて検定することからこう呼ばれる。

因子分析

三つ以上の変数を同時に分析する多変量解析の一種。多くの変数データを、相関関係(→相関 参照)の強い変数でグループ分けし、グループ内の変数を結び付ける共通因子を探ることによって、それぞれの特性をみる。例えば、日本語学習者の学習動機の特徴をつかむことを目的に、20項目の質問(選択式。⑴強くそう思う~⑸全然そう思わないの5段階)からなるアンケート調査を行ったとする。この場合、20項目の質問が変数となる。アンケート結果を集計したあと、各質問項目間の**相関係数**を計算し、相関関係の強い変数(例えば、Aという質問項目で「強くそう思う」を選ぶ学習者は、Bという質問項目でも「強くそう思う」を選ぶことが多いなど)でいくつかにグループ分けする。そして、各グループの質問項目に共通する因子でそのグループに名前を付ける(例えば、グループⅠに含まれる質問項目が「日本のアニメが好きだから」「日本語の歌が好きだから」「日本の文学が好きだから」であれば、「日本文化志向」のように)。このようにグループごとに名付けられた因子を分析することによって、学習者の潜在的な学習動機の特徴をより的確に捉え、その結果を今後の日本語指導に役立てることができる。

相関➡P.225、相関係数➡P.225

相関

必須

ある二つの変数の関係のこと。例えば、学習者20人の１日平均の自宅での学習時間(x)と定期試験の成績(y)の関係を調べたとする。もし、学習時間が長いほど定期試験の成績が良ければ、「両者の間には正の相関関係がある」と言う。もし、学習時間が長いほど成績が悪ければ、「両者の間には負の相関関係がある」と言う。両者にまったく関係性がみられなければ、「両者の間に相関関係はない」と言う。

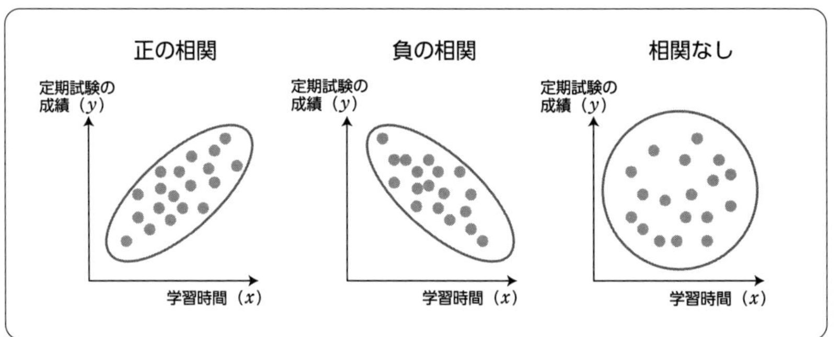

相関係数

二つの変数ｘとｙの**相関関係**を数値で表した統計量。**相関係数**はrで表し、計算式は下のようになる。相関係数は1から−1までの値を取り、1に近づけば近づくほど正の相関関係であることを、−1に近づけば近づくほど負の相関関係であることを、0に近づけば近づくほど相関関係なしであることを表す。

$$\text{相関係数}(r) = \frac{\sum_{i=1}^{n}(x_i-\overline{x})(y_i-\overline{y})}{\sqrt{\sum_{i=1}^{n}(x_i-\overline{x})^2}\sqrt{\sum_{i=1}^{n}(y_i-\overline{y})^2}}$$

コーパス

言語研究のため集められた自然言語(例えば、日本人同士の自然な会話や日本語学習者に対するインタビュー、新聞、書籍など)のデータを電子化し、集積したもの。これらの**コーパス**を使うことで、例えば、文法研究をする際に、分析の対象となる文法表現(例:「~たら」)を含んだ用例を検索したり、学習者の第二言語習得状況を分析したり(例:指示詞コソアの文脈指示用法の使用状況が学習歴によってどのように変化するかをみる)といったことを従来よりはるかに短い時間で効率よく行うことができる。このように、コーパスは作業効率を飛躍的に向上させるなど、言語の**量的研究**に大きく貢献している。また、コーパスを活用した言語研究を**コーパス言語学**という。日本語教育における代表的なコーパスとして、**現代日本語書き言葉均衡コーパス**や**日本語話し言葉コーパス**が、また、学習者のコーパスとしては**KYコーパス**などがある。

量的研究➡P.153

リテラシー

本来「読み書き能力」を意味することばであったが、近年はある特定の分野における知識やそれを活用する能力という意味で用いられる。例えば、「ITリテラシー」といえば、インターネットを中心としたIT分野の知識やそれを活用する能力ということを、「コンピューターリテラシー」といえば、コンピューターに関する知識と技能ということを、また、「情報リテラシー」といえば、コンピューターやそのほかの情報源から必要な情報を効率よく収集する知識や能力ということを意味する。

セルフ・アクセス

学習者が自由に**リソース**(学習資材)(→リソース教材 参照)にアクセスできること。学習者自らのアクセスが可能となることで学習者の多様な**ニーズ**に対応し、また、自律的な学習者の育成を支援する。また、豊富な教材や教育機器、専門の教師やカウンセラーを配備した図書館のような施設のことを**セルフ・アクセス・センター**といい、近年、国内外の教育機関で、**学習者オートノミー**の育成を目指した学習環境として設ける所が増えている。

リソース教材➡P.192、ニーズ➡P.174、学習者オートノミー➡P.147

ファシリテーター 

会議やシンポジウム、ワークショップなどで、それらが効果的に進むよう促進(facilitate)する進行役のこと。**異文化間教育**や**国際理解教育**の進行役、また教師の役割にも位置づけられる。**ファシリテーター**には参加者の意見を引き出し、それらの意見をまとめたり整理したりすることが求められるが、参加者自身が主体的に気づき、学ぶことを促すために存在するため、参加者から出た意見を否定したり、自身の意見を述べたりすることはその役割ではない。教師の役割を、特にファシリテーターと位置づけた学習形態として**参加型学習**や**ピア・ラーニング**などがある。

異文化間教育➡P.106、参加型学習➡P.169、ピア・ラーニング➡P.172

メンタリング

人材育成方法の一つ。ある分野の熟達者(例えばベテラン教師)が、自立と成長を促すために、新参者(新たにその集団に加わった人。例えば、新任教師)に対して行う、精神的な支援や職場の業務などに関する情報提供、さらには教師力を向上させるために行う助言のこと。こうした指導者のことを**メンター**といい、指導される側を**メンティー**という。メンターは、メンティーが抱えた課題を共有し、メンティーと共に探究する、対等な関係の構築が求められる。

eラーニング 

情報技術とりわけインターネット技術を利用した学習の総称で、**遠隔教育**の形態を取ることが多い。従って、インターネットを介さないコンピューターによる学習支援は、通常「**eラーニング**」とは呼ばない。eはelectronicの略。学習は主にパソコン(PC)を通じて行われる。eラーニングシステムは、教材・学習コンテンツと学習管理システム(Learning Management System＝LMS)に大別される。eラーニングのメリットとしては、①自分の好きな時間に学習できる②さまざまなメディアを取り入れた学習環境を提供できる③教師は学習者の詳細な学習状況を把握できる―などがある。

遠隔教育➡P.230

CAI (Computer Assisted (Aided) Instruction)

コンピューターを活用した教育形態の総称。広義には**CBT**とほぼ同義に用いられる。初期の**CAI**の特徴として、教師から学習者への一方向的なコンテンツの提供であったことや、スタンドアロンタイプ(パソコン同士がつながっていない状態)であったことが挙げられる。主に学校教育において利用されることが多い。例えば、入門期の学習者に対するフラッシュ動画を使った仮名の練習や、選択式による語彙(ごい)や文法のチェックテストなど、さまざまなタイプのものがある。近年、IT技術の飛躍的な向上や、コンピューター支援の在り方の変化に伴い、コンピューターによる学習を従来のCAIの概念では捉え切れなくなってきていることから、現在では「**学習支援システム**」という用語に変わりつつある。

CBT➡P.228

CBT (Computer Based Training)

コンピューターを使った学習支援システムで**eラーニング**の一形態。また、広義には**CAI**とほぼ同義に用いられる。1980年代から90年代に米国を中心に普及した学習形態で、インターネットを介した学習支援である。eラーニングの一形態としては最も古い。PCやインターネットの普及に伴い、従来の教師主導で一方向的なスタンドアロンタイプ(パソコン同士がつながっていない状態。初期のCAIがこれに当たる)からメールなどを活用した双方向的なネットワークタイプの情報通信教育になってきている点に大きな特徴がある。また、複数メディアの活用も活発化した。その後、**CBT**は**eラーニング**や**WBT**へと発展していった。

eラーニング➡P.227、CAI➡P.228、WBT➡P.228

WBT (Web Based Training)

eラーニングによる教育形態のうち、インターネット上の情報やウェブ技術(ウェブブラウザー)を用いて行う教育のこと。1990年代半ば以降のブロードバンド化(大容量通信ができるインターネットの接続サービス)に伴って普及した学習形態で、複数のメディアとりわけ高速配信されるデジタル映像などを取り入れた学習コンテンツを、いつでもどこでも自分のペースで学習できる点に特徴がある。日本語教育の分野における本格的なWBTとしては、**海外産業人材育成協会(AOTS)**が行っている日本語教育プログラムなどがある。

eラーニング➡P.227、AOTS➡P.40

CALL (Computer-Assisted Language Learning)

CALL（コール）は、eラーニング教育（→eラーニング 参照）の一形態で、特に言語教育に特化したものを指す。従来のLL教室における語学教育でもカセットテープやビデオテープなど複数のメディアを活用することはできたが、機材の操作が煩雑という問題点があった。しかし、コンピューターを導入することによって、そうした問題が解消されたばかりか、さらにさまざまなメディアを複合的に活用した学習環境を提供することができるようになった。また、教育にコンピューターを導入すると同時に、教師は**ファシリテーター**やマネージャーという学習支援的な役割を担うことで、学習者の自律的学習を促進する。学習者にとっては、クラスメートの前で間違えたり否定的評価を受けたりすることが減るため、安心して学習に専念できるというメリットもある。

eラーニング➡P.227、ファシリテーター➡P.227

著作権

著作物の創作者である著作者に保証される権利で、**知的財産権**の一種。権利は**著作者の死後70年**まで保護される。ただし、法律や公的機関による告示、裁判所の判決文などには適用されない。私的使用のための複製や論文などの引用、学校その他の教育機関（営利を目的として設置されているものを除く）における複製や試験問題としての複製などは例外措置として認められている。教室活動の場合、例えば問題集やワークブックを学習者の人数分コピーして利用することは、そもそも問題集やワークブックは学習者が購入し利用することを目的に作成されたものであることから、たとえ授業のための行為であっても著作権侵害となる。また、学習者の作文も創作した時点で**著作権**が発生するため、例えば教材として利用したい場合は、事前に本人の許諾を得る必要がある。一方、例えばインターネット上の画像データを利用した自作教材を授業中に利用することは、必要と認められる限度で、かつ著作権者の利益を不当に害さないことを条件に認められている（著作権法第35条1項）。

通信教育

地理的あるいは時間的制約などによって通学が困難である場合に、郵便やテレビ・ラジオなどのメディア、衛星通信、インターネットなどを利用して行う教育の総称。**通信教育**には、社会人向けの資格・教養教育、遠隔地に対する**遠隔教育**、小中高の受験生向け教育、放送大学、大学通信教育などがある。なお、大学通信教育は、1947年**学校教育法**によって制度化され、1950年に正規課程として認可された。現在では、通信教育で日本語教師養成を行う大学や大学院などもある。

遠隔教育 ➡ P.230

遠隔教育

インターネットなどのITネットワークやテレビ会議システムなどを活用して、集合することが困難な教師と学習者あるいは学習者同士をつないで行う教育のこと。こうした物理的距離の問題を解消することにより、これまで実現が困難であった**へき地教育**や、自国にいながらにして他国の学習者と交流できる**国際理解教育**が可能となった。例えば、日本語教師の配置が難しい**散在校**(おおむね、外国人児童・生徒の在籍者数が5人未満の学校を指す)に在籍する外国人児童・生徒に対する日本語教育や、日本の大学などに進学予定の留学生に対する渡日前日本語教育などで、**遠隔教育**が行われている。

チームティーチング

複数の教師が協力し授業計画から授業実施、評価活動を行うこと。体制としては、①同僚の教師同士②経験豊富なベテラン教師と新人教師(あるいはティーチングアシスタント)③異分野の教師同士(例えば、日本語教師と小学校教師)など―がある。また、海外においてはネーティブ教師とノンネーティブ教師という組み合わせもある。**チームティーチング**によって、授業実施や学習者理解をより多面的に行うことができる、教師同士のスキルアップが期待できる、といったメリットが期待できる一方、教師同士の信頼関係や協力関係を築く必要があることや、打ち合わせの時間をいかに確保するかといった課題もある。

インストラクショナルデザイン

より効果的・効率的・魅力的な学習モデルや学習環境を総合的にデザインすること。通常、「**ID**」(Instructional Design)と略称される。教育工学、特に**eラーニング**を中心とした教材開発や学習環境設計の分野で用いられる用語。従来のシラバスデザインやカリキュラムデザインは、教師が学習者に、何を、どう教えるかという、**ティーチング**(教えること)の設計に焦点を当てたものであった。しかし、学習者にとっては、教師によるティーチングは、学びのプロセスの一部を構成するにすぎない。学習のプロセスにおいて、教師は、ティーチングのほか、学習モデルに沿った教材の開発や学習者の自律的学習能力(＝**学習者オートノミー**)向上のための支援(＝**ファシリテーション**)、学習者同士の学びの場の提供、さらには、学びにかかわる種々のアドバイジングなど、さまざまな役割を果たすことが求められる。そこで、より広範囲に学びをデザインするという意味合いから、**インストラクショナルデザイン**という概念が出された。

eラーニング➡P.227、学習者オートノミー➡P.147

ガニェの９教授事象

ガニェが提唱する、学習過程を支援する９種類の構成要素のことで、**認知心理学**の情報処理モデルを基にしている。より効果的かつ検証可能な**インストラクショナルデザイン**を行うためには、その根底を成す学習プロセスを反映した教授モデルの構築が必要であった。この９教授事象を照らし合わせながら、学びのデザインとその実施結果を検証することにより、より短期間でより効率的な学習システムの構築が期待できる。

認知心理学➡P.123、インストラクショナルデザイン➡P.231

ガニェの９教授事象

① 学習者の注意を獲得する。
② 教授の目標を知らせる。
③ 前提条件を思い出させる。
④ 新しい事項を提示する。
⑤ 学習の指針を与える。
⑥ 練習の機会をつくる。
⑦ フィードバックを与える。
⑧ 学習の成果を評価する。
⑨ 保持と転移を高める。

第4章　言語と教育

要点整理

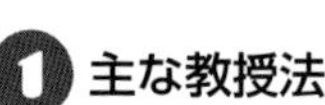

1 主な教授法一覧

名称	提唱者	理論的背景、具体的な指導方法
オーディオリンガル・メソッド	フリーズ	行動主義心理学と構造主義言語学が理論的基盤。ミムメム練習、パターン・プラクティス、ミニマルペア練習による指導。
サイレント・ウェイ	ガテーニョ	教師はほぼ無言で指導し、学習者の気づき（アウェアネス）を促す。カラーチャートやロッドを使って指導。
CLL (Community Language Learning)	カラン	カウンセリングを応用。会話体験と振り返りによる指導。
TPR (Total Physical Response)	アッシャー	幼児の言語獲得体験に基づいた、聴解活動と身体動作の結合による言語習得。
ナチュラル・アプローチ	テレル クラッシェン	モニターモデルが理論的基盤。特定の具体的指導法はない。意味交渉重視。
サジェストペディア	ロザノフ	暗示学が理論的基盤。バロック音楽などを聴きながら、リラックスした環境で学習。
コミュニカティブ・アプローチ	—	ニーズ調査・ニーズ分析重視。概念・機能シラバスを採用。インフォメーション・ギャップを利用した会話活動など。
VT法（ベルボ・トナル法）	ペタル・グベリナ	言語音と身体運動を連動させた音声指導法。
CBI (Content-Based Instruction)	—	教科内容と第二言語の同時習得を目指す。内容重視のアプローチとも。
TBLT (Task-Based Language Teaching)	—	タスクが活動の中心。ジグソー・タスク、インフォメーション・ギャップ・タスク、問題解決タスクなど。
コンプリヘンション・アプローチ	—	言語内容の理解を最重要視。聴解活動が言語学習の中心。
CLIL (Content and Language Integrated Learning)	—	教科内容と言語を統合して学ぶ学習形態。
CCBI (Critical Content-Based Instruction)	—	状況を多面的に捉えて分析する批判的思考力の育成を目指す指導法。

❷ 主なシラバス一覧

	シラバス名	シラバスの内容・特徴
項目の種類による分類	概念シラバス	「時間」「場所」など、概念カテゴリーで構成されたシラバス。ウィルキンズのノーショナルシラバスが代表的。
	機能シラバス	「依頼する」「同意する」など、言語の機能で分類し構成されたシラバス。コミュニカティブ・アプローチで採用。
	場面シラバス	「郵便局で」「市役所で」など、言語の使用場面で分類し構成されたシラバス。サバイバル・ジャパニーズで採用。
	話題（トピック）シラバス	「旅行」「家族」など、コミュニケーションの話題で分類し構成されたシラバス。ナチュラル・アプローチで採用。
	構造シラバス	「～は～です」「～があります」など、言語の構造や文型で分類し構成されたシラバス。文型シラバスとも。オーディオリンガル・メソッドやサイレント・ウェイで採用。
	タスク（課題）シラバス	「新聞を作る」「銀行口座を開く」など、言語を使ったタスクで分類し構成されたシラバス。
確定時期による分類	後行シラバス	コース終了時に確定するシラバス。ビジネスパーソン学習者に対するモジュール教材を使ったコース運営など。
	先行シラバス	コース開始時に確定しているシラバス。多くの教育機関で採用。ゴールまでの見通しが立てやすい点が特徴的。
	可変（プロセス）シラバス	コース開始時にある程度緩くシラバスを決めた上で、最終的にはコース終了時に確定するシラバス。

❸ テストの種類

名　称	内　容
プレースメント・テスト	コース実施前に行う、クラス分けのためのテスト。
アチーブメント・テスト	学習内容の習得度を測るテスト。到達度テストとも。
プロフィシェンシー・テスト	受験時の言語運用能力を測るテスト。熟達度テスト、能力テストとも。
適性テスト	言語学習に対する適性をみるテスト。
パフォーマンス・テスト	使用場面とほぼ同じ言語的状況を設定し、言語運用能力を測るテスト。
項目別テスト	特定の分野や領域に特化して作成されたテスト。

用語チェック問題

1 学習項目が組み込まれた対話文を、モデル発話を聞きながら繰り返し口頭練習し、対話文全体を完全に暗記する練習方法は？

A　ミムメム練習　　B　ロールプレイ

2 パターン・プラクティスを重視する教授法は？

A　オーディオリンガル・メソッド　　B　ナチュラル・メソッド

3 パターン・プラクティスのうち、教師のキューを次々につなげていく練習方法は？

A　拡大練習　　B　変形練習

4 学習者に対する教師の質問のうち、教師を含め未知の情報を得るためになされる質問を何という？

A　ディスプレークエスチョン　　B　リファレンシャルクエスチョン

5 初級の口頭練習において、教師が学習者にキューを提示して練習することがあるが、そのうち、個々の学習者に練習させることを何という？

A　ソロ　　B　コーラス

6 参加型学習における教師の役割として、正しいのはどちら?

A　メンター　　B　ファシリテーター

7 モデル音を聞きながら、そのあとを追いかけるようにして同じように復唱する練習方法は？

A　シャドーイング　　B　リピーティング

8 読解活動で、「大意読み」はどちら？

A　スキミング　　B　スキャニング

9 ピア・リーディングのうち、メンバーが異なるテキストを読んで情報を持ち寄るやり方を何という？

A　プロセス・リーディング　　B　ジグソー・リーディング

10 日本語学習のためにできている準備のことを、何という？

A　ニーズ　　B　レディネス

11 機能シラバスに挙げられる項目の例として、ふさわしいのはどちら？

A　「時間」「場所」「存在－非存在」
B　「依頼する」「同意する」「提案する」

12 場面シラバスがふさわしいのはどちら？

A　アカデミック・ジャパニーズ　　B　サバイバル・ジャパニーズ

13 概念シラバスや機能シラバスを取り入れた教授法といえば？

A　ナチュラル・アプローチ　　B　コミュニカティブ・アプローチ

14 オーディオリンガル・メソッドの理論的基盤になっているのは、行動主義心理学と何？

A　構造主義言語学　　B　発達心理学

15 「おばさん－おばあさん」のように、1カ所だけ音素が違う語彙（ごい）のペアを聞き比べたり発音したりする練習方法は？

A　代入練習　　B　ミニマルペア練習

16 サイレント・ウェイを提唱した心理学者は誰？

A　ガテーニョ　　B　ロザノフ

17 内容重視の教授法を意味するのはどちら？

A　CLL　　B　CBI

18 各課間の関連がなく、それぞれ独立して使用できる教材のことを、何という？

A　モジュール型教材　　B　リソース教材

19 診断的評価の代表的なテストといえば？

A　パフォーマンス・テスト　　B　プレースメント・テスト

20 日本語能力試験は、どちらのタイプのテスト？

A　アチーブメント・テスト　　B　プロフィシェンシー・テスト

21 “オーセンティシティー”とは何？

A　散布度　　B　真正性

22 テストの得点が、そのテストの測定しようとしている事柄（レベルや出題範囲）を的確に測定しているか否かの度合いを何という？

A　妥当性　　B　評定者間信頼性

23 代表値といえば、平均値、中央値、もう一つは？

A　偏差値　　B　最頻値

24 ポートフォリオ評価を行う際に用いられる評価基準のことを何という？

A　カンファレンス　　B　ルーブリック

25 PISA調査の実施団体は？

A　ユネスコ（国際連合教育科学文化機関）

B　OECD（経済協力開発機構）

26 異文化受容訓練の一つで、トランプを使ったシミュレーションゲームを何という？

A　バーンガ　　B　カルチャーアシミレーター

27 「ジョハリの窓」で、他者は知っているが自分は知らない自分の領域を何という？

A　未知領域　　B　盲点領域

28 気温や知能指数など、対象の量の差を表す尺度のことを何という？

A　比率尺度　　B　間隔尺度

29 母集団のデータの散らばり具合の一つで、平均値を曲線の頂点とし、それを中央にして線対称に釣り鐘型を成した分布を何という？

A　正規分布　　B　標準偏差

30 eラーニング教育の一形態で、特に言語教育に特化したものを、何という？

A　WBT　　B　CALL

31 著作権が保護される期間は？

A　著作者の死後70年　　B　著作物発表後50年

32 ガニェが提唱した、学習過程を支援する構成要素は、全部でいくつ？

A　7つ　　B　9つ

第4章　言語と教育
用語チェック問題　解答

	答え	A		B	
1	A	A ミムメム練習	→P.164	B ロールプレイ	→P.168
2	A	A オーディオリンガル・メソッド	→P.182	B ナチュラル・メソッド	→P.181
3	A	A 拡大練習	→P.165	B 変形練習	→P.166
4	B	A ディスプレークエスチョン	→P.167	B リファレンシャルクエスチョン	→P.167
5	A	A ソロ	→P.169	B コーラス	→P.169
6	B	A メンター	→P.227	B ファシリテーター	→P.227
7	A	A シャドーイング	→P.170	B リピーティング	→P.170
8	A	A スキミング	→P.171	B スキャニング	→P.171
9	B	A プロセス・リーディング	→P.173	B ジグソー・リーディング	→P.170
10	B	A ニーズ	→P.174	B レディネス	→P.175
11	B	A 「時間」「場所」「存在－非存在」	→P.176	B 「依頼する」「同意する」「提案する」	→P.176
12	B	A アカデミック・ジャパニーズ	→P.216	B サバイバル・ジャパニーズ	→P.179
13	B	A ナチュラル・アプローチ	→P.185	B コミュニカティブ・アプローチ	→P.186
14	A	A 構造主義言語学	→P.182	B 発達心理学	→P.181
15	B	A 代入練習	→P.166	B ミニマルペア練習	→P.183
16	A	A ガテーニョ	→P.183	B ロザノフ	→P.185
17	B	A CLL	→P.184	B CBI	→P.186
18	A	A モジュール型教材	→P.192	B リソース教材	→P.192
19	B	A パフォーマンス・テスト	→P.202	B プレースメント・テスト	→P.197
20	B	A アチーブメント・テスト	→P.198	B プロフィシェンシー・テスト	→P.198
21	B	A 散布度	→P.208	B 真正性	→P.206
22	A	A 妥当性	→P.204	B 評定者間信頼性	→P.205
23	B	A 偏差値	→P.209	B 最頻値	→P.207
24	B	A カンファレンス	→P.212	B ルーブリック	→P.214
25	B	A ユネスコ(国際連合教育科学文化機関)	→P.13	B OECD(経済協力開発機構)	→P.214
26	A	A バーンガ	→P.218	B カルチャーアシミレーター	→P.217
27	B	A 未知領域	→P.219	B 盲点領域	→P.219
28	B	A 比率尺度	→P.223	B 間隔尺度	→P.223
29	A	A 正規分布	→P.223	B 標準偏差	→P.209
30	B	A WBT	→P.228	B CALL	→P.229
31	A	A 著作者の死後70年	→P.229	B 著作物発表後50年	
32	B	A 7つ		B 9つ	→P.231

言　語

第5章　言　語

13. 言語の構造一般

共時言語学

ある言語の**共時態**（ある一時期の状態）を研究し、**体系**を**記述**しようとする言語学。ソシュールによって**通時言語学**と区別され、通時言語学より優先されるものだと提唱された。ただし、**社会言語学**での世代による変化など、現代言語学でも通時的要素を持つものもある。

通時言語学➡P.241、社会言語学➡P.76

通時言語学

ある言語の**歴史的変化**を対象として研究する言語学。ソシュールによって**共時言語学**と区別された。**歴史言語学**とも呼ばれる。「インド・ヨーロッパ祖語で[p]であった音が[f]に変化する」というような歴史的変化を研究する分野。

共時言語学➡P.241

語族

多くの言語間には歴史的な関係があるとされている。例えば、英語とドイツ語は歴史的変化の中で別々の言語になったが、その元となる**祖語**が存在し、これらは同じ系統の言語であると考えられている。このように、祖語を同じくする言語の系統による類型で分類された言語群を**語族**と呼ぶ。インド・ヨーロッパ語族、シナ・チベット語族などがその例である。日本語は、**系統不明**の**孤立言語**とされる。

言語類型論

世界の諸言語をある**共時的**な特徴によって分類する研究分野。言語の**形態的**な特徴（語形変化など）による分類や、**統語的**特徴（語順など）による分類がよく知られている。**母音**の数や、/r/と/l/を区別するかという音声的な特徴など、さまざまな観点からの類型もある。現在の類型論の基礎はJ・グリーンバーグが築き、類似点や相違点を探ることにより、言語の普遍性を探求している。

SOV言語／SVO言語

統語的な言語の**類型**。**主語**(S)と**述語**(V：VはVerbであるが、言語によっては動詞とは限らないので、述語とされる)、**目的語**(O)の語順により、言語の分類を行ったところ、**SOV型**と**SVO型**が多くみられた。**日本語**、**韓国語**は**SOV言語**で、**英語**、**中国語**、**インドネシア語**は**SVO言語**である。SOV型であるかSVO型であるかという特徴は、文全体の語順だけではなく、**修飾・被修飾**、**前置詞・後置詞**などにも一貫性がみられ、例えばSOV型であれば、「修飾語＋被修飾語」の語順(「白い家」「私の本」など)で後置詞(「公園で」など)を用いる。SVO型であれば、「被修飾語＋修飾語」の語順(「casa blanca(家＋白い)」など)で、前置詞(「in a park」など)を用いる。この特徴には言語による程度差があり、SVO型であってもSOV型のような特徴を持つ場合もある。例えば、英語はSVO型の言語であるが、形容詞の語順などは「white house(白い＋家)」などとなり、SOV型の特徴を持っているといえる。

修飾／被修飾➡P.282

孤立語

形態的な特徴による言語の**類型**の一つ。**語形変化**がなく、**語順**によって文法的意味を表す。典型例としては中国語が挙げられる。「我 愛 他.」は「私は彼を愛している」と訳される文で、動作主が「我」、動作の対象が「他」である。これを「他 愛 我.」と**語順**を変えると、「我」や「他」には**語形変化**もなく文法的要素も付かないにもかかわらず、「彼は私を愛している」という意味になり、「他」が動作主、「我」が動作の対象を表す。つまり、語順によって文法機能が表されているといえる。

膠着（こうちゃく）語

形態的な特徴による言語の**類型**の一つ。語に**文法機能**を表す部分が付くことで**文法的意味**を表す。典型例としては**トルコ語**が挙げられるが、**日本語**や**韓国語**も**膠着語**に相当する。例えば、「私」という語に「が」「を」などの文法機能を表す部分が付くことによって格(動作主や動作の対象)を表すことができる。また、「食べさせられたくない(食べ：語幹 − させ：使役 − られ：受け身 − たく：願望 − ない：否定)」というように、**形態素**が連なって文法的意味を表している。

形態素➡P.278

屈折語

形態的な特徴による言語の**類型**の一つ。**語形変化**によって、文法的な意味を表す。典型例としては、**ラテン語**が挙げられる。**屈折語**の一つともされる英語を例としてみると、「I(私が)－my(私の)－me(私を／私に)」「write(書く)－wrote(書いた)」などのように語形変化が生じ、文法機能を表していることがわかる。この場合、語形変化のどの部分がどの文法的要素を表しているか、分けて考えられない変化を持つのが屈折語の特徴である(「I」と「my」にはどの部分が「～が」「～の」に当たる意味の変化を表しているか分けることができない)。ただし、英語は孤立語的特徴(「Mary loves Mike.」と「Mike loves Mary.」は語順で動作主と対象を表す)、膠着(こうちゃく)語(ご)的特徴(「like－liked」のように過去を表す**形態素**がある)も持ち合わせ、どの文法的機能をどの部分(**形態素**)が表しているかが分析できるということから、分析的言語とも分類される。

抱合語

形態的特徴による言語の類型の一つ。語に多くの部分(動作とその動作主や対象、時制、性、数など)が複合され、1文が1語で表されるような言語。例として、アイヌ語が挙げられる。

無標／有標

同種のものごとを指す言語形式の中で、一般的なものを表すものを「**無標**」、接辞が付加されるなど、より特徴的な表示がされるものを「**有標**」という。例えば「医者」と「女医」を例とすると、一般的なものを表す「医者」が「無標」で「女医」が有標となる。男性であることが一般的という考え方に基づいてことばが成り立っているので、「男医」とは言わない。また、「長さ」という語を例にすると、「長さが足りない」とか「長さが十分だ」とは言えるが、「短さが足りない」とは言わず、「短さが十分だ」という表現は特殊な場合にのみ使われると考えられる。つまり、「長さ」は長いということも短いということも含む「無標」の形式であるが、「短さ」は「有標」であるといえる。

恣意性

言語の意味と記号は必然性なく、恣意的に(つまりたまたま)結び付いているということ。例えば、「魚」という語が表す意味と /sakana/ という記号(音声)との間には必然性がない。そのため、ほかの言語で「fish」のような形式が同じ意味を表すということが起こる。それに対して、恣意性の低い(つまり、たまたま結び付いたのではない)意味と記号との結び付きもあり、例えば、動物の鳴き声を表す**オノマトペ**などは意味と記号の結び付きの必然性が高く、猫の鳴き声などは異なる言語においても似通った音声となっている。

オノマトペ➡P.276

二重分節性

言語が意味のある単位(**形態素**)と、意味のない単位(**音素**)の二つのレベルで分けられるという性質のこと。例えば、「朝、魚を食べた」という文は、「{asa}, {sakana}, {o}, {tabe}, {ta}」という意味のある部分(**形態素**)に分けることができる({ }は**形態素**を示す。{o} や {ta} は実質的な物を指さないが、文法的な意味を持っている)。さらに、これらの**形態素**は、「/a, s, a, s, a, k, …/」と、意味のない音の単位に分けられる。ここでは、/a/や/s/が意味を持たないため、意味のある**形態素**を作る際に、何度も出現し、それぞれの部分を担うことができている。この性質により、有限少数の記号(音声)から無限の語を生み出す**生産性**が保証されている。

形態素➡P.278、音素➡P.260

ラング／パロール

ソシュールが提唱した用語。ある言語の話者にはその言語話者に共通する知識である**ラング**(その言語の文構造や語彙・文法体系など)があり、それを基にその場その場の1回きりの**発話**である**パロール**が生み出されているという考え方。

ソシュール➡P.320

シニフィアン／シニフィエ(能記／所記)

ソシュールの用語。記号とは形式と意味(概念)が結び付いたものであり、例えば信号などでは「赤」という形式と「止まれ」という意味(概念)が結び付いている。言語を**記号**としてとらえたとき、音声(形式)が意味(概念)と結び付いていると考えられる。つまり、/yama/という音が、富士山や高尾山などのようなものの意味(概念)を表している。この場合の意味(概念)を表すための音声を**シニフィアン**(**能記**)、表される意味(概念)を**シニフィエ**(**所記**)とした。

ソシュール➡P.320

生成文法理論

チョムスキーによって提唱された理論。**生成文法理論**は多くの段階を経て理論が発展したが、特徴の一つとして注目されるのが、**普遍文法**(**UG**: Universal Grammar)と**言語獲得装置**(**LAD**: Language Acquisition Device)である。これは、言語は人間の**生得的**な能力で、人間には普遍文法を含む言語獲得装置が備わっているという考え方である。生まれたばかりの赤ん坊の脳には、「英語の脳」「日本語の脳」というような区別はない。しかし、置かれた言語環境によって、それぞれ異なった言語を獲得するということから、人間の脳には言語を獲得するための装置のようなものと、どのような言語にも共通する普遍文法が存在し、外界からの刺激(言語の経験)が普遍文法に含まれるパラメーター(媒介変数)を設定することにより、個別の言語が獲得されると考えた。この普遍文法と言語獲得の仕組みを実証しようという目的で、生成文法理論では個別言語の研究から普遍文法を探ろうという研究が多くなされている。特に**統語論**での研究が盛んであり、言語の統語規則を解明することにより、普遍文法を導き出そうとしている。言語を、母語話者の持っている言語についての知識である**言語能力**とそれぞれの場面での実際の言語使用である**言語運用**に分けたことも特徴の一つ。

チョムスキー➡P.320、普遍文法(UG)➡P.148、統語論➡P.282

14. 日本語の構造

プロソディー(韻律)

音声は連続したものであるが、それをある特徴を用いて区切ったものを**分節音**と呼び、[a][m][e]などの**単音**がその最小単位である。これらの個別の分節音を超えるレベル、つまり複数の分節音からなる**形態素**や語、文などにかかる音の特徴を**超分節的特徴**という。**アクセント**、声調、**イントネーション**、**プロミネンス**などがこれに当たる。

アクセント➡P.245、イントネーション➡P.247、プロミネンス➡P.247

アクセント

語を単位とする音の特徴。音の強さを**ストレス**といい、高さのことを**ピッチ**という。アクセントには、**強弱(強さ／ストレス)アクセント**、**高低(高さ／ピッチ)アクセント**がある。英語は強弱アクセントであり、日本語は高低アクセントである。英語はアクセントの位置で語を区別することができるが、アクセント(強勢)の位置の変化とともに母音も変化し、意味の区別に関与するため、その厳密な例を出すことは難しい。日本語は、「はし」という語を音の高さによって、「箸が(ハシガ)」「橋が(ハシガ)」「端が(ハシガ)」と語の意味を区別することができる。このような語ごとに決まっている音の情報をアクセントと呼び、東京方言のアクセントにおいては**アクセント核**(音の下がり目。音が下がる部分を**アクセントの滝**と呼ぶこともある)がどの拍にあるかで音のパターンが決まる(アクセント核は音の下がり目とは限らず、音を上昇させるアクセント核を持つ方言もある。また、アクセント核を持たない方言もある)。
また、アクセントは、このような語の**弁別機能**(区別する機能)のほかに、文の構造を示す**統語機能**も持っている。例えば、「ニワトリガイル」という音連続を「ニワ トリガイル」「ニワトリガイル」とアクセントを変えることで、「2羽、鳥がいる」という構造なのか、「鶏がいる」という構造なのかを示すことができ、このように文の構造を示す機能をアクセントの統語機能という。

アクセントの型

名詞のアクセントの場合、その語のどの拍にアクセント核があるか、もしくはどこにもないか、というパターンが考えられるので、n拍の場合、アクセント型の数は**n＋1**存在するといえる。それぞれの音の高低のパターンによって、平板型、頭高型、中高型、尾高型のような名称が用いられることもある。なお、尾高型は名詞自体の音の高低は平板型と同じだが、最後の拍にアクセント核(音の下がり目)があるため、次の助詞の高さは低くなる。そのため、下記の例には名詞に助詞を足して示す。

2拍の語　ハシが(端が)(平板型)　ハシが(箸が)(頭高型)
　　　　ハシが(橋が)(尾高型)

3拍の語　さくらが(平板型)　もみじが(頭高型)
　　　　あなたが(中高型)　むすめが(尾高型)

動詞のアクセントは、辞書形でアクセント核を持つタイプ(有核型。例:「読む」「話す」)とアクセント核のないタイプ(無核型。例:「聞く」「使う」)の二つに分けられ、それぞれのタイプで同様のアクセント型になる。

ヨム	ヨマナイ	ヨンデ	ヨメバ
ハナス	ハナサナイ	ハナシテ	ハナセバ
キク	キカナイ	キイテ	キケバ
ツカウ	ツカワナイ	ツカッテ	ツカエバ

例えば、ナイ形について見てみると、有核型は「～ない」の前で下がるパターンが同じである。一方、無核型ではアクセント核がないパターンになるというのが同じである。また、「～ば」の場合は、有核型では、「ば」の2モーラ前にアクセント核があるパターンになり、無核型では、「ば」の1モーラ前にアクセント核がある。このように、どちらの型になるかということで、活用形ごとのアクセント型が決まっている。

形容詞のアクセントも動詞のようにアクセント核を持つタイプと持たないタイプに分かれる。しかし、「厚い本」の形容詞が「アツイ。」「アツイ。」の両方のアクセントが存在するように、近年、発音の揺れ(複数のパターンが存在している状態)が大きく、二つのタイプの差が小さくなってきている。

複合名詞については、**後部要素**により、規則的に語の**アクセント型**が決まる。例えば、「京都(キョート)」と「横浜(ヨコハマ)」は異なるアクセント型を持つが、「駅」と連なって複合名詞を作る場合、「京都駅(キョートエキ)」「横浜駅(ヨコハマエキ)」のように同じところにアクセント核を持つ。

京都(キョート) ＋ 駅(エキ) → 京都駅(キョートエキ)
横浜(ヨコハマ) ＋ 駅(エキ) → 横浜駅(ヨコハマエキ)
京都(キョート) ＋ 大学(ダイガク) → 京都大学(キョートダイガク)
横浜(ヨコハマ) ＋ 大学(ダイガク) → 横浜大学(ヨコハマダイガク)

アクセント核による音の下がり目は、アクセント辞典や試験問題では例のように示されることもあるよ。例：雨(ア＼メ)

イントネーション

文を単位とする音の高さの特徴。まず、基本的な**イントネーション**として、その文や文の中でまとまりを示すために山型のイントネーションがかかる。

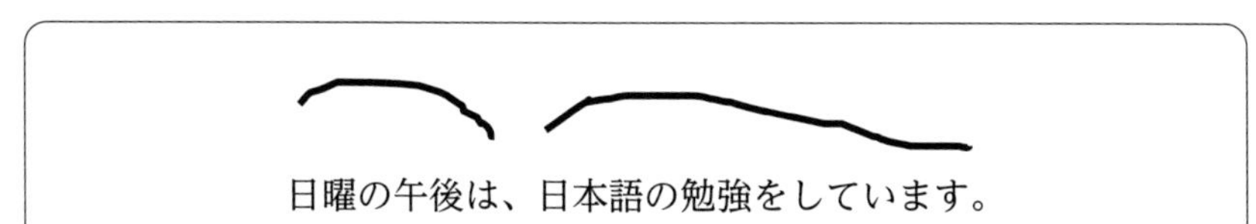

日曜の午後は、日本語の勉強をしています。

また、特に取り上げられるのは**文末・句末イントネーション**で、例えば、「そうですか」という文を上昇調で発音すると疑問の意味を表す。また、あいづちを打つように「そうですか」と言う場合は下降調で発音される。このように、音の高さ、またそれに伴う長さの特徴により、文に意味を付加することができる。

プロミネンス

卓立とも呼ばれる。文の中で焦点を当てて伝えたい所を目立たせて発音すること。さまざまな目立たせ方があるが、強く高く発音されることが多い。例えば、「どこから来ましたか」「ソウルから来ました」というような質問とその答えのやりとりを考えてみる。質問の焦点は「どこ」であるから、「ソウルから来ました」という答えの文では、「ソウル」が目立つことが期待され、「どこから来ましたか」「ソウルから来ました」(下線部は**プロミネンス**)というようにプロミネンスが置かれると考えられる。

ポーズ

発話の中で、発話を止め空白を空ける部分のこと。**ポーズ**を入れることによって、意味の切れ目を表したり(**統語機能**)、目立たせたい部分を表したりすることができる。

音声器官

調音器官ともいう。音声を作る際に用いられる器官のことで、唇や、舌、歯茎、声帯などがこれに当たる。

音声器官

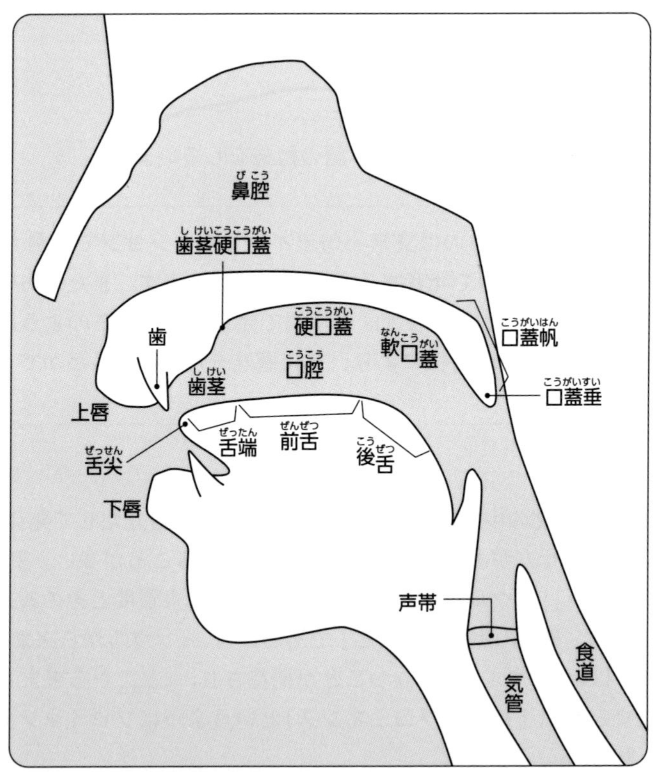

※さらに詳細な音声器官の図もありますが、本書では日本語の音声の理解に必要なものに絞って掲載しています。

母音

呼気を阻害せずに発音される、つまり、声帯から唇までを管のように用い共鳴させて発音される音のこと。**母音**は**舌の高さ**、**舌の前後の位置**、**唇の丸め**によって、どのような音であるか記述される。下の母音図のように、舌の高さは口の開き具合に応じて「狭・半狭・半広・広」の4段階、前後の位置は「前・中・後」の3段階が設定され、唇の丸めの有無と合わせて示される。日本語の母音の数は、/ア、イ、ウ、エ、オ/の五つである。記号として、[a、i、ɯ、e、o]を当てることが多いが、下の図のように、母音は連続的であるため、例えば、[e]でも[ɛ]でも日本語話者にとっては/エ/ととらえられ、その範囲は音声記号そのものが指しているよりも広いと考えられる。

母音図

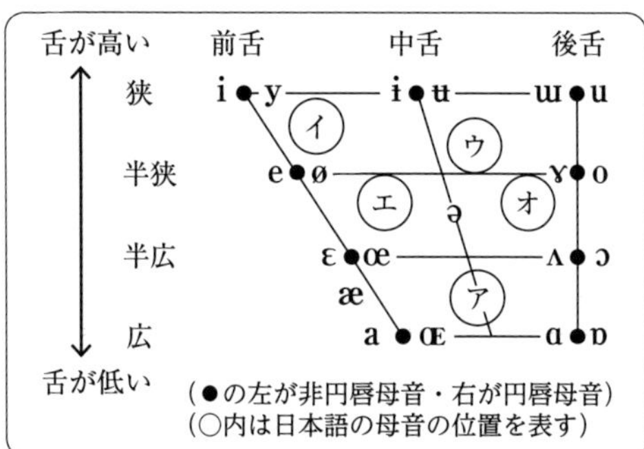

舌の位置が高いと口の開きは狭くなって、低いと口の開きは広くなるということだね。

舌の前後の位置

母音を記述する際の特徴の一つ。舌が盛り上がっている場所の位置が前寄りか後ろ寄りかという特徴のこと。例えば、[i][ɯ]は共に**舌の高さ**が高いが、[i]では盛り上がっている位置は舌の前方である。それに対して、[ɯ]は後方が盛り上がっている。[i][e][a]などは**前舌母音**で、[ɯ][o][ɑ]は**後舌母音**である。

舌の高さ

母音を記述する際の特徴の一つ。上あごに対する舌の位置が高いか低いかという特徴のこと。例えば、[i][ɯ]などは上あご(口蓋)と舌の位置が近い。つまり**舌の高さ**が高く、口の開きが狭い。反対に[a]は上あご(口蓋)と舌の位置が遠い。つまり、舌の高さが低く、口の開きが広い母音であるといえる。

唇の丸め

母音を記述する際の特徴の一つ。**唇の丸め**の有無というと、唇を中央に寄せて丸めた状態で発音するか、唇を丸めずに発音するかという違いのことを指し、**円唇母音**というと唇の丸めのある母音、**非円唇母音**というと唇の丸めのない母音を指す。例えば、[i]は唇を横に引いた状態で発音される非円唇母音である。また、[u]は唇を中央に寄せて丸め、突き出すような状態で発音される円唇母音である。日本語の/u/は地域にもよるが、円唇化がないことが多く、[ɯ]と非円唇母音の記号を当てることが多い。
また、子音について唇の丸めがかかわるものもある。日本語の /ワ/ の子音は、[w](有声両唇軟口蓋接近音)を当てることもあるが、この音声は唇の丸め(正確には両唇の接近)を伴う子音で、日本語の /ワ/ の子音としては、唇の丸めが強すぎるということがある。その場合、ワ行の音に[ɰ](有声軟口蓋接近音)を当てることもあるが、これでは唇がまったく関与しない音声を指してしまう。よって、実際の日本語の /ワ/ の子音は両者の中間的な音であると考えられるが、書き表され方として[w][ɰ]の2種がある。

母音の無声化

母音は本来、**有声**であるが、日本語の**共通語**では、母音の場所(環境)によって**無声音**で発音されることがある。口の開きが狭く舌の高さが高い母音[i]、[ɯ]は**無声子音**に挟まれたとき(例:「北」[ki̥ta]など)、無声子音の後で後続する音のないとき(例:「～です」[desɯ̥]など)に、無声化しやすい(記号の下の[̥]は無声化を表す)。

共通語➡P.66、無声音➡P.251

鼻母音

母音を発音しながら、**鼻腔**(びこう)へ空気を通して作られる音。日本語では、後続する音声が閉鎖を持たない場合(**摩擦音**、**接近音**、**母音**など)の/ン/が**鼻母音**で発音される。例として「禁煙(きんえん)」などがこれに当たる。

摩擦音➡P.254、接近音➡P.255

子音

声道中のどこかで、呼気を**阻害**して作る音、つまり、声帯から唇までのどこかに**閉鎖**や**狭め**などを作り、発音される音のこと。**調音点**、**調音法**、**声帯振動の有無**(→声帯振動 参照)によってどのような音か記述する。

調音点➡P.252、調音法➡P.254、声帯振動➡P.251

声帯振動

声帯が呼気によって振動すること。**声帯振動の有無**によって、**有声音**、**無声音**の区別ができる。

有声音

声帯の振動を伴って発音される音のこと。例として、母音や[b]、[n]、[z]などが挙げられる。

無声音

声帯の振動を伴わず発音される音のこと。例として、[t]、[s]などが挙げられる。母音は通常有声音であるが、日本語ではその音の表れる場所によって、**無声化**(→母音の無声化 参照)することもある。

母音の無声化➡P.250

気息の有無

発音される音が**気息**を伴ったように聞こえるかどうかを指す。気息を伴う場合は[p^h]のように書き表される。無声子音が発音される際、子音に後続する母音の**声帯振動の開始時間**(**VOT**: Voice onset time)が遅くなることにより子音が気息を伴って発音されるように聞こえる。例えば、「パンダ」と発音する際に、声帯振動の開始時間が遅くなると、「パ」が「パハッ」と息が出ているように聞こえるような音になる。声帯振動の開始が早いと、そのような気息が聞こえない。日本語では気息の有無による子音の区別はないが、**中国語**や**韓国語**などには**気息の有無**による子音の区別が存在する。

無気音

子音から母音へと発音される際、**声帯振動**がすぐに始まるため、**気息**が聞こえず発音される音のこと。

声帯振動➡P.251

有気音

子音から母音へと発音される際、**声帯振動**が遅れて始まるため、**気息**を伴って聞こえるように発音される音のこと。発音記号に[ʰ]を添えて書き表される。

声帯振動➡P.251

調音点

子音を発音する際に、**閉鎖**や**狭め**などにより気流を妨害している**場所**のこと。上部調音器官と下部調音器官がどこかということで決まり、両唇音、唇歯音などがある。

両唇音

上唇と**下唇**で作られる音。例として、日本語の/パ/の子音[p]、/バ/の子音[b]、/マ/の子音[m]、/フ/の子音[ɸ]などがある。

唇歯音

上の歯と**下唇**で作られる音。例として、英語の「five」の子音[f]、[v]などがある。

歯音

上の歯と、**舌尖**(舌の一番先)や**舌端**(舌の先の表面)で作られる音。例として、英語「think」の「th」の子音[θ]などがある。

歯茎音

歯茎と、**舌端**(舌の先の表面)で作られる音。例として、日本語の/ダ/の子音[d]、/サ/の子音[s]、/ラ/行の音の子音として多く発音される[ɾ]などがある。

歯茎硬口蓋音

硬口蓋(上あごの歯茎より後ろの平らな部分)の歯茎寄りの部分(**歯茎硬口蓋**)と、**舌端**(舌の先の表面)で作られる音のこと。例として、日本語の/シ/の子音[ɕ]、/チ/の子音[tɕ]などがある。

硬口蓋音

硬口蓋(上あごの歯茎より後ろの平らな部分)と、**前舌**(舌の前寄りの部分から中央の部分)で作られる音のこと。例として、日本語の/ヒ/の子音[ç]、/ヤ/の子音[j]などがある。

軟口蓋音

軟口蓋(上あごの後方で柔らかい部分)と、**後舌**(舌の後方の部分)で作られる音のこと。例として、日本語の/カ/の子音[k]、/ガ/の子音[g]などがある。

口蓋垂音

口蓋垂(上あごの一番後方)と、**後舌**(舌の後方の部分)で作られる音のこと。例として、「本。」と言い切る(後続の音がない)ときの/ン/の音[ɴ]などがある。

声門音

声帯を調音器官とし、作られる音のこと。日本語の/ハ/の子音[h]や「アッ」と驚いて音を止めるようなときに発音される[ʔ](**声門閉鎖**)などがある。

硬口蓋化(口蓋化)

サ行、タ行の音の中で「シ、シャ、シュ、ショ」「チ、チャ、チュ、チョ」は子音の**調音点**が、他の音と異なっている。これは子音に続く母音/i/や拗音の影響で、調音点が硬口蓋寄りに移動するためである。また、調音点が移動しない音であっても、イ段や拗音の場合は、硬口蓋寄りの部分(前舌面)が持ち上がった状態で発音される。このように、子音を発音する際に、調音点が硬口蓋寄りの状態で発音されることを**硬口蓋化**(**口蓋化**)と呼ぶ。

調音点➡P.252

硬口蓋化が起きるイ段や拗音の発音記号には、厳密には全て小さい[ʲ]が付くよ(章末資料参照)。でも、簡略的に[ʲ]なしで表記されることも多いよ。例)キ[kʲi]→[ki]

調音法

子音を発音する際に、どのように気流を妨害しているかという特徴。上部調音器官と下部調音器官で**閉鎖**を作る、**狭め**を作る、鼻腔(びこう)へ呼気を通すなどの方法がある。

破裂音

上部調音器官と下部調音器官で**閉鎖**を作り、せき止めた呼気を開放し作られる音。日本語の/パ/の子音[p]、/ダ/の子音[d]、/カ/の子音[k]などがこれに当たる。

鼻音

口腔(こうこう)で**閉鎖**を作り、呼気を**鼻腔**に通して作られる音。日本語の/マ/の子音[m]、/ナ/の子音[n]、/N/(「ん」)などがこれに当たる。

摩擦音

上部調音器官に下部調音器官を接近させて非常に狭い**狭め**を作り、そこへ呼気を通して**摩擦**(狭いところを空気が通ろうとして起こる乱気流)を生じさせ、作られる音。日本語の/サ/の子音[s]、/ヒ/の子音[ç]などがこれに当たる。

破擦音

上部調音器官と下部調音器官で**閉鎖**を作り、その閉鎖を開放する(→破裂音 参照)際、直後に摩擦を生じさせ作られる音(→摩擦音 参照)。日本語の/ツ/の子音[ts]などがこれに当たる。

破裂音➡P.254、摩擦音➡P.254

側面音/側面接近音

上部調音器官と下部調音器官の中央部分で**閉鎖**を作り、その**両側**(**側面**)へ呼気を通して作る音全般を**側面音**と呼ぶ。その中でも側面の狭めが摩擦(狭いところを空気が通ろうとして起こる乱気流)を生じない程度広い場合の音を**側面接近音**と呼ぶ。例えば、英語の「like」の語頭の子音[l]は有声歯茎側面接近音であるが、この場合、舌端(舌の先の表面)の中央で歯茎と閉鎖を作り、その両側(側面)に呼気を通すことによって音を作っている。中央で閉鎖を作りながらも、側面に空気の通り道が開いていることは、[l]を持続して発音することができることからもわかる。

接近音

上部調音器官と下部調音器官で**狭め**を作るが、摩擦(狭いところを空気が通ろうとして起こる乱気流)が生じない程度の狭めにより作られる音を**接近音**と呼ぶ。日本語の/ヤ/の子音[j]や英語の「r」として発音される[ɹ]などがこれに当たる。

はじき音

呼気を通す際、上部調音器官に下部調音器官を一瞬当て、軽く弾くようにして作られる音。日本語の**ラ行**の子音として多く発音される[ɾ]などがこれに当たる。

ふるえ音

呼気を通しながら、上部調音器官に、下部調音器官を2回以上接触させることで作られる音。[r](いわゆる巻き舌の音)などがこれに当たる。

国際音声記号表

子音(肺気流)

	両唇音	唇歯音	歯音	歯茎音	後部歯茎音	そり舌音	硬口蓋音	軟口蓋音	口蓋垂音	咽頭音	声門音
破裂音	p b			t d		ʈ ɖ	c ɟ	k ɡ	q ɢ		ʔ
鼻音	m	ɱ		n		ɳ	ɲ	ŋ	ɴ		
ふるえ音	ʙ			r					ʀ		
たたき音又ははじき音		ⱱ		ɾ		ɽ					
摩擦音	ɸ β	f v	θ ð	s z	ʃ ʒ	ʂ ʐ	ç ʝ	x ɣ	χ ʁ	ħ ʕ	h ɦ
側面摩擦音				ɬ ɮ							
接近音		ʋ		ɹ		ɻ	j	ɰ			
側面接近音				l		ɭ	ʎ	ʟ			

枠内で記号が対になっている場合、右側の記号が有声音を、左側の記号が無声音を表す。網掛け部分は、不可能と判断された調音を表わす。

この表は、国際音声学協会(IPA)が音声記号をまとめた一覧表の一部だよ。歯茎硬口蓋摩擦音[ɕ][ʑ]はその他の記号という扱いになっているよ。全体はIPAのホームページで確認しよう。日本語の音声の発音記号一覧は章末の「要点整理」をチェックしてね。

https://www.internationalphoneticassociation.org/IPAcharts/IPA_chart_trans/pdfs/IPA_Kiel_2020_full_jpn.pdf

阻害音／共鳴音

阻害音とは、呼気を阻害して発音される音のことで、**破裂音**、**破擦音**、**摩擦音**がこれに当たる。これらの音は、調音器官が接触し閉鎖を作ったり、狭めを作ったりして発音され、発音されるときに口腔内の気圧は上がる。それに対して、**共鳴音**は、呼気を阻害する度合いが低く、発音される際に口腔内の気圧も阻害音のように上がることはない。声道を共鳴させる**鼻音**、**接近音**、**ふるえ音**、**はじき音**、**母音**がそれに当たる。日本語においては、五十音を基に分類することもでき、**濁音**にすることができる**清音**の**子音**が阻害音、濁音にすることができない清音の子音が共鳴音となる。また、母音も共鳴音である。

破裂音➡P.254、破擦音➡P.254、摩擦音➡P.254、鼻音➡P.254、接近音➡P.255、ふるえ音➡P.255、はじき音➡P.255、母音➡P.249、濁音➡P.264、清音➡P.264、子音➡P.251

モーラ(拍)

等時性(同じ時間だと感じる性質)によって数えられる音の単位。日本語では、「さかな」という場合、「さ」「か」「な」それぞれが、同じ長さ(時間)を持っていると感じられる。このような性質によって、「さかな」は3**モーラ**(**拍**)と数えられる。俳句や短歌などで、指折り数えるような音の長さの数え方と同じものを指す。日本語話者にとって**特殊拍**(**撥音**(はつおん)「ン」、**促音**「ッ」、**長音**(**引く音**)「ー」)は、1モーラの長さを持っていると感じられ、特殊拍を含む「たんぽぽ(タ・ン・ポ・ポ)」「友情(ユ・ー・ジョ・ー)」は4モーラ(拍)と数えられる。しかし、実際は必ずしもほかの拍と同じ長さで発音されているとは限らないので、話者の感覚による長さの単位だといえる。

特殊拍➡P.257、撥音➡P.258、促音➡P.258、長音(引く音)➡P.259

音節

まとまって発音され、まとまって聞こえる音の単位。**母音**を中心としたひと固まりのこと。例えば、日本語では、「たかさ」はそれぞれ母音を中心とした部分で考えると、/ta・ka・sa/と3音節である。また、英語では、「strike」[straik]は多くの子音を含むが二重母音一つを中心とする固まりであるので、1音節である。日本語の場合、多くは仮名の数と音節数が一致するが、**特殊拍**(**撥音**「ン」、**促音**「ッ」、**長音**「ー」)を含む際には一致しない。例えば、「たんぽぽ(タン・ポ・ポ)」は3音節、「友情(ユー・ジョー)」は2音節である。

母音➡P.249、特殊拍➡P.257、撥音➡P.258、促音➡P.258、長音➡P.259

開音節／閉音節

母音で終わる音節を**開音節**、**子音**で終わる音節を**閉音節**という。日本語は「花」(/ha・na/)のようにほとんどが**開音節**であるが、「本」(/hoN/)などのように**撥音**・**促音**を含む場合、**閉音節**も存在する。

撥音➡P.258、促音➡P.258

特殊拍(特殊音素)

撥音「ン」/N/、**促音**「ッ」/Q/、**長音**(**引く音**)「ー」/R/のこと。それぞれ、単独ではどのような音になるか決まらず、前もしくは後ろの環境によって、出現する音が決まる。例えば、「サンマ」「サンタ」の「ン」は日本語話者にとってどちらも同じ「ン」であるが、実際は後続する「マ」「タ」の子音によって[m]、[n]という異なる音がそれぞれ「ン」として発音されている。また、**特殊拍**は、1モーラ(拍)(→モーラ 参照)だと数えられるが、単独では**音節**を形成することができないという特徴もある。

モーラ➡P.256、音節➡P.257

撥音(はつおん)

特殊拍の一つで、仮名では「ン」で、音素記号では/N/で書き表される。後続する子音と**調音点**を同じくする**鼻音**、もしくは後続する音が口腔(こうこう)内で閉鎖を持たない場合は**鼻母音**で発音される。それぞれの音とその条件は以下の通り。

[m]：後続する音が[p, b, m]などの両唇音である場合　散歩[sampo]

[n]：後続する音が[t, d, n]などの歯茎音である場合　反対[hantai]

[ɲ]：後続する音が[tɕ, dʑ]などの歯茎硬口蓋(こうこうがい)音である場合　先着[seɲtɕakɯ]
後続する音が「ニャ」の子音である硬口蓋音[ɲ]である場合　こんにゃく[koɲɲakɯ]

[ŋ]：後続する音が[k, g, ŋ]などの軟口蓋音である場合　参加[saŋka]

[ɴ]：語末・句末で言い切るような後続する音がない場合　本[hoɴ]
(実際には直前の母音が前寄りの母音(前舌母音)の場合は[ŋ]で発音されることが多い。　ビン[biŋ])

鼻母音：後続する音が[s, ç]などの無声摩擦音(有声摩擦音は**撥音**(はつおん)の後では破擦音となる)や[j]などの接近音、母音のように口腔内での閉鎖がない音の場合([˜]は鼻音化を表す)　関西[kaãsai]

調音点➡P.252、**鼻音**➡P.254、**鼻母音**➡P.250

促音

特殊拍の一つで、仮名では「ッ」で、音素記号では/Q/で書き表される。後続する**子音**が1拍分持続される。つまり、「切符(きっぷ)」では[p]、「切手(きって)」では[t]、「喫茶店(きっさてん)」では[s]が発音される。基本的には後続する音は**無声子音**であるが、外来語などの場合に有声子音が来ることもあり、その際は発音に揺れが生じる(例：「ベッド」の発音が「ベット」のようになったり「ベッド」のようになったりする)。

子音➡P.251

長音(引く音)

特殊拍の一つで、引き音とも呼ばれる。**長音**と**引く音**を分けて定義する場合、長音とは「スキー」の「キー」の部分の長く発音される**母音**を指し、長音は「前の拍の母音+引く音(引き音)」であるといえる。それに対し、引く音は片仮名では「ー」、音素記号では/R/や/H/で書き表される部分のことで、前の母音を1拍分持続することにより発音される。

平仮名で書く場合には、長く発音される母音が何であるかによって表記の仕方が異なる。基本的には、**五十音図**のア段の仮名に「あ」(例:「かあ」、「ばあ」)、イ段の仮名に「い」(例:「しい」「ちい」)というように、ア・イ・ウ・エ段の仮名に母音の「あ・い・う・え」を添えて書く(「おかあさん」「おにいさん」「すうじ」「おねえさん」)。オ段は、オ段の仮名に「う」を添えて書く(例:「おとうさん」「がっこう」)。そのほかに、オ段では、オ段の仮名に「お」を添えて書く表記(例:「とおい」「おおきい」)、があり、エ段では、エ段の仮名に「い」を添えて書く表記(例:「えいご」「とけい」)がある。

母音➡P.249、五十音図➡P.263

音韻論

実際に発音される音声が、ある言語の中でその言語の話者にどのようにとらえられているかという**抽象的**な音のことを**音韻**という。例えば、「ガ」という音の子音が、[g]と発音されるか、[ŋ]と発音されるかというのは音声の違いである。しかし、日本語話者にとってどちらも/g/ととらえられている。このように、ある言語の話者がその枠組みでとらえる音は、実際の発音を抽象化したものであり、それを音韻といい、音韻を研究する分野を**音韻論**という。音韻論で扱う音の最小単位を**音素**という。

音素➡P.260

音素

その言語で語と語の意味を弁別する(区別する)ことができる機能を持つ音の最小単位。実際の発音である音声は[　]に入れ、**音素**は/ /に入れて書き表す。
例えば、日本語で「酒」/sake/と「竹」/take/は異なる意味を持ち、[s]と[t]の違いにより意味を区別することができるので、/s/と/t/はそれぞれ日本語の音素であるといえる。しかし、「酒」を[sake][θake]とどちらで発音しても意味が変わらない。この場合、[s]も[θ]も日本語の音素/s/の**異音**であるといえる。また、別の言語の枠組み、例えば英語で考えてみると、「sink」と「think」という語では[s]と[θ]の違いで語の意味が分けられる。つまり、英語においては/s/、/θ/がそれぞれ音素として認定される。 異音➡P.260

異音

日本語では、「酒(さけ)」を[sake][θake]とどちらで発音しても意味が変わらない。また、/z/は語頭では[dz](例:「税金」)と**破擦音**で発音されるが、語中では[z](例:「課税」)と**摩擦音**で発音される。このように、その言語の話者にとって同じ**音素**であるが、実際には異なった音声で発音される音声のバリエーションを**異音**と呼ぶ。音素/s/の[s][θ]のような異音は、個人差やその場の状況によって現れる異音であるとされ、**自由異音**と呼ばれる。それに対して、/z/が語頭で[dz]、語中では[z]となるようなものは、その異音が出現する条件が決まっているため、**条件異音**と呼ばれる。 破擦音➡P.254、摩擦音➡P.254、音素➡P.260

ミニマルペア(最小対立)

「酒」/sake/と「竹」/take/のように、1カ所の**音素**の違いによって意味の区別がある語のペアのこと。その言語で、どのような音素が用いられているか、つまり音素の区別があるかどうかは**ミニマルペア**を作ることによってわかる。例えば英語では、「sink」と「think」は[s]、[θ]のみの違いにより語の区別ができるので、[s]、[θ]をそれぞれ音素とすることができる。日本語では[sake]、[θake]とどちらで発音しても意味は変わらず、意味の対立があるミニマルペアではない。この場合、日本語では、これらの音声は一つの音素の**異音**として、考えられる。「ビル:ビール」などもミニマルペアに当たる。 音素➡P.260、異音➡P.260

相補分布

二つもしくは三つ以上の異なる要素について、現れる条件に重なりがない(一方が出現するときはもう一方は出現しない)関係にあるとき、それらの要素は**相補分布**していると言える。例えば音韻論では、**撥音**/N/(ン)はさまざまな**異音**を持ち、「さんま」のンは[m]、「サンタ」のンは[n]で発音される。このように、音声が環境によって決まり、[m]と[n]のどちらでもいいという場合はない。音素/N/の音声はほかにもバリエーションがあるが、それらについても、どの音が現れるかは環境によって決められる。このように、/N/の異音は、その分布を重なりなく満たしている。

また、**形態素**の場合について考えると、助数詞「本」は、どの数字につらなるかによって、/poN/, /boN/, /hoN/のどれが出現するかが決まる。このような場合、相補分布をなしているという。

撥音➡P.258、異音➡P.260、形態素➡P.278

音位転換

語の中で、音が入れ替わる現象のこと。例えば、現在用いられている「新しい」は「あらたし」からの**音位転換**によるもの。また、「山茶花(さざんか)」も「さんざか」からの音位転換の例である。

唇音退化

唇が調音に関与する音の**調音点**が後方へと変化し、唇音ではなくなること。日本語では、ハ行の子音の歴史的変化がこれに当たる。ハ行の子音は、平安時代から室町時代ごろまで「ファ[ɸa]、フィ[ɸi]」のように上下の唇を近づけて発音される**両唇音**であり、それ以前はパ行(無声両唇破裂音)だったであろうと推測されている。しかし、破裂音というよりはっきりと唇を使った音であったのが摩擦音へと変化し、江戸時代には現在のように、ウ段以外は唇を使わず後方で調音する音(ハ・ヘ・ホは**声門音**[h], ヒは**硬口蓋音**)へと変化していった。

調音点➡P.252、両唇音➡P.252、声門音➡P.253、硬口蓋音➡P.253

ハ行転呼

元々は「パ、ピ」のような**両唇破裂音**(→両唇音 参照)であったハ行の子音が、**唇音退化**により摩擦音へと変化し、語中で有声化することで、ワ行に変化した。その結果、**歴史的仮名遣い**ではハ行で書かれていても、ワ行で発音するという現象となった。

両唇音➡P.252、唇音退化➡P.261、歴史的仮名遣い➡P.316

ハ行転呼音の例として、古文で目にする「あはれ(哀れ)」「こひ(恋)」「かふ(買う)」などがあるよ。

鼻音化

鼻腔(びこう)へ呼気を通す**調音法**を用いた音(**鼻音**)になること。撥音(はつおん)「ン」の**異音**の一つである**鼻母音**は母音が鼻音化したもの。[u]の**鼻音化**した母音(鼻母音)は[ũ]のように表す。

調音法➡P.254、鼻音➡P.254、異音➡P.260、鼻母音➡P.250

鼻濁音

鼻音化された**濁音**のことで、主にガ行の子音が、語中や助詞の「が」などに現れる場合、**鼻音**として発音されることをいう。例えば、「影」は[kaŋe]、「花が」は[hananŋa]のように発音される。語中であっても、外来語や数字は**鼻濁音**になりにくいとされている。

濁音➡P.264、鼻音➡P.254

東京方言を中心とする共通語では、かなり使用が減っていることが報告されているけど、放送や芸術分野(音楽、演劇など)では、鼻濁音が規範であるという意識が根強いんだ。そのため、ニュースの放送や駅のアナウンスなど、学習者が日常的に聞く音声にも多く現れていることを知っておこう。

音変化

話しことばの中で、本来の音声と異なる音声で発音されること。例えば、「すごい」が「すげー」となったり（**母音**の変化）、「本当」が「ほんと」（**長音**の短音化）となったりするようなもののこと。ほかにも、**拗音**化（「〜ければ」→「〜けりゃ」）、**撥音**化（「わからない」→「わかんない」）などがある。

母音➡P.249、長音➡P.259、拗音➡P.264、撥音➡P.258

縮約形

話しことばの中で、本来の形式より短く発音される形式のこと。例えば「〜てしまった」が「〜ちゃった」となったり、「〜ておく」が「〜とく」となったりするようなもののこと。

連声

二つの語が連なることで現れる音変化のこと。例えば、「応」という漢字の音読みは「オウ」のみで、「呼応」のように前に漢字が付いて熟語となっても、「オウ」の音は変わらない。しかし、「反応」のような場合には、「ハン・オウ」とはならず、前の音節末/N/の影響で[n]+「オ」→「ノ」の音となり、「ハンノウ」となる。同様の例に「観音」「因縁」などがある。また、[n]のほかに、「三位（さんみ）」の[m]や「雪隠（せっちん）」の[t]（実際の発音は[tɕ]）が現れる例がある。

フィラー

発話の中に現れる「あのう」「えっと」「うーん」などの、会話の隙間を埋めるような言いよどみの部分のこと。

五十音図（五十音表）

日本語の音韻表。縦５段、横10行からなる。／ア、イ、ウ、エ、オ／の母音を１行目とし、それぞれの行に同じ子音を持つ**音節**を、それぞれの段に同じ母音を持つ音節を配置してある。音の重なりのある部分は空欄になっているものもある。

音節➡P.257

清音

五十音図にある音で**濁点**「゛」や半濁点「゜」の付いていない音のこと。**清音**に濁点が付けられるものは**無声子音**を持ち(カ、サ、タ、ハ行)、**濁点**が付けられない清音は**有声子音**を持っている(ナ、マ、ヤ、ラ、ワ行)。狭義では、このうち濁音とのペアを持つカ、サ、タ、ハ行のみを指す。

濁音

濁点「゛」を付けることによって、**有声音**であることを表した音。「た」に対して「だ」など。ガ・ザ・ダ・バ行の音がこれに当たる。

有声音➡P.251

直音

拗音(ようおん)、**撥音**(はつおん)、**促音**、**長音**以外の音。「あ」「か」「だ」「ぱ」などのことで、仮名1文字で表される。

撥音➡P.258、促音➡P.258、長音➡P.259

拗音(ようおん)

「きゃ、きゅ、きょ」などのように、一般にはイ段の文字に小書きの「ゃ・ゅ・ょ」を伴って表記される音のこと。「きゃ」のように2文字で表記される音を**1モーラ(1拍)**(→モーラ 参照)と数える。

モーラ➡P.256

主語

文の成分の一つ。「～は」「～が」などを伴い、**述語**によって述べられるものが何かを表す部分。**動詞述語文**（「彼がご飯を食べる」「ドアが開く」「猫がいる」）のとき、その**動詞**の動作主（彼、ドア、猫）が**主語**に当たる。また、**形容詞述語文**（→**形容詞** 参照）（「ご飯がおいしい」）や**名詞述語文**（→**名詞** 参照）（「彼が鈴木さんだ」）のとき、述語が説明を述べる対象（ご飯、彼）が**主語**に当たる。日本語では「象は鼻が長い」のように、主語に当たると考えられるものが二つある文の存在や主語がない文が成立することなどから主語を認めない立場もある。しかし、述語が**尊敬語**の場合に主語との一致があること（「先生がお書きになる」「社長のお嬢さんはお美しい」のように、下線部が主語により尊敬語化されている）、「うれしい」などの感情を表す形容詞や「～しよう」などの文型での**人称の制限**があること（「私はうれしい」は言えるが、「あなたはうれしい」は言えず、二人称の場合には「あなたはうれしいですか」のように質問であれば言える。「彼はうれしい」「彼はうれしいですか」はどちらも言えない）などから、日本語なりの主語を考える立場もある。このような理由から、主語という言い方を用いず、「～が」で表される部分を「**ガ格**」と呼び、「～は」で表される部分を**主題**と呼ぶことが多い。また、このような部分を**主格**と呼ぶこともある。

述語➡P.266、動詞➡P.283、形容詞➡P.274、名詞➡P.276、尊敬語➡P.303、ガ格➡P.272、主題➡P.266

主題

何かについて、文として述べたい場合のその述べる対象を表す部分。主に「～は」で表される(例：彼はご飯を食べている)。話し手や聞き手にとって既に知っているものについて話題とし、述べようとするので、**主題**に立つものは**既知**の情報(**旧情報**)であり、新しい情報やそこが知りたいことの焦点になる疑問詞などと共に使うことはできない。例えば、「初めまして、私はキムと申します」という発話について考えてみると、初めて会う存在であったとしても、その人物が述べようとしているその人自身の存在は、同じ場にいる聞き手にとっても既に知っている知識であると考えられる。よって、主題として「私は」という言い方ができる。また、**旧情報**と**新情報**の対比ができる例としては、「あるところにおじいさんがいました。おじいさんは……」などの例が考えられ、情報を新しく出す場合は「～が」だが、その後は「～は」で受けられる。また、ある主題について述べている場合、それが文脈として共通の理解になると、省略されることが多い。例えば「おじいさんは、80歳です。(おじいさんは)おばあさんと一緒に住んでいます」のように通常、(　　)の中は共通理解とされ省略される。

述語

文の中心を成す部分。**動詞**、**形容詞**、**名詞**がそれぞれ**述語**になる場合があり、その文を**動詞述語文**、**形容詞述語文**、**名詞述語文**という。**動詞述語文**は、例えば、「彼がご飯を食べる」のように「食べる」という動詞を述語にすると、その動作主(彼)と食べる対象(ご飯)を文の成分として必要とする。また、「あげる」のような動詞が述語になる場合、「彼が彼女に本をあげる」のように、動作主(彼)、動作の対象者(彼女)、動作の対象物(本)の三つの成分を必要とする。**形容詞述語文**の場合、「ご飯がおいしい」のように形容詞が説明する対象となる成分(ご飯)を必要とする。**名詞述語文**では「彼が鈴木さんだ」というように、「名詞＋だ」の説明する対象(彼)が文の必要な成分となる。このように、述語が決まることによって、文がどのような構造を取るかが決まる。

動詞➡P.283、**形容詞**➡P.274、**名詞**➡P.276

単文／複文

一つの**述語**を中心として作られた文を**単文**という。それに対して、**述語**を中心とする部分が二つ以上ある文を**複文**という。例えば、「雨が降ったら、試合を中止する」「この日本語について書かれた本はおもしろい」(下線部は述語を表す)などが複文に当たる。複文の中にある一つの述語を中心とするまとまりを**節**と呼ぶ。

述語➡P.266

主節

複文の構造を持っている文の中で、中心となっている部分。**従属節**ではない部分。例えば、「雨が降ったら、試合を中止する」という文は、「雨が降る」「試合を中止する」という二つの部分からできている**複文**であるが、この場合、「試合を中止する」が述べたい中心の部分であるので**主節**で、「雨が降ったら」は主節の条件を示している**従属節**である。

複文➡P.267、従属節➡P.267

従属節

複文の構造を持っている文の中で、**主節**ではない部分。例えば、「雨が降ったら、試合を中止する」という文では「雨が降ったら」が条件を表す**従属節**(条件の**副詞節**〈連用節〉)である。従属節の分類の仕方にはいくつかの種類があるが、ほかの従属節の例として、**引用節**(「リサさんは納豆が好きだと言った」など)、**名詞節**(「彼は日本で働くことを決めた」など)、**連体節**(「昨日買った本を読んだ」など)などが挙げられる。

複文➡P.267、主節➡P.267

従属度

複文の**従属節**はどのような従属節であるか(「～ながら」や「～ので」などの形式)によって、**主節**に依存している度合いが異なり、依存度(**従属度**)が高いほど従属節に入れられる形式に制限がある。
例えば、従属節に入れられる文末について「～ながら」「～ので」「～が」を例に考えてみる。同時に行う動作(付帯的状況)を表す「～ながら」は「コーヒーを飲みながら」とは言えるが、「飲んだながら(テンス：過去)」「飲むだろうながら(モダリティ：推測)」などの形は非文(誤りの文)となる。これらの過去や推測を表すことができるのは主節だけで(「コーヒーを飲みながら、本を読んだ」「コーヒーを飲みながら本を読むだろう」)、従属節は主節に依存しており、従属度が高い。それに対して、理由を表す「～ので」などは、「コーヒーを飲んだので、眠くない」のように「飲んだ」は入れられるので、「～ながら」より従属度が低いといえる。しかし、「コーヒーを飲むだろうので」は非文である。次に、逆接の「～が」について考えてみると、「コーヒーを飲んだが、眠い」「彼はコーヒーを飲むだろうが、私は紅茶が飲みたい」のように、どちらの形式も従属節に入れることができる。よって、さらに主節への従属度が低いといえる。

	飲んだ	飲むだろう
ナガラ	飲んだながら ×	飲むだろうながら ×
ノデ	飲んだので ○	飲むだろうので ×
ガ	飲んだが ○	飲むだろうが ○

従属節と主節に入れられる**助詞**について考えると、「～ながら」の従属節には「コーヒーを飲みながら」のように従属節の述語(「飲む」)だけが関係する助詞「を(コーヒーを)」を入れることができるが、動作主は必ず主節の述語(「読む」)の動作主と同じになる。つまり、「彼は(が)コーヒーを飲みながら、本を読んでいる」という文では、「～を」はそれぞれの節に存在するが、動作主(「彼は〈が〉」)は主節に依存しており、従属度が高い。それに対して、「～ので」は「頭が痛いので、(私は)休みます」「子どもが熱を出したので、(私は)帰りたい」のように主節の動作主(この場合、発話者である「私」)以外の「が」を入れることができるので、「～ながら」よりも従属度が低い。しかし、主節の動作主以外に「～は」は入れることができない。「～は」は「彼は映画を見に行くだろうが、私は行かない」のよう

に、主節の動作主である「私」以外にも「は」を入れられるので、さらに従属度が低い。

このように、**従属節**に入れられる形式には制限があり、その制限が厳しいほど主節に依存しており、**従属度**が高いといえる。つまり、この例の中では、「〜ながら」は従属度が高く、「〜が」は従属度が低い。「〜ので」はその中間的なものである。従属度が低いほうが、現れることのできる表現が多く、**主節(文)**に近い性質を持っているといえる。この従属度に関する研究では、南不二男の分類がよく知られている。

複文➡P.267、従属節➡P.267、主節➡P.267、助詞➡P.270

補足節

ガ、ヲ、ニなどの**格助詞**を伴って、述語との関係を表し、文を構成する部分を補足語と呼ぶ。例えば、「彼がご飯を食べる」という文では「彼(が)」「ご飯(を)」が補足語である。この補足語と同じ働きをする節を**補足節**という(節とは、述語を含むまとまった部分)。補足節を持つということは、補足語の部分に文が埋め込まれていることを示す(例:彼が私の作ったのを食べる)。補足節には、「こと」や「の」などの形式名詞が用いられ、「彼がご飯を作ったのを見た」「彼が野菜が嫌いなことに気づかなかった」のように、知覚動詞と共に用いられる用法が初級文法で扱われることが多い。

格助詞➡P.272

品詞

文を構成する部分をその性質により分類したもの。実質的な意味があるか、**活用**があるか、**述語**になることができるか、**主語**になることができるかというような観点で分類する。「花」「人」などの**名詞**、「行く」「来る」などの**動詞**、「大きい」「新しい」のような**形容詞**(日本語教育でいう**イ形容詞**)、「元気だ」「きれいだ」のような**形容動詞**(日本語教育でいう**ナ形容詞**)、「とても」「ゆっくり」などの**副詞**、「大きな」「あらゆる」などの**連体詞**、「そして」「しかし」などの**接続詞**、「ああ」「はい」などの**感動詞**、「が」「は」などの**助詞**、「だ」「です」などの**助動詞**がある。

活用➡P.283、述語➡P.266、主語➡P.265、名詞➡P.276、動詞➡P.283、形容詞➡P.274、イ形容詞➡P.274、ナ形容詞➡P.274、副詞➡P.275、接続詞➡P.300、助詞➡P.270

学校文法

日本の小中学校などでの国語教育で用いられる文法のこと。橋本進吉の文法論を基本にしている。国語教育では、現代語の文法も学習するが、古典文法を学習するための基礎となっていることもあり、現在、日本語教育で用いられている文法用語とは異なる点が多い。

学校文法との対応表

学校文法の用語	日本語教育などで使われる用語
五段活用	活用の名前ではなく動詞の種類で呼ばれる。 五段動詞、Ⅰグループの動詞、u-verb
上一段活用、下一段活用	活用の名前ではなく動詞の種類で呼ばれる。 また、上一段と下一段を分けない。 一段動詞、Ⅱグループの動詞、ru-verb
カ行変格活用 サ行変格活用	カ行とサ行を分けず、一つの種類とする。 不規則動詞、Ⅲグループの動詞（Ⅲ類の動詞）、変格動詞
終止形・連体形	辞書形
未然形	ナイ形
連用形	マス形、テ形、タ形
仮定形	条件形
形容詞	イ形容詞
形容動詞	ナ形容詞
係助詞・副助詞	とりたて助詞
助動詞	活用の一部や文型としてとらえる。

助詞

品詞の一つ。実質的な意味ではなく、文法的な機能を表し、**活用**のないもの。**格助詞**（「が（彼が）」「で（公園で）」）、**接続助詞**（「ので（雨なので）」「けど（書いたけど）」）、**とりたて助詞**（「も（彼も）」「こそ（今度こそ）」）、**終助詞**（「ね（雨ですね）」「よ（書いたよ）」）、**並立助詞**（「と（彼と彼女）」「や（花や野菜）」）などがある。

格助詞➡P.272、接続助詞➡P.300、とりたて助詞➡P.274、終助詞➡P.273

格

述語を中心とした文の中で、それぞれの語句(主に名詞相当語句)が述語に対してどのような役割を持っているかを示すものを**格**という。日本語では、**格助詞**を伴って格が示され、述語とそれぞれの格との関係を**格関係**という。例えば、「食べる」という**動詞**が述語の文では、「食べる」という行為の動作主(彼)が**ガ格**、対象(ご飯)が**ヲ格**で表されるため、「彼がご飯を食べる」のような文になる。この場合、「食べる」という行為が成り立つには動作主と対象が欠かせないため、ガ格(彼が)、ヲ格(ご飯を)は「食べる」という動詞に必要な格(**必須格**)となる。それに対して、「食堂で」のような格助詞「で」で場所を表す部分は、「食べる」という行為を成り立たせるために必須とは言えないので、必須格とならない。どのような格を必要とするかは**述語**によって決まる。

述語➡P.266、格助詞➡P.272、動詞➡P.283、ガ格➡P.272、ヲ格➡P.272

項

ある**述語**を使って文を作るときに必要な要素を**項**という。例えば「彼がご飯を食べる」という文があるが、この中の「食べる」という述語は、動作主(彼が)と対象(ご飯を)の2項を必要とする**2項動詞**である。「あげる」のように『「彼が」「友達に」「プレゼントを」あげる』と3項の情報を取る**3項動詞**もある。

ちなみに、「彼がご飯を食べる」という文の述語「食べる」に対して、どの助詞を取るかという点に着目する場合、「ガ格」「ヲ格」のように「格」の語を用い、その述語に必要な要素はいくつかという点に着目する場合、「2項」「2項動詞」のように「項」の語を用いて説明する傾向がある。

格助詞

助詞のうち、**名詞**や**名詞**に準ずるものに付き、文の中で述語や、ほかの格との関係を表すもの。「ガ」「ヲ」「ニ」「へ」「ト」「ヨリ」「カラ」「デ」「マデ」などがある。

ガ格

格助詞「が」を伴って表される文の成分。「食べる」「持つ」などの動詞が**述語**の場合の動作主(「彼がご飯を食べる」)や、「いる」「きれいだ」などの**述語**が述べる対象(「猫がいる」「部屋がきれいだ」など)を表す。また、**受け身**の場合には**動作の対象**(「学生が先生に呼ばれる」)を表す。

述語➡P.266、受け身➡P.294

ヲ格

格助詞「を」を伴って表される文の成分。**動作の対象**(「塩を取る」)を表すことが多いが、「空を飛ぶ」「角を曲がる」などでは、**移動の場所**や、**通過点**、「部屋を出る」などでは**起点**などを表す。

ニ格

格助詞「に」を伴って表される文の成分。**存在の場所**(「神戸に住む」)や**移動の着点**(**終点**)や**方向**(「駅に行く」「大阪に向かう」)、**授受**などの方向性のある**動作の対象**(「彼にプレゼントをあげる」)や**動作の起点**(「彼にプレゼントをもらう」)、**目的**(「映画を見に行く」)などを表す。

へ格

格助詞「へ」を伴って表される文の成分。**移動の着点**(**終点**)や**方向**(「駅へ行く」「大阪へ向かう」)などを表す。

ト格

格助詞「と」を伴って表される文の成分。2者で何かをする場合の**動作の相手**(「友だちとけんかする」「彼女と結婚する」など。「~と一緒に」と言い換えられないもの)、**一緒に動作をする人**(「友だちと遊ぶ」など。「~と一緒に」と言い換えられるもの)、**引用**(「おはようと言う」「おもしろいと思う」)などを表す。引用については、引用の助詞として格助詞にしないという扱いもある。

ヨリ格

格助詞「より」を伴って表される文の成分。起点(「この列車は東京より出発する」)や比較の基準(「冬より夏のほうが好きだ」)などを表す。

カラ格

格助詞「から」を伴って表される文の成分。**出発点・起点**(「東京から大阪まで行く」)や**受け取る動作の相手**(「彼からもらった」)、動作の**開始時点**(「1時から会議です」)、**判断の根拠**(「彼の様子から考えると、……」)、**原料**(「この麺は米からできている」)などを表す。

デ格

格助詞「で」を伴って表される文の成分。**場所**(「教室で勉強する」)や**手段**(「電車で通う」)、**理由**(「事故で来られない」)などを表す。

マデ格

格助詞「まで」を伴って表される文の成分。「駅まで迎えに行く」「東京から大阪まで新幹線を使う」のようにその先も移動があるような場合の**終点**(**途中の通過点**)を表す。

の

「名詞A＋**の**＋名詞B」(例：日本語の本)のように、「名詞A＋の(日本語の)」の形で名詞B(本)を**修飾**する部分を示す。修飾するものが同じものを指す(**同格**)「弟の太郎(弟の名前が太郎)」のような用法もある。また、「私の本です」のように**所有**を表す場合、「私のです」のように「〜の」で「〜のもの」という名詞を作るものもある。さらに、「彼が歌うのを聞いた」のように、動詞を**名詞化**する用法もある。

修飾➡P.282

終助詞

助詞のうち、**文末**に付くもの。疑問や感動などの意味を付加する。「これですか」「雨ですよ」「寒いですね」などがある。

助詞➡P.270

とりたて助詞

文中のいろいろな語に付いて、ほかの事柄より取り立てて述べる際に使う助詞のこと。「**は**」「**も**」「**さえ**」「**こそ**」などがこれに当たる。その助詞で示した部分を**主題**として取り上げたり、その部分を限定したり強調したりというような意味を付加する。「彼は学生だ」「彼女も学生だ」のように名詞に付くほかにも、「授業に行きさえすれば」のように名詞以外にも付く。学校文法では副助詞、係助詞と呼ばれる。主題を示すものだけを提題助詞として分けるという分類もある。

主題➡P.266

形容詞

品詞の一つ。物の性質や状態、感覚、感情などを表す。学校文法では「**イ形容詞**」のみを指すが、日本語教育では「**イ形容詞**(学校文法でいう**形容詞**)」「**ナ形容詞**(学校文法でいう**形容動詞**)」共に形容詞として扱う。

イ形容詞

形容詞のうち、名詞を修飾する形が「語幹＋い」となるもののこと(例：高＋い)。学校文法でいう形容詞。「～い」「～かった」のように活用する。**丁寧体**での活用には「高くありません／高くないです」「高くありませんでした／高くなかったです」のように揺れがある。

丁寧体➡P.287

ナ形容詞

形容詞のうち、名詞を修飾する形が「語幹＋な」となるもののこと(例：元気＋な)。学校文法でいう**形容動詞**。語幹の部分が名詞としても用いられ、「名詞＋だ」と同じような活用をすることから、**名詞的形容詞**とも呼ばれる。**丁寧体**での活用に「元気じゃ(では)ありません／元気じゃ(では)ないです」「元気じゃ(では)ありませんでした／元気じゃ(では)なかったです」のように揺れがある。

丁寧体➡P.287

属性形容詞

形容詞のうち、そのものの特徴や性質を表すようなもの。例として、「高い」「美しい」「鋭い」など。

感覚形容詞 重要

形容詞のうち、人の感覚を表すもの。「痛い」「かゆい」など。人の感覚なので、自分のことに対して「かゆい」、相手に「かゆいですか」のようには使えるが、**三人称**の人物を主語にして「彼はかゆいです」とは言えず、「かゆそうだ／かゆがっている」などの言い方で表現する。つまり**人称制限**があるといえる。

感情形容詞

形容詞のうち、人の感情を表すもの。「悲しい」「楽しい」など。人の感情なので、自分のことに対して「楽しい」、相手に「楽しいですか」のようには使えるが、**三人称**の人物を主語にして「彼は楽しいです」とは言えず、「楽しそうだ」などの言い方で表現する。つまり**人称制限**があるといえる。

副詞

品詞の一つ。活用がなく、主に動詞や形容詞などを修飾し、**様態副詞（情態副詞）**、**程度副詞**などがある。また、文の**モダリティ**にかかわる**陳述副詞**もある。

モダリティ ➡ P.296

様態副詞（情態副詞）

副詞のうち、主に動詞を修飾し、その**様子**を表すもの。「ゆっくり歩く」「はっきり話す」「わざと失敗する」などがこれに当たる。

程度副詞

副詞のうち、主に形容詞や副詞を修飾し、その**程度**を表すもの。「非常に多い」「とても速い」「あまり難しくない」などがこれに当たる。

陳述副詞

副詞のうち、**述語**の**モダリティ**にかかわるもの。「決してあきらめない」「多分雨が降るだろう」「確か明日だったはずだ」などがこれに当たる。

述語 ➡ P.266、モダリティ ➡ P.296

呼応

文の中で、ある語句が現れると、後続する部分に決まった表現が必要となること。特に副詞の**呼応**には多くの例があり、**程度副詞**の「あまり」の後には「あまり～ない」のように**否定**が現れたり、**陳述副詞**「きっと」の後には予測や意志の表現が現れたりする。

程度副詞➡P.275、否定➡P.288、陳述副詞➡P.275

古くは係り結びなども、呼応の例として知られているよ。また、「理由は」で始めた場合、文末は「～から／ためです」のようにしなければならないのに、「その企業が成長した理由は情報収集に優れています」というようになってしまう、いわゆる「文のねじれ」もこの概念に関連しているよ。

オノマトペ

「雨がザーザー降る」のように音を表したり、「ゆらゆら揺れる」のように様子を表したりするもの。**擬音語**・**擬態語**のこと。

名詞

品詞の一つ。**活用**がなく、人や事物、現象などを表すような意味を持つのが典型的なものである。例として「日本語」「夏」「雨」などがこれに当たるが、語彙(ごい)的な意味を持たず指示対象を表す**代名詞**(「ここ」「それ」など)や、本来は事物や現象を表していたが実質的な意味を持たなくなった**形式名詞**(「こと」「ところ」など)もある。

活用➡P.283

自立語／付属語

ある概念を表し、単独で**文節**を構成することができる語を**自立語**という。**名詞**(**代名詞**を含む)、**動詞**、**形容詞**(**イ形容詞**)、**形容動詞**(**ナ形容詞**)、**連体詞**、**副詞**、**接続詞**、**感動詞**がこれに当たる。例えば、「日本の夏はとても暑い」という文のうち「日本」「夏」「とても」「暑い」が自立語である。
それに対し、自立語の後に付き、単独では文節を構成することができない語を**付属語**という。**助詞**、**助動詞**がこれに当たる。「日本の夏はとても暑いです」という文のうち「の」「は」「です」が付属語である。(→**品詞** 参照)

名詞➡P.276、動詞➡P.283、形容詞➡P.274、イ形容詞➡P.274、ナ形容詞➡P.274、副詞➡P.275、接続詞➡P.300、助詞➡P.270、品詞➡P.269

用言／体言

品詞分類において、単独で**述語**となることができ、**活用**があるものを**用言**という。具体的には、**動詞**、**形容詞**(**イ形容詞**)、**形容動詞**(**ナ形容詞**)がこれに当たる。それに対して、**主語**になることができ、活用がないものを**体言**という。具体的には、**名詞**(**代名詞**を含む)がこれに当たる。
「速く走る」のように用言(この場合、動詞「走る」)を修飾することを**連用修飾**といい、「走っている人」のように体言(名詞「人」)を修飾することを**連体修飾**という。

品詞➡P.269、述語➡P.266、活用➡P.283、動詞➡P.283、形容詞➡P.274、イ形容詞➡P.274、ナ形容詞➡P.274、主語➡P.265、名詞➡P.276、連体修飾➡P.282

連用形、連体形という活用形の名称は、修飾が用言にかかるか体言にかかるかということから来ているんだよ。

形態論

言語研究の1分野。意味を持つ最小単位である**形態素**を対象として、語の成り立ちなどを研究する。

形態素➡P.278

形態素

その言語の中で、意味を持つ最小の単位。{　}に入れて表す。例えば、「私はとてもおいしいおすしを食べた」という文を**形態素**に分けると{ワタシ}{ワ}{トテモ}{オイシー}{オ}{スシ}{ヲ}{タベ}{タ}というようになる。形態素が単独または複数連なって**語**が作られている。

拘束形態素

単独で出現することのできない**形態素**のこと。例えば、「おすし」の{オ}、「食べた」の{タベ}、{タ}などがこれに当たる。

自由形態素

単独で出現し、語を形成することのできる**形態素**のこと。例えば、「すし{スシ}」「私{ワタシ}」「とても{トテモ}」などがこれに当たる。

内容形態素

具体的な意味を持っている**形態素**のこと。例えば、「おすし」では{すし}、「食べた」では{タベ}がこれに当たる。

機能形態素

文法的な意味を表す**形態素**のこと。例えば、「おすし」の{オ}は丁寧という文法的意味を表している。また、「食べた」の{タ}は過去や完了というような文法的な意味を表している。

実質語

実質的な意味を持っている語のこと。**内容語**ともいう。名詞、動詞、形容詞などがこれに当たる(「花」「美しい」「生け花」「芽吹く」など)。単独の**内容形態素**、または複数の**形態素**(内容形態素を含む)から成り立っている。

内容形態素➡P.278、形態素➡P.278

機能語

文法的な機能を担っている語のこと。**接続詞**(「そして」など)や**助詞**(「が」「を」など)、**助動詞**(「た」「ない」など)などがこれに当たる。助動詞「た」について見てみると、「食べた」を1語とするか、「食べる」という動詞と「た」という助動詞とするかという語の分け方に議論はあるが、一般的には、格(「〜が(ガ格)」「〜を(ヲ格)」など)、テンス(「〜る(非過去)」「〜た(過去)」など)、アスペクト(「〜た+ところ(動作の完了)」)などを表す**機能形態素**を含めて**機能語**とすることが多い。また、日本語教育の教材などでは、文型を示すようなもの(「〜をめぐって」「〜ずにはいられない」など)を機能語として扱うこともある。

接続詞➡P.300、助詞➡P.270、機能形態素➡P.278

異形態

一つの**形態素**が環境によって、異なる形式を持つその形式のこと。例えば、「酒」{sake}は、/sake/という形式のほかに、「酒屋」では/saka/、「甘酒」では/zake/、「居酒屋」では/zaka/というような**異形態**を持つ。「雨」{ame}についての「小雨」の/same/なども同様の例。

形態素➡P.278

連濁

主に**和語**の**形態素**が連なるとき、**清音**であった後部要素の初めの音が**濁音**になること。例えば、「棚(たな)」が「本棚(ほんだな)」のようになること。例は少ないが**漢語**にもあり、「貿易会社(ぼうえきがいしゃ)」などがこれに当たる。また、和語であっても、**連濁**が起こらない条件として、後部要素の中に濁音が存在することが挙げられ、これを、**ライマンの法則**という。「花」+「かご」が「花がご」にならないことがこの例である。ただし、「縄梯子」のようにライマンの法則の例外も存在する。

和語➡P.314、形態素➡P.278、清音➡P.264、濁音➡P.264、漢語➡P.314

合成語

一つの**語基**と一つ以上の語基や**接辞**からできた語。「本棚」「読み書き」「人々」「高さ」など。

語基➡P.280、接辞➡P.280

語幹

活用のある語の、活用しない部分。例えば、「食べる」という動詞では、「食べる－食べない－食べて」のように**活用**するので、この場合「食べ」が**語幹**。また、「高い」という形容詞では、「高い－高くない－高かった」のように**活用**するので、「高」が**語幹**。

語基

語から**活用語尾**や**接辞**などを除いた語の意味の中心となる部分のこと。活用のある動詞や形容詞では、「食べる」の「食べ」のような**語幹**がこれに当たる。また、「春らしさ」のような語では「春」が**語基**。

接辞⇒P.280、語幹⇒P.280

接辞

語基に付いて、語を形成する部分。例えば、「楽しさ」の「さ」は名詞を作る**接辞**である。「ご活躍」の「ご」は敬意を表す**接辞**である。

語基⇒P.280

接頭辞／接尾辞

接辞のうち、語頭に付くものを**接頭辞**といい、語尾に付くものを**接尾辞**という。「ご活躍」の「ご」は接頭辞、「楽しさ」の「さ」は接尾辞である。言語によっては、**接中辞**という語中に付くものもある。

複合語

二つ以上の、具体的な意味を持っている**形態素**(**内容形態素**)からできた**合成語**。「本棚」「読み書き」「割り箸」など。

内容形態素⇒P.278、合成語⇒P.279

語構成

複合語のそれぞれの要素がどのような**文法構造**になっているかということ。例えば、「雨降り」では前部が主語、後部がその動作となっているが、「豆まき」では前部が動作の対象で、後部が動作となっている。また、「読み書き」は前部と後部が**並列**して作られているが、「走り書き」は前部が後部の動作を**修飾**している。このような構造のことを**語構成**と呼ぶ。

複合語➡P.280、**修飾**➡P.282

転成

品詞を変えること。多くは**名詞**として用いられる。**接辞**を付けるような**派生**(→派生語 参照)はこれに含めず、形式が大きく変わらないものを指すことが多い。例えば、形容詞の連用形「遠く」「近く」や動詞の連用形(マス形)「遅れ」「走り」などがこれに当たる。これらのように、**転成**によって名詞になったものを**転成名詞**と呼ぶ。

品詞➡P.269、**名詞**➡P.276、**接辞**➡P.280、**派生語**➡P.281

派生語

ある語に**接辞**などが付くことによってできた**合成語**のこと。「楽しい」からできた「楽しさ」、「春」からできた「春めく」などがこれに当たる。

接辞➡P.280、**合成語**➡P.279

畳語(じょうご)

「人々」「山々」「重ね重ね」などのように同じ語を連ねた**合成語**。複数のものや繰り返しを表すときに用いる。

合成語➡P.279

混淆(こんこう)・混交(コンタミネーション)

二つ以上の語や句の前半部分と後半部分を用いて、新たな語や句を作ること。例として、「やぶる＋さく→やぶく」「とらえる＋つかまえる→とらまえる」などがある。もともとは言い誤りなどが固定化したことによってできたといわれているが、「smoke＋fog→smog」「magazine＋book→mook」のように意図的に作られた語もある。新しい例としては、「ウェビナー(web＋seminar)」などもこれに当たるであろう。

統語論

言語研究の1分野。文を対象として、**語順**などの観点から文の成り立ちや構造などを研究する。

修飾／被修飾

「日本語の本」「私の本」「新しい本」「昨日買った本」のように、語(この場合「本」)に説明を付加することを**修飾**という。それぞれの例では「本」が**被修飾部**で、その前の部分(「日本語の」「私の」「新しい」「昨日買った」)が**修飾部**。**修飾と被修飾の語順**は、言語によって異なる。日本語は「**修飾→被修飾**」の語順。

連体修飾(名詞修飾)

「美しい花」「きれいに咲いた花」のように名詞を**修飾**すること。この場合、名詞「花」を被修飾部、「美しい」「きれいに咲いた」を**修飾部**と呼ぶ。名詞を修飾するもの全般を指すが、形容詞や名詞による修飾(「美しい花」「日本の花」)を除き、動詞文による**名詞修飾**(「きれいに咲いた花」「昨日買った本」)だけを指す場合もある。

修飾➡P.282

外の関係 

文による**連体修飾**のうち、修飾される名詞が修飾する文と**格関係**(→格 参照)を持たないようなものを**外の関係**という。例えば、「彼が合格した知らせ」などのようなもののことで、修飾部分「彼が合格した」は「知らせ」の内容を表している。この場合、「彼が知らせを合格した」などの文が成り立たないことからもわかるように、「彼が合格した」という文と「知らせ」に格関係はなく、文の中に「知らせ」を入れることはできない。 格➡P.271

内の関係 

文による**連体修飾**のうち、修飾される名詞が修飾する文の中に**格関係**(→格 参照)を持ち、その文に入れることができるような関係を持っているものを**内の関係**という。例えば、「私が買った本」では「私が本を買った」というように、「本」は修飾する文の中の**ヲ格**であるという関係を持っている。

格➡P.271、ヲ格➡P.272

動詞 

品詞の一つで、活用がある。**動作**を表すことが多いが、**状態**を表すものもある。例えば、「食べる」「話す」などは動作であるが、「いる」「違う」などは状態を表している。活用による分類としては、**五段動詞**、**一段動詞**、**不規則動詞**(変格動詞)がある。 五段動詞➡P.297、一段動詞➡P.297、不規則動詞➡P.297

活用 

動詞や形容詞などの語形変化のこと。それぞれの活用形について、日本語教育では**学校文法**と異なる用語を用いることが多い。 学校文法➡P.270

ナイ形 

「書か＋ない」「見＋ない」のように、「ない」が続く**活用形**。「ない」の部分を含めないことが多いが、含めた形(「書かない」「見ない」など)を指す場合もある。「書かずに」、「書かなければ」のようにも用いられる。学校文法では未然形と呼ばれる。

マス形

「書き＋ます」「見＋ます」のように「ます」が続く**活用形**。「ます」の部分を含めない形（「書き」「見」など）を指す場合と、含めた形（「書きます」「見ます」など）を指す場合とがある。「手紙を書き、郵送する」や、「お書きになる」のようにも用いられる。学校文法では連用形に含まれる。

辞書形

辞書の見出しに載っている「書く」「見る」のような**活用形**。「書くことができる」のようにも用いられる。学校文法では終止形と呼ばれる。また、学校文法の連体形も同じ形式である。

テ形

「書いて」「見て」のような**活用形**。「書いてください」「メールを書いてから、～」のように用いられる。学校文法では連用形に含まれる。

タ形（活用）

「書いた」「見た」のような**活用形**。「書いたことがある」「書いたほうがいい」などのように用いられる。学校文法では連用形に助動詞「た」が付いたものとされる。

活用表

	ナイ形	マス形	辞書形 （終止形）	テ形	タ形
五段動詞 （Ⅰグループの動詞、子音語幹動詞、u-verb）	かか（ない） よま（ない）	かき（ます） よみ（ます）	かく よむ	かいて よんで	かいた よんだ
一段動詞 （Ⅱグループの動詞、母音語幹動詞、ru-verb）	み（ない） たべ（ない）	み（ます） たべ（ます）	みる たべる	みて たべて	みた たべた
不規則動詞 （変格動詞） （Ⅲグループの動詞）	こ（ない） し（ない）	き（ます） し（ます）	くる する	きて して	きた した

命令形

「書け」「見ろ」のような**活用形**。命令文のほかに「止まれという意味です」のように引用の文などでも用いられる。

条件形

「書けば」「見れば」のような**活用形**。学校文法では仮定形(古典文法では已然形)と呼ばれる。

意向形

「書こう」「見よう」のような**活用形**。「行きましょう」の普通体「行こう」や「本を書こうと思う」などのように用いられる。

可能形

「書ける」「見られる」のような形。「書けない(ナイ形)」「書けた(タ形)」のように活用できることから、それ自体、活用を持つ動詞(**可能動詞**)であるが、活用形の一つとして扱われることもあり、その場合「**可能形**」と呼ばれる。

受け身形

「書かれる」「見られる」のような形。「書かれない(ナイ形)」「書かれた(タ形)」のように活用できることから、それ自体、活用を持つ動詞(**受け身動詞**)であるが、活用形の一つとして扱われることもあり、その場合、「**受け身形**」と呼ばれる。

命令形	条件形	意向形	可能形	受け身形	使役形
かけ よめ	かけば よめば	かこう よもう	かける よめる	かかれる よまれる	かかせる よませる
みろ たべろ	みれば たべれば	みよう たべよう	みられる たべられる	みられる たべられる	みさせる たべさせる
こい しろ	くれば すれば	こよう しよう	こられる できる	こられる される	こさせる させる

使役形

「書かせる」「見させる」のような形。「書かす」「読ます」のような形式もある。「書かせない(ナイ形)」「書かせた(タ形)」のように活用できることから、それ自体、活用を持つ動詞(**使役動詞**)であるが、活用形の一つとして扱われることもあり、その場合、「**使役形**」と呼ばれる。

丁寧形

動詞について言う場合、「読みます」「食べます」のような形のこと。「ます－ました－ません－ませんでした」と活用する。「～でしょう」や「～はずです」「～かもしれません」などもこのカテゴリーに入る。形容詞や名詞の場合、「～です」となる活用の形で、「新しいです」「元気ではありませんでした」などがこれに当たり、「学生でしょう」などもこのカテゴリーに入る。

普通形

動詞について言う場合、**辞書形**(非過去・肯定)、**タ形**(過去・肯定)、**ナイ形＋ない**(非過去・否定)、**ナイ形＋なかった**(過去・否定)など。形容詞や名詞にもあり、「新しい、新しくない」「学生だった、学生じゃなかった」などがこれに当たる。**普通体**の文末のほかに、「雨が降らなかったので、試合を行います」「昨日買った本」などのように用いられる。普通形と普通体の文末に置かれる述語の形は同じであるが、「普通形」という場合、活用形を指し、文体のことを意味しない。

普通体➡P.287

音便

活用の際などに、語に**音変化**が生じること。**ウ音便**、**イ音便**、**促音便**、**撥音便**(はつおん)がこれに当たる。

音変化➡P.263

ウ音便

「よく」が「よう」、「寒く」が「寒う」のように変化する**音便形**。歴史的に古い形や方言での活用に存在する。現代語にも、少数だが、「問う」が「問いて」ではなく「問うて」となるような例がある。

イ音便

イの音になることを指し、「書く」が「書きて」ではなく「書いて」、「聞く」が「聞きて」ではなく「聞いて」などのようになることをいう。ほかにも、「おっしゃります→おっしゃいます」などがある。形容詞の「美しき→美しい」などもイ音便である。

促音便

促音になることを指し、「取る」が「取りて」ではなく「取って」、「散る」が「散りて」ではなく「散って」などのようになることをいう。一般に動詞の活用の場合に音便というが、「やはり→やっぱり」のようなものを含めることもある。

促音➡P.258

撥音便

撥音（はつおん）になることを指し、「読む」が「読みて」ではなく「読んで」、「飛ぶ」が「飛びて」ではなく「飛んで」などのようになることをいう。一般に動詞の活用の場合に音便というが、「盛りに→盛んに」のようなものを含めることもある。

撥音➡P.258

普通体

「だ・である」体とも呼ばれる。**普通形**を文末に用いる**文体**。カジュアルな場面での発話や、書きことばに用いられる。名詞やナ形容詞が文末に来る際の「だ・である」に関しては、カジュアルな話しことばでは、省かれることが多い。

普通形➡P.286

丁寧体

「です・ます」体とも呼ばれる。**丁寧形**を文末に用いる**文体**。主に、フォーマルな場面や相手に対して丁寧に話そうとする場面での発話で用いられる。書きことばでは、手紙文などによく使われ、学術書や一般的な書籍では**普通体**で書かれることが多かった。しかし、最近では、**丁寧体**で書かれているものも多く見られる。

丁寧形➡P.286、普通体➡P.287

文法カテゴリー

どのような文法の特徴を表しているかということ。**文法範疇**(はんちゅう)ともいう。**肯定／否定**、**テンス**(**時制**)、**アスペクト**(**相**)、**ヴォイス**(**態**)、**モダリティ**(**法**)などがこれに当たる。

肯定／否定➡P.288、テンス➡P.288、アスペクト➡P.288、ヴォイス➡P.292、モダリティ➡P.296

肯定／否定

文法カテゴリーの一つ。その文で述べられることが真か偽かを表す。否定(**打ち消し**)には、主に「ない」を用いるが、ほかに「ぬ」「まい」などがある。また、「明日は大学へ行かないんですか」に対する返答として、「行かない」という状況では、「はい、行きません」が答えとなるように、「はい／いいえ」は文の**肯定・否定**と一致するのではないことも、日本語における肯定・否定の特徴の一つと言える。

文法カテゴリー➡P.288

テンス(時制)

文法カテゴリーの一つ。その動作や出来事が、**発話時点**と時間的にどのような関係(**過去・現在・未来**)にあるかという文法的概念を表す。日本語では、形式としては**非過去**(**現在・未来**)の**ル形**と**過去**の**タ形**に大きく分けられる。非過去については、例として「映画を見る」という文を考えると、「これから」を付けると未来を表し、「毎週」とすると習慣的な現在を表すというように同じ形式で未来と現在を表すことができる。

ル形➡P. 289、タ形➡P.290

アスペクト(相)

文法カテゴリーの一つ。**動作**や出来事が、その動作中のどの**時点**にあるかという文法的概念を表す。例えば、「手紙を書いている」は「書く」という動作の継続の途中にあることを示し、「メモが書いてある」はその動作が終わった結果を示している。ほかにも「メモを書くところだ」(動作の開始の時点)、「日本に来たばかりだ」(動作の完了直後)、「本を読みかける」(動作を開始してすぐの時点)、「ビルが完成しつつある」(動作が完了する直前の状態)など、さまざまな表現によりアスペクトを表すことができる。

てある

「～が＋**他動詞**＋**てある**」の形で、**動作の結果**が**継続**していることを表す。ガ格で表されるものの状態について述べているが、その動作をした人がいることも含意している。例えば、「ドアが開けてある」「エアコンがつけてある」のように、ガ格に変化の対象（この場合「ドア」「エアコン」）が来て、そのものの状態について述べている。しかし、同時に「誰かがドアを開けた」「誰かがエアコンをつけた」という意味が含まれているため、動作主（ドアを開けた／エアコンをつけた人物）が存在するという意味を含んでいるといえる。

他動詞➡P.295

ておく

「～を＋**他動詞**＋**ておく**」の形で、**準備**と**放置**の意味を持つ。「ドアを開けておく」「エアコンをつけておく」のような形を取り、「誰かが来るからそのためにドアを開ける」「誰かが来るからそのためにエアコンを先につける」というような準備の意味と、「ドアを開けたままにする」「エアコンをつけたままにする」という放置の意味を表す。どちらの意味になるかはその文が発話される文脈による。

他動詞➡P.295

ル形

動詞の活用としては**辞書形**（「見る」「行く」など）を指す。「～（る）**ことができる**」などの**ル形**（辞書形）を用いた文型がある。

テンスを表す場合、タ形が過去を表すのに対し、ル形は**非過去**を表す。例として、「これから映画を見る」（未来）、「毎週、映画を見る」（現在）、「机の下に猫がいる」（現在）などがこれに当たる。

アスペクトを表す場合もあり、「これからご飯を食べるところだ」という文では、「食べる」という動作の開始時点にあることをル形で表している。

さらに、一人称のとき「（「映画に行く？」と聞かれて）うん、行く」というような文では、意志を表すように、**モダリティ**（話者の心的態度）を表す場合もある。

また、時間の限定がない一般的な事象を述べるときにも使われる。「太陽は東から昇る」のように法則などを表す場合や、歴史的な出来事を述べる際、過去のことであっても「1603年徳川家康が幕府を開く」のようにル形を使う場合などがある。

辞書形➡P.284、テンス➡P.288、アスペクト➡P.288、モダリティ➡P.296

タ形

活用形の一つで「見た」「行った」などの形。「**〜たことがある**」「**〜たほうがいい**」など**タ形**を用いた多くの文型がある。また、**ル形**との対比で、**テンス**としては**過去**を表す。「昨日、映画を見た」「先週、京都へ行った」などがこれに当たる。
アスペクトを表す場合もあり、例えば、「今ご飯を食べたところだ」という文では、「食べる」という動作の完了をタ形で表している。
さらに、「あ、見つけた(発見)」「会議は何時からだったっけ(思い出し)」、「昨日やっていれば、今日は楽だったのに(反事実)」「安いよ。さあ、買った、買った(催促)。」というような**モダリティ**(話者の心的態度)を表す場合もある。「〜だったっけ」「買った、買った。」のような例からわかるように、必ずしも過去を表すものではない。 ル形➡P. 289、テンス➡P.288、アスペクト➡P.288、モダリティ➡P.296

動作動詞(継続動詞)

動詞のうち、「食べる」「走る」のように**動作**を表すもの。「〜ている」の形にした場合、その**動作の継続**(**進行**)を表す。

状態動詞

動詞のうち、**状態**を表し、「〜ている」を付けられないもの。「いる」「ある」がこれに当たるが、方言によっては、「〜ている」の形(例：近畿で用いられる「いてる(いている)」など)を取ることもある。

瞬間動詞（変化動詞）

動詞のうち、「開く」「結婚する」のように**瞬間的な変化や動作**を表すもの。「ドアが開く」「彼が彼女と結婚する」などのようにガ格に来るもの（「ドア」「彼」）の瞬間的な変化や動作を表し、「〜ている」を付けた場合、「ドアが開いている」となりガ格のもの（ドア）が「開く」という**動作の結果**（**動作をした後の状態**）が続いていること、また、「彼が彼女と結婚している」というように動作の結果が続いていることを表す。

形容詞的な動詞

動詞のうち、「そびえる」「ばかげる」のように**ものの性質**を表すもの。「山がそびえている」「彼の話はばかげている」のように、ほとんどの場合「〜ている」と共に用いられるが、「高くそびえる山々」「ばかげた話」のように用いることもある。主格に来るもの（「山」「彼の話」）の性質や状態を表す。**第四種の動詞**とも呼ばれる。

ヴォイス(態)

文法カテゴリーの一つ。格の関係に影響を与える動詞の特徴を**ヴォイス**と呼ぶ。文には**述語**があり、その述語によって、どのような**格**(**ガ格**、**ヲ格**など)(→**格** 参照)を必要とするかが決まる。この格は**能動態**の文(「先生が学生を呼ぶ」)と**受動態**の文(受け身文、「学生が先生に呼ばれる」)ではそれぞれの格が何を表すかが変わる。つまり、動詞のヴォイス(先の例では、能動態か受動態か)によって、動作主、対象などをどのような格で表すかが決まるのである。「呼ぶ」の例文では能動態のとき、動作主(先生)がガ格、動作の対象(学生)がヲ格で表されるが、「呼ばれる」という受動態(受け身)になると、動作主(先生)がニ格、動作の対象(学生)がガ格となる。日本語のヴォイスを表す代表的なものには使役、可能、受け身がある。

述語➡P.266、**格**➡P.271、**受動態**➡P.294

使役

ある動作をほかのもの(人、物)にさせる意味を表す**ヴォイス**。「書く」という**他動詞**の動作を例にすると、「子どもが漢字を書く」という**能動態**の文があり、それに「書くことをさせる人」の存在(例えば「母」)を入れると、「母が子どもに漢字を書かせる」となる。このように、能動態の文にヲ格があり、「書く」などの他動詞を使う場合の使役文では、**使役**の動詞(書かせる)を用い、その動作をさせる人(母)がガ格、動作主(子ども)がニ格に来る。
能動態の文にヲ格がない場合、つまり、動詞が**自動詞**の場合、「母が子どもを笑わせる」のように、基本的には動作主(子ども)がヲ格を取るが、「子どもに外国へ行かせる」のように、動作主(子ども)がニ格を取る場合もある。

ヴォイス➡P.292、**他動詞**➡P.295、**自動詞**➡P.295

	子どもが	漢字を	書く。
	動作主ガ	対象ヲ	動詞(能動態)
		↓	
母が	子どもに	漢字を	書かせる。
動作をさせる人ガ	動作主ニ	対象ヲ	動詞(使役)

可能

ある動作ができるという意味を表す**ヴォイス**。「書く」という動作を例に「子どもが漢字を書く」という**能動態**の文の述語（書く）を**可能**（**可能形**、**可能動詞**）にすると、基本は「子どもに漢字が書ける」という文型になる。この場合、動作主「子ども」がガ格からニ格、対象「漢字」がヲ格からガ格へと変化している。つまり、述語が「可能」になると**格関係**（→格 参照）に変化があるので、**ヴォイス**の一つととらえる。しかし、動作主がニ格を取らない例（「子どもが漢字が書ける」）もある。また、対象のガ格についてはヲ格を取る例（子どもが漢字を書ける）も許容され、その例が増えてきていることから、日本語教育の教材によっては格の変化を提示していないものもある。

ヴォイス➡P.292、格➡P.271

子どもが	漢字を	書く。
動作主ガ	対象ヲ	動詞（能動態）
	↓	
子どもに	漢字が	書ける。
動作主ニ	対象ガ	動詞（可能）

能力可能／状況可能

同じ可能の文型であっても、「彼は100メートル泳げる」のように動作主の能力を表す可能と、「この図書館では本が3冊借りられる」のように、それができる状況であることを述べる可能がある。前者を**能力可能**、後者を**状況可能**と呼ぶ。同じ動詞であっても、「100メートル泳げる」「この海は7月から泳げる」のように、能力可能、状況可能の両方の意味で使われることもある。

受け身(受動態)

ある動作を動作の対象の**視点**から表す**ヴォイス**。「呼ぶ」という動作を例にすると、「先生が学生を呼ぶ」という**能動態**の文を動作の対象である「学生」の**視点**から述べる場合、「学生が先生に呼ばれる」となる。日本語では、一般に、動作の対象をガ格とし、動作主がニ格を取る。**受け身**には「**直接受け身**」「**間接受け身**」「**持ち主の受け身**」「**無情の受け身**」などがあるが、これらの分け方は研究者によって異なる場合がある。

ヴォイス➡P.292

先生が	学生を	呼ぶ。
動作主ガ	対象ヲ	動詞(能動態)
	↓	
学生が	先生に	呼ばれる。
対象ガ	動作主ニ	動詞(受け身〈受動態〉)

直接受け身

最も典型的な受け身。「先生が学生を呼んだ」を受け身にする場合、動作の対象である「学生」を主格、動作主である「先生」をニ格にし、「学生が先生に呼ばれた」となる。

間接受け身(迷惑の受け身)

「(私は)雨に降られた」「(私は)子どもに泣かれた」のように、**能動文**(「雨が降った」「子どもが泣いた」)に現れないもの(この場合、「私」)を**主格**とする受け身文のこと。その行為・動作・出来事が自分に悪い影響を与えていることを表すため、**迷惑の受け身**とも呼ばれる。

持ち主の受け身

日本語では、「太郎が花子の足を踏んだ」という文の**受け身**は「花子の足が太郎に踏まれた」とはならず、「花子が太郎に足を踏まれた」となる。このように、動作の対象が人の体の一部や持ち物などその人に属するものの場合、その人を**主格**として受け身を作る。

無情(非情)の受け身

もの(**無生**の名詞)を**主格**とする受け身文のこと。**持ち主の受け身**や**間接受け身**の例からも、日本語では人を**主格**とし、他者からの影響を受けることを表す受け身が一般的であることがわかる。それに対して、江戸時代、明治時代以降の翻訳などの影響を受け、無生物を主格とし、出来事を中立に述べるための受け身文が用いられるようになってきた。「英語は世界中で話されている」「電話はベルによって発明された」などの文がこれに当たる。誰がしたかという動作主(「英語は～」の文では、「英語を話す多くの人」)に言及しない場合や、「によって」を用いて表す場合などが多い。

持ち主の受け身➡P.294、間接受け身➡P.294

自動詞

「歩く」「(電気が)つく」などのように、動作や状態、変化を表し、動作の対象としての**ヲ格**を取らない動詞のこと。**他動詞**とペアになるものもあるが(「つく(自動詞)／つける(他動詞)」、そうでないものもある(「歩く」にペアとなる他動詞はない)。他動詞とペアになる場合の**自動詞**は、物を主格としてその状態や変化を表す場合が多い。

ヲ格➡P.272、他動詞➡P.295

他動詞

「(ドアを)開ける」「(人を)殴る」などのように**動作の対象**としての**ヲ格**を取る動詞のこと。ヲ格を取る対象(この場合「ドア」や「人」)への動作や働きかけを表す。

ヲ格➡P.272

モダリティ(法)

文法カテゴリーの一つ。文構造の中で**話者の心的態度**や聞き手への**働きかけ**を表す部分。**ムード**とも言う。「明日は雨が降るだろう」の「だろう(推量)」や「来てほしい」の「〜てほしい(相手への願望)」などがこれに当たる。**モダリティ**は、話者の心的態度を表す**対事的モダリティ**(例:「〜はずだ(判断)」「〜たい(願望)」など)と聞き手への働きかけを表す**対人的モダリティ**(例:「〜てください(依頼)」、「〜しろ(命令)」など)とに分類することができる。

文法カテゴリー➡P.288

命題

文の中で述べようとする意味や事柄などの内容そのもののこと。例えば、「きっと彼は来るだろう」という日本語の文は、「述べようとする事柄そのものの部分(**命題**)+その事柄に対する話者の心的態度(**モダリティ**)」という構造を持っている。「彼は来る」という事柄が命題であり、その命題を外側から包むように「きっと」「だろう」などの話者の心的態度を表す部分が存在している。

モダリティ➡P.296

コピュラ(繋辞(けいじ))

主語と**述語**を結び付ける部分のこと。例えば、英語におけるbe動詞は、I am a student.のように、「私=学生」という関係を見せ、主語と述語を結び付けている。日本語においては、「私は学生です。」の「です」や「日本の首都は東京である。」の「である」などがこれに当たる。

主語➡P.265、述語➡P.266

指定文/措定文

「〈名詞1〉は〈名詞2〉だ」という文において、「日本の首都は東京だ。」のように、〈名詞1〉と〈名詞2〉が同一のものを指すものを**指定文**という。それに対して、「東京は都会だ。」のように〈名詞2〉が〈名詞1〉の性質を表しているものを**措定文**という。指定文は「東京は日本の首都だ。」のように〈名詞1〉と〈名詞2〉を入れ替えても文が成り立つ。それに対して、措定文では「都会は東京だ。」と意味として誤った文になってしまうため、入れ替えることができない。

五段動詞

「書かない、書きます、書く、書けば、書こう」のように**五段**にわたって活用することから名づけられた動詞のグループ。日本語教育では、**Iグループの動詞**とも呼ばれる。これは、学習者がもともと日本語の活用を知っているわけではない、五段(ア・イ・ウ・エ・オ段)にわたって活用することを一度に提示するわけではないというような理由による。**語幹**が子音で終わることから**子音語幹動詞**、辞書形がそれぞれの活用の行のウ段で終わることから**u-verb**とも呼ばれる。

語幹➡P.280

一段動詞

「見ない、見ます、見る、……」「食べない、食べます、食べる……」のように同じイ段もしくはエ段のみで活用することから名づけられた動詞のグループ。日本語教育では、**IIグループの動詞**とも呼ばれる。これは、学習者がもともと日本語の活用を知っているわけではない、活用形が一段(イ段もしくはエ段)のみであるということを一度に提示するわけではないというような理由による。**語幹**が母音で終わることから**母音語幹動詞**、辞書形が必ずルで終わることから**ru-verb**とも呼ばれる。

語幹➡P.280

不規則動詞

「来る」「する」とそれらを含む「持ってくる」「勉強する」などの動詞。**五段動詞**、**一段動詞**とは異なった特殊な活用をすることから、学校文法ではカ行変格活用、サ行変格活用と呼ばれる。日本語教育では、**不規則動詞**、**IIIグループの動詞**(III類の動詞)とも呼ばれる。「する」については、「勉強する」「食事する」「熱する」「論ずる」「瞬きする」のように名詞(漢語が多い)を付けて**動詞化**することができるため、**スル動詞**とも呼ばれる。

スル動詞の活用は基本的には「する」と同様の不規則動詞の活用であるが、「愛する」などのように、本来は漢語スル動詞であるが、活用が五段動詞化したものも存在する。「愛する」はナイ形については「愛さない」のように完全に五段動詞化しているが、条件形については、「愛せば」「愛すれば」と両方を用いることができる。このように不規則動詞というグループの中でもより不規則な活用をする動詞もあり、注意が必要である。(→P.322の活用表参照)

五段動詞➡P.297、一段動詞➡P.297

授受表現（やりもらい）

日本語の**授受表現**には「**アゲル／モラウ／クレル**」に代表される3パターンがあり、動詞としては、「あげる」「やる」「さしあげる」、「もらう」「いただく」、「くれる」「くださる」がある。

「あげる」は「私が（は）彼にカメラをあげた」のように、物の与え手から受け手への動作を指す。「もらう」は「彼女は（が）夫にプレゼントをもらった」のように、受け手の視点に立って、与え手から何かが与えられる動作を指す。「くれる」は「彼が私にプレゼントをくれた」のように、受け手である**二格**に「私」や「（私の）妹」のような自分や身内、または自分が所属しているグループやその成員（**ウチ**の関係にあるもの）が来て、その**視点**から与え手（動作主）の動作を言う場合に用いられる。

これらの表現は、ものの授受を表すだけではなく、**補助動詞**となり、動作における**受益**も表すことができる。「荷物を持ってあげた」「勉強を教えてもらった」「彼が妹に本を読んでくれた」「多くの国々が日本に寄付を送ってくれた」のように例を作ることができる。

二格➡P.272、補助動詞➡P.301

「〜てあげる」は、文法的には間違いでなくても、語用論的には目上の人に用いるのは適切でないとされているよ。敬語を用いる場合も同じで、「先生、荷物を持って差し上げましょうか」は正しく丁寧な文だけど、「荷物をお持ちしましょうか」と言うほうが適切だよ。

意志性

その動作が**動作主**の意志の下にあるかどうかという性質のこと。「見える（**意志性**なし）」に対する「見る」などのように動詞について述べられることが多いが、「変化（意志性なし）」に対する「変更」のように動作を表す名詞などについても意志性が関係することがある。

意志動詞

「見る」「行く」「飲む」などのように動作主の**意志**がある動詞。見分ける方法として、「～てください」などの**依頼表現**が使えるか(「これを見てください」)、**意向形**(～う／よう)が作れるか(「京都へ行こう」)、「たい」などの**願望**の表現が使えるか(「ビールが飲みたい」)などによって、判断することができる。
しかし、「落ち着く」のように「落ち着いてください」「落ち着こう」は言えても、「落ち着くな」とは言いにくい感じがするものや、「落ち込む」のように「落ち込むな」は言えても、「落ち込んでください」「落ち込もう」「落ち込みたい」などは言いにくい感じがするものなどもあり、動詞によって**意志性**の特徴をどのように持っているかが異なる。これらは、典型的な**意志動詞**と典型的な無意志動詞との間にあるようなもので、動詞によって、意志性の度合いが異なるといえる。
また、同じ動詞でも、「秋になる」のように無意志動詞として使われる場合と、「医者になるために勉強する」のように意志動詞として使われる場合があるものがある。

依頼表現➡P.305、意志性➡P.298

無意志動詞

「鳴る」「聞こえる」「ある」などのように、**意志性**のない動詞。「目覚まし時計が鳴る」「授業がある」のようにガ格に来るものの動作や変化、状態などを表す動詞や、「ベルが聞こえる」のように可能の意味を持つ動詞などがあり、これらは、意志でコントロールすることができない。
同じ動詞でも、「秋になる」のように**無意志動詞**として使われる場合と、「医者になるために勉強する」のように意志動詞として使われる場合があるものもある。また、典型的な無意志動詞と、典型的な意志動詞の間にあるようなものもあり、動詞によって意志性の度合いが異なるといえる。

意志性➡P.298

知覚動詞

「見る」「聞く」「味わう」などの感覚を表す**動詞**全てを指す場合もあるが、日本語教育／学習においては、「見る」に対する「見える」、「聞く」に対する「聞こえる」のような後者の動詞のみを取り上げて指す場合もある。「見る」「聞く」などが動作主の意志を伴う動作を表すのに対し、これらの動詞は、「山が見える」「音が聞こえる」のように、「見える／聞こえる」対象が**ガ格**に来て、**意志性**を持たない。同様の文型を取るものに「わかる」があり、これらは学習者にとって注意が必要なものであるといえる。

動詞➡P.283、ガ格➡P.272、意志性➡P.298

接続詞

品詞の一つで、「しかし」「そして」などがこれに当たり、文と文の関係を示す。活用はない。読み手にとっては、**接続詞**は、その次に書かれている内容を予測する手がかりとなる。

接続助詞

品詞の一つで、「雨が降ったので、試合は延期します」の「ので」、「いい天気になったら、外出します」の「たら」などがこれに当たり、文中の前後の**節**の関係を示す。

接続の種類

前の内容とそれに続く後の内容の関係は、**接続詞**や**接続助詞**で表される。その接続の種類にはさまざまなものがあり、前の内容に対して順当なものが続いていることを表す**順接**(「それで」「すると」「～から」など)、前の内容から予期しないものが続くことを表す**逆接**(「しかし」「ところが」「～のに」など)、対等の並び方をしていることを表す**並列**(「また」「かつ」など)などが挙げられる。

接続詞➡P.300、接続助詞➡P.300

助数詞

「1番」「2枚」「三つ」などのように、数字と共に用いる。数える対象の性質によって、どの助数詞を使うかが決まる。「1」という**本数詞**と「枚」という**助数詞**で「1枚」という数詞(「1」などのみを**数詞**とする場合もある)が構成されている。また、「1枚」「一つ」のような全体を**数量詞**と呼ぶこともある。日本語に限らず、アジアの言語には助数詞を持つ言語が多く見られる。

複合動詞

「降る＋始める」で「降り始める」、「近い＋つく」で「近づく」などのように、二つ以上の語が連なってできている動詞のこと。
意味の変化について考えた場合、後部要素が本来の意味を失い、**文法的な意味**を持つものが存在する。例えば、「書きあげる」「仕上げる」などは「上げる」本来の意味が薄れ、文法的に「終える」という意味を表している。「持ち上げる」のように本来の「上げる」の意味を持っているものもあるので、それぞれの語によって、どのような意味かが決まっているといえる。

補助動詞

「落ちている」「置いてある」「着てみる」などの「～いる」「～ある」「～みる」のように本来の動詞の意味・用法ではなく、**文法的な意味**を表すような動詞のこと。
例えば、「食べてみる」の「みる」は本来の「見る」の意味はなく、「試しにする」という文法的な意味を表している。

複合名詞

「花＋見」で「花見」、「日本＋語」で「日本語」などのように二つ以上の語が連なってできた名詞のこと。意味や**語構成**について考えた場合、「花見」「雪かき」などは「花を見る」「雪をかく」のような格関係を持っていると考えられるが、「雨降り」などは「雨が降る」のように前者とは異なる格関係を持っていると分析できる。また、「縫い針」「包み紙」「落としぶた」などはどれも道具を指すが、「針で縫う」「紙で包む」となるのに対し、「ふたを落とす」という異なる格関係を持っている。このように、**複合名詞**はどのように複合されているかを見ることが重要である。

語構成➡P.281

有生性(アニマシー)

そのものが生きているかどうか、動くかどうかという性質のこと。生きている・動くものを**有生**、生きていない・動かないものを**無生**と呼ぶ。有生・無生は、感情があるかないかを基準にしたことから**有情**・**無情**とも呼ばれる。日本語では、**有生性**によって、ことばを使い分ける場合がある。例えば、存在の「いる／ある」を用いた**存在文**では、「部屋に子どもがいる」「つくえの下に猫がいる」のように、生きて動くもの、つまり主に人間と動物(有生)には「いる」を用いるが、そのほか(無生)には「ある」を用いる。ただし、「バスがいる」のように無生のものであっても、有生性を持つものかのように表現することもある。

文法化

本来は**実質語**(内容語)であった語からそのもともとの意味が薄れ、**機能語**として用いられるようになること。例として、「～てみる(例：食べてみる)」の「みる」や「かもしれない(例：学生かもしれない)」の「しれない」、「～による(例：専門家による意見)」の「よる」などが挙げられる。

実質語➡P.278、機能語➡P.279

敬語

敬意を表すための言語形式。広い意味では丁寧なことば遣いや**待遇表現**一般を表すこともあるが、日本語教育や日本語学で**敬語**という場合には、「**尊敬**」「**謙譲**」「**丁寧**」のような言語形式の体系のことを指す。言語形式の体系とは、「召し上がる（尊敬）－食べる－いただく（謙譲）」「お書きになる（尊敬）－書く－お書きする（謙譲）」「貴社（尊敬）－弊社（謙譲）」「食べる－食べます（丁寧）」というように、「尊敬」「謙譲」などを表すためにそれぞれを表す活用や選択できる語彙（ごい）が存在するもののことである。

この日本語学などでいう敬語はもともと「**尊敬語**」「**謙譲語**」「**丁寧語**」という3分類がよく知られていた。しかし、2007年に**文化審議会国語分科会**より「**敬語の指針**」が答申され、「尊敬語」「**謙譲語Ⅰ**」「**謙譲語Ⅱ**」「丁寧語」「**美化語**」という5分類になった。

待遇表現➡P.88、文化審議会国語分科会➡P.44

尊敬語

相手側や**第三者**を立てるためにその人物の動作、所有物などを**高めて**表現する敬語。「先生のおかばん」「お読みになる」「いらっしゃる」などがこれに当たる。動詞については、⑴「お／ご＋Vます形＋になる」（例：先生が本を<u>お書きになる</u>）、⑵**尊敬語**の動詞を用いる（例：お酒を<u>召し上がる</u>）、⑶**受け身形**を用いる（例：先輩がリポートを<u>書かれる</u>）などの方法がある。

受け身形➡P.285

謙譲語Ⅰ

相手側や**第三者**を立てるために、その人物に対して行う自分の動作や物事を**低めて**表現する敬語。「（先生への）お手紙」「お借りする」「伺う」などがこれに当たる。動詞については、⑴「お／ご＋Vます形＋する」（例：先生のおかばんを<u>お持ちする</u>）、⑵**謙譲語**の動詞を用いる（例：先生の御著書を<u>いただく</u>）、などの方法がある。「伺う」は**謙譲語Ⅰ**であるので、「先生の所に<u>伺う</u>」とは言えるが、「*弟のところへ<u>伺う</u>」とは言えない（「*」は非文を表す）。

謙譲語Ⅱ（丁重語）

話や文章の相手に対して丁寧に話していることを表現する敬語。従来**謙譲語**とされている動詞を用いるため**謙譲語Ⅱ**と呼ばれる。「～と申します」「～から参りました」などがこれに当たる。「参る」は「弟のところへ参ります」と用いることができ、この「参る」は弟を立てるわけではなく、話や文章の相手への丁寧さを表している。

美化語

ものごとを**美化**して述べるための表現。例えば、「金」「茶」「飯(めし)」などのことばは丁寧なことば遣いではないと考えられる。そのようなことばを使うことを避け、「お金」「お茶」「ご飯」のようなことば遣いをするためのことば。一般に「お」「ご」を名詞に付けることが多いが、「飯(めし)」を「ご飯」とするように**美化語**でないものに「お」「ご」を付けるだけではないものも含まれる。

丁寧語

話や文章の相手に対する丁寧さを表す敬語。文末に「です・ます」や「(で)ございます」などを用いて、「こちらです(こちらでございます)」「話します」のように表現する。

二重敬語

同じ種類の敬語表現を二つ重ねて使うもの。例えば、「言う」という一つの形式に**尊敬**の「おっしゃる」と「～られる」を重ねて「おっしゃられる」としたり、「書く」に「お書きになる」と「～られる」を重ねて「お書きになられる」というようにするものがこれに当たる。誤りであるとされることが多い。ただし、「読んでいる」を「お読みになっていらっしゃる」(「読む」と「いる」それぞれを尊敬語にしている)というようなものは、敬語連結と呼ばれ、**二重敬語**に当たらない。

絶対敬語／相対敬語

敬意を示すべき対象について、どのような場合でも**尊敬語・尊敬の表現**を用いることを**絶対敬語**という。それに対して、話す相手や場面に応じて、敬語の用い方が変わるものを**相対敬語**という。例えば、日本では、自分がいる社内で、自分の目上に当たる人について話すとき「山田社長がなさいました」のように尊敬語を用いる。しかし、他社の人に対して話すときには「山田がいたしました」と**謙譲語**を用いる。絶対敬語では、尊敬語を用いる対象については、話す相手が変わっても一貫して尊敬語を用いる。**韓国語**は絶対敬語を用いる言語の例として挙げられ、目上の人について話すときは、相手に関係なく、尊敬語を用いるとされている。また、日本語の古語では、天皇や神に対して、天皇や神自身が話し手である場合も含めて一貫して尊敬表現を用いることも絶対敬語という。

尊敬語➡P.303、謙譲語➡P.303

引用

自分や他人の発言や考えを文の中に埋め込むこと。**助詞**「と」(→ト格 参照)を用いる「彼は駅へ行くと言った」や、「～ように」を用いる「駅へ行くように伝えてください」のように、さまざまな形式がある。引用部分を「　」で明示し、元のことばをそのまま引用する**直接引用**と、形式を変えたりまとめたりして引用する**間接引用**がある。

ト格➡P.272

依頼表現

依頼という**機能**により分類された文型や表現。日本語教育のいわゆる初級レベルの典型例としては「見てください」「来てください」の「～てください」などの文型が挙げられる。ほかに「～てもらえませんか」「～ていただけませんでしょうか」なども**依頼表現**である。

勧誘表現

勧誘という**機能**により分類された文型や表現。日本語教育のいわゆる初級レベルの典型例としては「映画を見ませんか」の「～(し)ませんか」などの文型が挙げられる。

伝聞表現

伝聞という**機能**により分類された文型や表現。日本語教育のいわゆる初級レベルの典型例としては「彼は今日来ると言っていました」の「～と言っていました」、「明日は雨が降るそうです」の「～そうです」などの文型が挙げられる。

条件表現

条件という**機能**により分類された文型や表現。日本語教育のいわゆる初級レベルの典型例としては「雨が降ったら、キャンセルします」「駅に着いたら連絡してください」の「**～たら**」、「春になれば桜が咲きます」の「**～ば**」、「まっすぐ行くと、駅があります」の「**～と**」、「カメラを買うなら、あの店がいいですよ」の「**～なら**」などの文型が挙げられる。また、「雨が降っても、中止しません」のような「**～ても**」は**譲歩**を表す。**譲歩文**や**逆条件文**とも呼ばれる。

禁止の表現

禁止という**機能**により分類された文型や表現。日本語教育のいわゆる初級レベルの典型例としては「書くな」「食べるな」のような「～な」の文型がこれに当たる。ほかに、「食べてはいけない」の「～(し)てはいけない」、「落書きするべからず」の「～べからず」なども**禁止の表現**である。

理由表現

理由を述べるという**機能**により分類された文型や表現。日本語教育のいわゆる初級レベルの典型例としては「天気がいいから、散歩しましょう」の「～から」、「頭が痛いので、休みます」の「～ので」、「国へ帰るんです」の「～んです」などの文型が挙げられる。ほかにも「出かけていたもので、すみません」の「～もので」、「だって、あの子が悪いんだもん」の「～もん」なども**理由表現**である。

許可を求める表現

許可求めという**機能**により分類された文型や表現。日本語教育のいわゆる初級レベルの典型例としては「これ、借りてもいいですか」の「**〜てもいいですか**」などの文型が挙げられる。ほかに「休ませていただけませんか」の「〜(さ)せていただけませんか」、「写真を撮らせていただけないでしょうか」の「〜(さ)せていただけないでしょうか」なども**許可を求める表現**である。

申し出の表現

申し出という**機能**により分類された文型や表現。日本語教育のいわゆる初級レベルの典型例としては「手伝いましょうか」の「〜ましょうか」などの文型が挙げられる。また「お持ちしますよ」のような文でも申し出を表すことができる。

婉曲(えんきょく)表現

基本

発話の意味を和らげ、直接的な言い方を避けて表現する**機能**を持つ表現のことで、「曖昧表現」「**ヘッジ**」「ぼかし表現」などの呼び方もある。「1時間ほどお時間ありますか。」「お茶でもどう？」「ちょっと難しそうです。」など、さまざまな方法で用いられる。「一緒に映画を見に行きませんか。」と誘われた場合、「明日はちょっと…。」と答えたり、「明日はアルバイトがあって…。」と答えたりするような**言いさし**も**婉曲表現**の一つである。

ヘッジ➡P.86、言いさし➡P.307

言いさし

文を文末まで言わず、終えること。「〜なんですが。」「〜ですし。」のように終わる文がこれに当たる。例えば、依頼するというような場面では、「ちょっとわからないんですが、教えていただけませんか。」と文末まで言い終えることもできるが、「ちょっとわからないんですが。」のように言いさして終わり、相手の発話を促す場合もある。

意味論

言語研究の1分野。文や語を対象として、それがどのような意味で用いられているか、どのような意味構造を持っているかを研究する。

意義素

意味を表す単位。個々の語は使用される場面によって、さまざまな意味を持ち得るが、そのような具体的な場面を離れても、その言語の話者に共通認識となる基本的な意味のこと。

類義語

異なる形式を持つが、意味が似ている語のこと。例えば、「きれいだ」と「美しい」や「上がる」と「上る」のようなもの。

包摂関係（上位・下位関係）

意味の関係性に基づく**語彙**（ごい）の分類。例えば、「スポーツ」という語のカテゴリーには「野球、サッカー、柔道、……」などが含まれる。このような両者の関係を**包摂関係**、**上位・下位関係**と呼ぶ。「スポーツ」という語が「野球、サッカー、柔道、……」などを**包摂**しており、「スポーツ」が**上位**で「野球、サッカー」が**下位**である。このような関係を持つ語を**上位語**、**下位語**とも呼ぶ。したがって、ほかの例を考えた場合、「花」という上位語には「バラ、桜、すみれ、……」などの下位語が存在するといえる。

対義語（反義語）

意味が**反対**の関係にある語のこと。**反対**である関係性には、**背反的対義語**、**両極的対義語**などさまざまな種類がある。

背反的対義語

「出席／欠席」「北半球／南半球」のように、一方でなければ必ずもう一方であるというような対義語のこと。**相補的対義語**ということもある。

両極的対義語

「北極／南極」「最短／最長」などのように、ある尺度の中で**両極**であり、連続性がない対義語のこと。例えば、「北極」というと「北から南」という尺度の中で「それ以上北」が存在せず、同様に「南極」というと「それ以上南」はない。また、同じ「北から南」の尺度の中でも「大阪」について考えると、北海道と比べると「南」になり沖縄と比べると「北」になるが、「北極／南極」については、ほかの位置との関連で関係が変わることもない。このようなものをその尺度の中での両極といい、両極的な対義関係にあるという。

連続的対義語

「長い／短い」のように５ｍと10ｍを比べれば10ｍのほうが長いが、15ｍと比べれば10ｍが短いというような**連続的**な関係の中にある対義語のこと。「とても」「あまり」などの程度の表現を添えることができるのも特徴の一つ。

視点による対義語

「上り坂／下り坂」「行く／来る」のように**一つの事象**をどちら側から見ているかによって、反対の意味になる対義語。

多義語

一つの意味を持つ**単義語**に対して、多くの意味を持つ語のことを**多義語**という。例えば、**動詞**「ある」は「交番がある」（存在）、「お金がある」（所有）のように**多義性**を持っている。また、この多義性は「スキーをしたことがある」のように経験を表す文法表現としても用いられている。

動詞➡P.283

比喩

何かを別のものに例えて表現する方法。**直喩**(シミリ)、**隠喩**(メタファー)、**換喩**(メトニミー)、**提喩**(シネクドキ)がある。

直喩(シミリ)

何かを例えているということが**言語形式**によって**明示**されている**比喩**のこと。例えば「彼は王子様のようだ」では「～のようだ」、「春みたいな天気」では「みたいな」という部分で、例えていることが明示されている。このようなものを**直喩**という。

隠喩(メタファー)

直喩のように、あるものとそれを例えるものとが似ていること(**類似性**)を使って表現する**比喩**であるが、例えているということは**言語化**されず、例えば「～のようだ」とは使わずに表す。「彼は私の王子様だ」「あの人は本の虫だ」のようなものが**隠喩**に当たる。

換喩(メトニミー)

あるものを、それと関連するものに置き換えて表現する**比喩**。例えば「笛が聞こえる」では、笛という楽器は聞くことができず、実際は笛の音が聞こえている。「シェークスピアを読む」では、人を読むことはできず、シェークスピアの書いた本を読むことを表している。このように関連していること(**隣接性**)で置き換えられるものによって表現される比喩を**換喩**という。

提喩(シネクドキ)

あるものを、それと**上位語・下位語**の関係(**包摂関係**)にある特定の語で置き換えて表現する**比喩**。例えば、「彼女はおめでただ」という例では、「おめでた」つまり「めでたいこと」という**上位語**には、誕生日、合格、結婚などさまざまな**下位語**が考えられるが、この場合、妊娠を表している。「花見」という表現では、「花」の**下位語**である桜を見ることを指すことが多い。このような比喩を**提喩**という。

包摂関係➡P.308

文の焦点

文の中で、重要な部分として注目され、強調される部分。例えば、「昨日、何を食べた？」というような疑問文では疑問詞「何」が**焦点**であり、その答えの文「カレーを食べた」などでは答えに当たる部分「カレー」が焦点となる。

指示詞

「これ・それ・あれ」「この・その・あの」「ここ・そこ・あそこ」などの語。見えているものについて、「そこで止めてください」のように表す**現場指示**と、話題の中で出てくるものについて、「昨日、駅前のあの店に行ったよ」のように表す**文脈指示**がある。

照応

どの情報に照らし合わせるかという特徴のこと。日本語ではないほかの言語では、冠詞や代名詞が文章や発話のどの部分を指すかが話題となるが、日本語において、**照応**が問題となるのは、主に**指示詞**である。指示詞には、**前方照応**と**後方照応**があり、コ系(「これ、この、こう」など)は前方照応(例：「人間は考える葦(あし)である」ということばがある。これは、パスカルの『パンセ』の一節だ。)、後方照応(例：そのとき、彼はこう言った。「私がやりましょう。」)共に可能である。それに対して、ソ系(「それ、その、そう」など)は、前方照応(例：初の女性首相の誕生は困難であるかに見えた。しかし、彼女はそれを実現した。)のみである。

指示詞➡P.311

ダイクシス(直示)

「今日」は1月1日に「今日」と言った場合と、2月1日に「今日」と言った場合では、指すものが異なる。また、「私」は誰が「私」と言ったかで指す人が異なる。このように、**発話の文脈**(いつ、どんな場面でそのことばを発したか)によって指し示す内容が異なるような表現のことを**ダイクシス**という。「彼」「これ」などもダイクシスに当たる。「翌日」「翌週」などは、「翌～」ということばが入っている**談話**(話のまとまり)中に時間の規定があり、その次の日という意味なので、発話の文脈(いつ言ったか)によって意味が変わると言えないため、ダイクシスではない。

語用論

言語学の1分野。文レベルを超える談話を範囲として扱い、例えば、文がどんな**文脈**で発話されたかというような情報をも含めて、どのようにコミュニケーションが行われているかを研究する。主な研究に、グライスの「**協調の原理**」やオースティン、サールなどによる「**発話行為論**(→発話行為 参照)」がある。

協調の原理➡P.85、発話行為➡P.87

談話

言語を分析する単位。文のレベルを超えた複数の文や発話、ひとまとまりのもの。例えば、ある動詞がどのような語と共に用いられるかというのは、1文の中で完結する、文レベルでの問題である(例:「傘を差す」→「傘を開ける」のようには言わず、「傘」は「差す」と共に使う)。また、複文における前件と後件の関係も、文レベルである(例:「~てください」は「~たら」節の後件には使えるが、「~と」節の後件には使えない)。それに対して、接続詞や指示詞は、その分析に複数の文が必要であり、このようなものは**談話**レベルの話題であると言える(例:接続詞「しかし」が示す逆接という関係(「しかし」の前後の文が必要))。

談話標識

談話がどのように進んでいくかを示す合図や談話がどのように進むかを表す部分のこと。接続表現(「それで、でも、だから」など)や**終助詞**(「ね、よ」など)、**感動詞**(→品詞 参照)(「ああ、えーっ」など)などのことで、**フィラー**(「えっと、あの」など)もこれに含まれる。例として、「でも」と発話が始まれば、それには、そこまでの話題や意見に対し、反論や反対の事柄が続くことを示すことなどが挙げられる。

終助詞➡P.273、品詞➡P.269、フィラー➡P.263

結束性

談話(文を超える単位)の中で、その中で用いられている語と文に関係性があり、結び付いていること。例えば、「田中さんは教師だ。彼は……」と続けば、「彼」という代名詞を用いることで文の**結束性**がみられる。また、「わからないことばがあった。そこで辞書で調べてみた」というような場合は、「そこで」という**接続詞**により、文と文の結束性が示されている。

談話➡P.312、接続詞➡P.300

慣用句

「腹を立てる」(怒る)、「油を売る」(時間をつぶす)などのように文字通りの意味がなくなり、決まったことばの連なりで意味を持つもののこと。語の入れ替えができない(「腹を立てる」を「お腹(なか)を立てる」と言えない)、間に意味を足すような語を入れられない(「油を大量に売る」と言えない)というような特徴がある。

コロケーション

文や句の中での、二つ以上の語の結び付きの強い**連語的**表現のこと。いくつかの定義があり、「かもしれない」(元は「か＋も＋知れない」)などの**文法化**された表現を含む場合もあるが、一般には、高い確率で**共起する**結び付きのある語のことを指す。例えば、「腹」と「立てる」が共起した「腹を立てる」のような慣用句的なもの(「腹」と「立てる」の固定性が高く、もともとの意味が感じられないもの、そのため「腹」を「おなか」に換えたり、間に語を入れたりできない)から「気をそらす」のようなもの(「注意をそらす」「気をほかへ向ける」などのように言い換えられる)も含まれる。初級のレベルでも出てくる**コロケーション**として「傘をさす」(「傘を開ける」が言えない)、「嘘をつく」(「嘘を言う」は言えるが、「嘘」は「つく」と共起しやすい)などが挙げられる。

文法化➡P.302

語種

語の**出自**による分類。もともとの日本語からのものを**和語**、中国語から入ったものを**漢語**などのように分類する。ほかに**外来語**、**混種語**がある。

和語

日本語固有の**語彙**(ごい)のこと。例えば、「山(やま)」「花(はな)」や「易しい」「聞く」などがこれに当たる。

漢語

日本語の語彙(ごい)のうち、**漢字音**(**音読み**)で読まれる語彙のこと。「山脈」「花瓶」や「簡単」「傾聴」などがこれに当たる。「経済」などのように日本で作られた**和製漢語**もある。

音読み➡P.318

外来語

日本語の語彙(ごい)のうち、比較的新しい時代に**外国語**から日本語に取り入れられ、**片仮名**で表記される語彙のこと。「マウンテンバイク」「フラワーアレンジメント」「イージーリスニング」などがこれに当たる。片仮名語ともいう。近年、英語から入ったものが多いが、ポルトガル語から入った「パン」「カルタ」、オランダ語から入った「メス」、フランス語から入ったとされる「ズボン」などもある。

混種語

和語、**漢語**、**外来語**が交ざってできた**語彙**(ごい)のこと。「山ガール」「花笠音頭」「船会社(ふながいしゃ)」「えびフライ定食」「プロ野球」などがこれに当たる。本来、**複合語**が作られる際には、同じ**語種**からことばが選ばれることが多い(例:「山男(やまおとこ:和語+和語)、貿易会社(漢語+漢語)」)が、**混種語**はそうではない。その理由として、同じような意味を表す語でも、その語種によって違った意味(イメージ)と結び付いていることが考えらえる。例えば、「宿(やど)」「旅館」「ホテル」では、指すもののイメージが異なる。そういった場合に、それぞれの意味やイメージを変えずに使いたい(「山ガール」を「山女」とはせず「ガール」という語の持つかわいらしさやおしゃれさのようなイメージを使いたい)ということから生まれたと考えられる。

複合語➡P.280、語種➡P.314

基本語彙(基礎語彙)

基本語彙とは、その社会で使用される語彙について、使用範囲や頻度、重要性を調査し、選定した語の集合体のこと。日本語教育においては、**国立国語研究所**が基本語彙のデータベースを公開している。**基礎語彙**とは、ある言語を話す社会において、最低限知っておく必要があると考えられ、選定された語の集合体のことで、英国の言語学者オグデンが選定したBasic Englishがその始まりとされる。基本語彙は、調査を基に選定されたもので、基礎語彙は個別の研究者が選定したものとされているが、その区別は研究者によっても異なるため明確ではない。

国立国語研究所➡P.41

表音文字

文字のうち、1字1字が意味を持たず、音を表すもの。例として、**音素**を表す**音素文字**であるアルファベットや日本語を書き表す**ローマ字**、**音節**を表す**音節文字**である**仮名**(→平仮名／片仮名 参照)、ハングルなどが挙げられる。

音素➡P.260、ローマ字➡P.316、音節➡P.257、平仮名／片仮名➡P.315

平仮名／片仮名

平仮名は漢字の草書体から作られた**音節文字**であり、**片仮名**は漢字の一部を使って作られた音節文字である。**漢字仮名交じり文**においては、平仮名は「が」「を」などの**助詞**や「作られる」のような**用言の活用語尾**、その他の文法的な部分に用いられることが多い。一方、片仮名は、「テレビ」「カメラ」のような**外来語**や擬音語などに用いられる。

上代(およそ奈良時代まで)、漢字の音を用いて日本語を書き表した**万葉仮名**が使われ始めたのが、仮名の始まりである。現在は、平仮名については「**現代仮名遣い**」と「**送り仮名の付け方**」が、片仮名については「**外来語の表記**」が内閣告示として示され、その表記のよりどころとなっている。

助詞➡P.270、外来語➡P.314

表意文字

文字のうち、1字1字が意味を表すもの。例として、**象形文字**(→六書 参照)やそれ以前の絵文字、**漢字**が挙げられる。漢字は、意味というより語を形成する**形態素**を表しているともいえるので、**形態素文字**(→漢字 参照)、**表語文字**と呼ばれることもある。

六書➡P.318、漢字➡P.317、形態素➡P.278

歴史的仮名遣い

日本語を仮名で表記する際の方法の一つ。**旧仮名遣い**とも呼ばれる。江戸時代中期の僧であり国学者であった契沖により整理された用字法が基本となっており、平安初期の発音を想定して作られている。第2次世界大戦終結直後までは学校教育で用いられていたが、現在は主に**古典**の表記に用いられているのみである。

ローマ字

本来はラテン語を表記する文字(英語などに用いられるアルファベット)のことを指す。日本語をアルファベットで表記する際の文字を指して言うことが多い。

訓令式

日本語をローマ字で表記するつづり方の一つ。ローマ字の表記には変遷があるが、公的なものとして、1937年に内閣訓令第3号内閣告示により「**訓令式**」が定められた。その内閣訓令第3号を廃止し、1954年に内閣告示1号として「ローマ字のつづり方」が定められ、その第1表が訓令式である。**五十音図**に基づいた表記で、「シ」は「si」、「ツ」は「tu」のように書く。
また、「ローマ字のつづり方」には、第2表に**ヘボン式**のうち英語の表記を反映したもの、**日本式**のうち歴史的仮名遣いを反映したものが示されている。「一般に国語を書き表す場合は第1表に掲げたつづり方によるものとする」とされているため、訓令式が主たるつづり方であるという方針が見えるが、「国際的関係やその他従来の慣例」で用いられている場合には、第2表によるつづり方でもよいとされており、現在のローマ字の表記は3種の表記が混在している状態であるといえる。

ヘボン式

日本語をローマ字で表記するつづり方の一つ。米国のヘボンが用いた方式とそれを基に修正したものを指す。**英語の表記**を反映しており、「シ」は「shi」、「ツ」は「tsu」のように書く。

日本式

日本語をローマ字で表記するつづり方の一つ。田中館愛橘（たなかだてあいきつ）が提唱した。**五十音図**に基づいており、「シ」は「si」、「ツ」は「tu」のように書く。また、「dimen（地面）」のようにダ行を「di、du」などとすることや、「kwazi（火事）」のような表記がある点など、**歴史的仮名遣い**を反映していることも特徴である。

漢字

中国で作り出された**表意文字**（**形態素文字**）で、日本語の**表記**にも用いられている。中国語においては、1文字が1**音節**を表す**音節文字**（→表音文字 参照）でもあるが、日本語においては、1音節の場合も複数の音節からなる**形態素**や**語**を表す場合もある。日本語の漢字には**訓読み**と**音読み**があり、一つの文字に複数の読みがあることは、**漢字圏の学習者**にとっても学習の際に注意が必要な点である。また、日本で作られた漢字である**国字**（例：働、峠）もある。

表意文字➡P.316、音節➡P.257、表音文字➡P.315、形態素➡P.278、訓読み➡P.317、音読み➡P.318、漢字圏学習者➡P.162

訓読み（字訓）

漢字を、その意味に合わせた**日本語本来の語**の読み方で読んだもの。例えば、もともと「やま」という語が日本語にあり、漢字が日本に入ってきた際に、同じ意味を指す漢字「山」の読み方としたようなもの。「人（ひと）」「歌（うた）う」「静（しず）か」などもこれに当たる。

熟字訓

「明日（あした）」「五月雨（さみだれ）」のように、単独の漢字からはその読みにならないが、**熟語**になった場合に生じる読み方。

音読み（字音）

漢字を**中国語の発音**に由来する音で読む読み方。「山」を「サン」、「人」を「ジン（例：日本人）・ニン（例：病人）」、「静」を「セイ（例：静寂）」と読むような読み方。

漢音

音読みのうち、奈良時代から平安時代にかけて伝来したもの。「行」を「コウ（例：行動）」、「明」を「メイ（例：明確）」と読むような読み方。**漢語**の読みとして、最も多く用いられている。

漢語➡P.314

呉音

音読みのうち、**漢音**が伝来する以前からのもの。「行」を「ギョウ（例：行列）」、「明」を「ミョウ（例：明星）」と読むようなものがこれに当たる。

唐音（宋（そう）音）

音読みのうち、平安末期、鎌倉時代以降に日本に伝来したもの。「行」を「アン（例：行灯（あんどん））」「明」を「ミン（例：明朝体）」と読むようなものがこれに当たる。

六書

漢字の成り立ちについて分類したもの。6種類あるため、**六書**（りくしょ）と呼ばれる。**象形**（物の形からできたもの。「日」「月」など）、**指事**（記号や象形文字と記号で意味を表したもの。「上」「本」など）、**会意**（象形文字を組み合わせたもの。「明」「体」など）、**形声**（意味の部分と音の部分から成り立っているもの。「晴」「静」など）などがあり、漢字の学習（教育）の際に、この概念が使用される。特に**形声文字**は、漢字全体の90％以上を占め、漢字学習（教育）に欠かせないものである。

当用漢字

1946年に告示された「**当用漢字表**」に載せられた漢字のこと。**1850**字ある。漢字使用の範囲を制限することを目的としていた。

常用漢字

1981年に内閣告示された「**常用漢字表**」には**1945**字が載せられ、「日常の漢字使用の目安」として提示された。その後、**2010**年に新たに「常用漢字表」が告示され、**2136**字が載せられている。

佐久間 鼎（さくま かなえ） (1888〜1970)

心理学者、言語学者、国語学者。日本語の**アクセント**に関する著作が多い。また文法に関しては、**アスペクト**の研究などを行った。

アクセント➡P.245、アスペクト➡P.288

橋本進吉（はしもとしんきち） (1882〜1945)

国語学者。**上代特殊仮名遣い**などの音韻史や、**文節**などの概念を用いた国文法の研究を行う。**学校文法**は橋本進吉による文法論を基本として作られている。

学校文法➡P.270

時枝誠記（ときえだもとき） (1900〜67)

国語学者。ソシュールが言語を「既に存在するもの」としてとらえたこと(時枝による解釈)への批判として、独自の**言語過程説**を唱え、言語を「主体からの継起的過程」であるととらえた。その言語観に立った文法論は時枝文法とも呼ばれる。「詞」と「辞」の概念などがこれに当たる。また、朝鮮における**皇民化教育**としての日本語の普及にも影響を与えた。

山田孝雄（やまだよしお） (1873〜1958)

国語学者。文法研究で多くの業績を挙げ、内容を重視する文法理論は山田文法とも呼ばれる。また、仮名や**五十音図**の研究などでも知られる。

五十音図➡P.263

三上　章（みかみ　あきら）(1903〜71)

言語学者、国語学者。文法研究（日本語の「主題ー述語」の構文など）で知られる。「**主語廃止論**」でも知られるが、この主旨は主語に当たるものの存在を否定する論ではなく、ガ格の特殊性や、日本語の**主題**などとの関係について述べたものである。著書に『象は鼻が長い』がある。

主題➡P.266

フェルディナン・ド・ソシュール Ferdinand de Saussure (1857〜1913)

スイスの言語学者。記号としての言語の研究を行う。**通時言語学**／**共時言語学**を区別した上で共時言語学の重要性を説き、**ラング**／**パロール**、**シニフィアン**／**シニフィエ**などの概念を打ち立てた。

通時言語学➡P.240、共時言語学➡P.240、ラング／パロール➡P.243、シニフィアン／シニフィエ➡P.244

ノーム・チョムスキー Noam Chomsky (1928〜)

米国の言語学者、哲学者、思想家。**生成文法**を提唱した。言語は**生得的**な能力であるとし、**普遍文法**とそれを基に個別の言語を獲得する装置が脳に存在すると唱えた。また、言語を**言語能力**(linguistic competence)と**言語運用**(linguistic performance)に分けた。（→**生成文法理論** 参照）

普遍文法➡P.148、生成文法理論➡P.244

要点整理

❶ 動詞の活用表

	五段動詞 （Ⅰグループの動詞／子音語幹動詞／u-vreb）		一段動詞 （Ⅱグループの動詞／母音語幹動詞／ru-vreb）		不規則動詞 （Ⅲグループの動詞／変格活用の動詞） ※「来る」「する」の2つのみ	
	書く	読む	見る	食べる	来る	する
ナイ形	かか（ない） kakanai	よま（ない） yomanai	み（ない） minai	たべ（ない） tabenai	こ（ない） konai	し（ない） shinai
マス形	かき（ます） kakimasu	よみ（ます） yomimasu	み（ます） mimasu	たべ（ます） tabemasu	き（ます） kimasu	し（ます） shimasu
辞書形（終止形）	かく kaku	よむ yomu	みる miru	たべる taberu	くる kuru	する suru
テ形	かいて kaite	よんで yonde	みて mite	たべて tabete	きて kite	して shite
タ形	かいた kaita	よんだ yonda	みた mita	たべた tabeta	きた kita	した shita
命令形	かけ kake	よめ yome	みろ miro	たべろ tabero	こい koi	しろ shiro
条件形	かけば kakeba	よめば yomeba	みれば mireba	たべれば tabereba	くれば kureba	すれば sureba
意向形	かこう kakoo	よもう yomoo	みよう miyoo	たべよう tabeyoo	こよう koyoo	しよう shiyoo
可能形	かける kakeru	よめる yomeru	みられる mirareru	たべられる taberareru	こられる korareru	できる dekiru
受け身形	かかれる kakareru	よまれる yomareru	みられる mirareru	たべられる taberareru	こられる korareru	される sareru
使役形	かかせる kakaseru	よませる yomaseru	みさせる misaseru	たべさせる tabesaseru	こさせる kosaseru	させる saseru

❷ 現代日本語の音と発音記号・調音点／調音法対応表

	両唇	歯茎	歯茎硬口蓋	硬口蓋	軟口蓋	声門	
無声	ファ[ɸa] フィ[ɸʲi] フ[ɸɯ]　フュ[ɸɯ] フェ[ɸe] フォ[ɸo]	サ[sa] スィ[sʲi] ス[sɯ] セ[se] ソ[so]	シャ[ɕa] シ[ɕʲi] シュ[ɕɯ] シェ[ɕe] ショ[ɕo]	ヒャ[ça] ヒ[çʲi] ヒュ[çɯ] ヒェ[çe] ヒョ[ço]		ハ[ha] ヘ[he] ホ[ho]	摩擦音
有声		ザ[za] ズィ[zʲi] ズ[zɯ] ゼ[ze] ゾ[zo]	ジャ[ʑa] ジ[ʑi] ジュ[ʑɯ] ジェ[ʑe] ジョ[ʑo]				摩擦音
無声		ツァ[tsa] ツィ[tsi] ツ[tsɯ] ツェ[tse] ツォ[tso]	チャ[tɕa] チ[tɕi] チュ[tɕɯ] チェ[tɕe] チョ[tɕo]				破擦音
有声		ザ[dza] ズィ[dzʲi] ズ[dzɯ] ゼ[dze] ゾ[dzo]	ジャ[dʑa] ジ[dʑi] ジュ[dʑɯ] ジェ[dʑe] ジョ[dʑo]				破擦音
無声	パ[pa]　ピャ[pʲa] ピ[pʲi] プ[pɯ]　ピュ[pʲɯ] ペ[pe] ポ[po]　ピョ[pʲo]	タ[ta] ティ[tʲi] トゥ[tɯ]　テュ[tʲɯ] テ[te] ト[to]		キャ[kʲa] キ[kʲi] キュ[kʲɯ] キョ[kʲo]	カ[ka] ク[kɯ] ケ[ke] コ[ko]		破裂音
有声	バ[ba]　ビャ[bʲa] ビ[bʲi] ブ[bɯ]　ビュ[bʲɯ] ベ[be] ボ[bo]　ビョ[bʲo]	ダ[da] ディ[dʲi] ドゥ[dɯ]　デュ[dʲɯ] デ[de] ド[do]		ギャ[gʲa] ギ[gʲi] ギュ[gʲɯ] ギョ[gʲo]	ガ[ga] グ[gɯ] ゲ[ge] ゴ[go]		破裂音
有声	マ[ma]　ミャ[mʲa] ミ[mʲi] ム[mɯ]　ミュ[mʲɯ] メ[me] モ[mo]　ミョ[mʲo]	ナ[na] ヌ[nɯ] ネ[ne] ノ[no]	ニャ[ɲa] ニ[ɲi] ニュ[ɲɯ] ニェ[ɲe] ニョ[ɲo]	ギャ[ŋa] ギ[ŋʲi] ギュ[ŋʲɯ] ギョ[ŋʲo]	カ゚[ŋa] グ゚[ŋɯ] ゲ゚[ŋe] ゴ゚[ŋo]		鼻音
有声		ラ[ɾa]　リャ[ɾʲa] リ[ɾʲi] ル[ɾ]　リュ[ɾʲɯ] レ[ɾe] ロ[ɾo]　リョ[ɾʲo]					はじき音
有声				ヤ[ja] ユ[jɯ] イェ[je] ヨ[jo]	(ワ[ɰa]) (ウィ[ɰi]) (ウェ[ɰe]) (ウォ[ɰo])		接近音

※キャ、ギャ、ニャ等、枠線のない箇所は、調音点が前後に幅のあることを示す。
※下線のある音は「外来語音」
※簡略表記として [ɕ] は [ʃ]、[ʑ] は [ʒ] が使われることもある。
※日本語のワ行は唇の関与をはっきり示すために両唇軟口蓋接近音 [w] で表すこともある。

❸ 調音器官図　頻出の音声の図（組になった記号の左が無声音、右が有声音）

	両　唇	歯　茎	歯茎硬口蓋
鼻　音	[m] 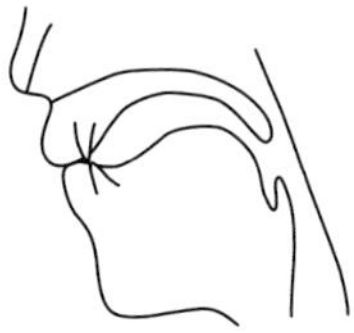	[n] 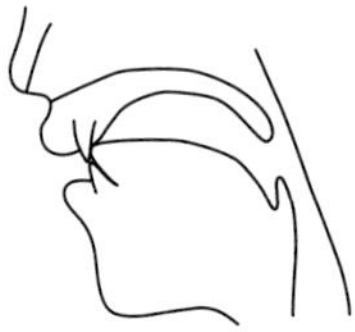	
破裂音 破擦音	[p] [b] 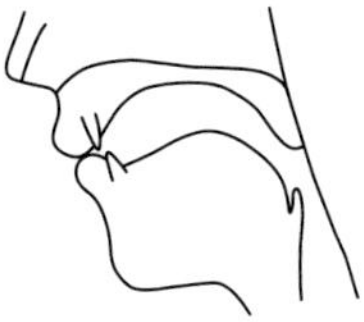	[t] [d] [ts] [dz] 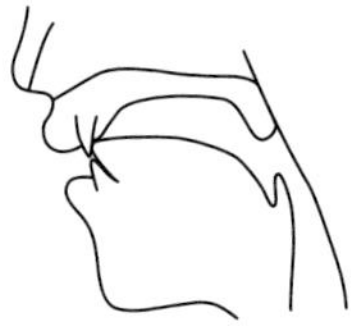	[tɕ] [dʑ] 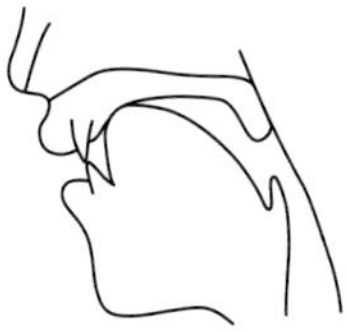
摩擦音	[Φ] [β] 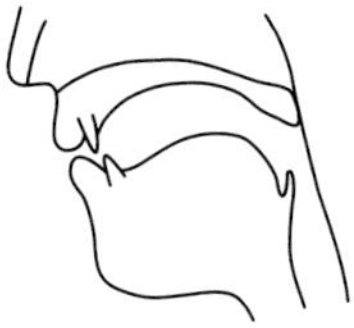	[s] [z] 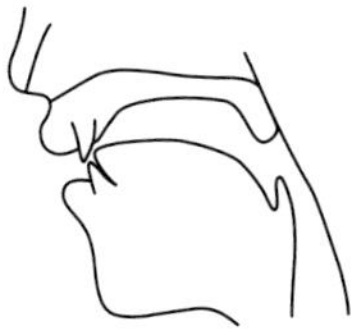	[ɕ] [ʑ] 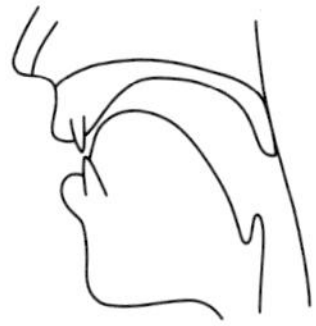
たたき音 はじき音		[ɾ] 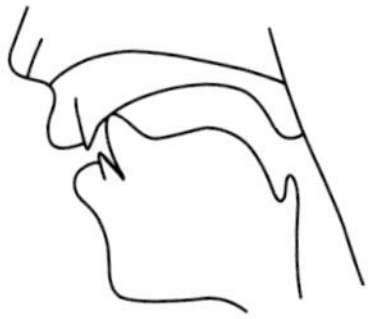	
接近音 （半母音）			

硬口蓋	軟口蓋	口蓋垂	声　門
[ɲ] 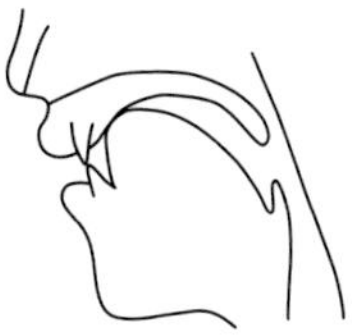	[ŋ] 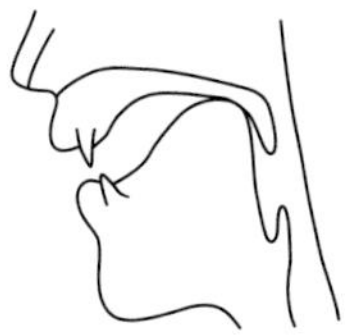	[ɴ] 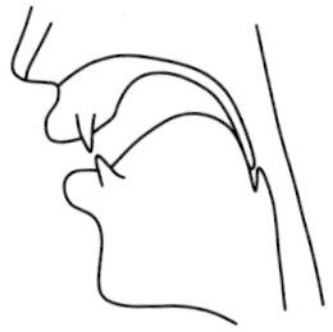	
	[k] [g] 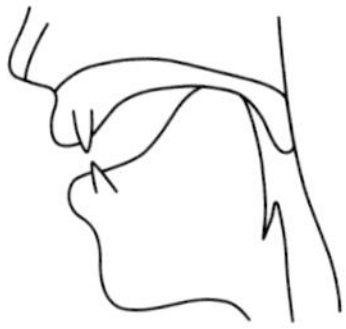		
[ç] ([ʝ]) 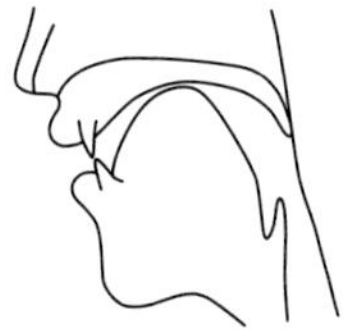			[h] ([ɦ]) 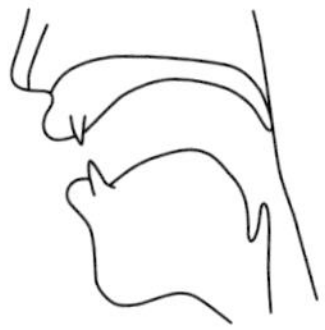
[j] 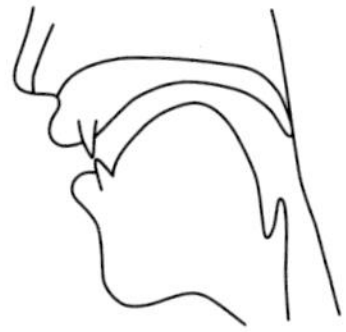	[ɰ] 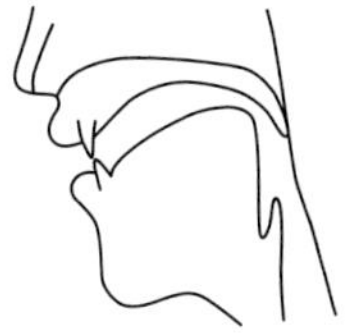		

第5章 言語

用語チェック問題

1 日本語の統語的類型は？

A　SVO言語　　B　SOV言語

2 日本語の形態的類型は？

A　孤立語　　B　膠着（こうちゃく）語

3「箸」と「橋」の違いは？

A　アクセント　　B　イントネーション

4 [m] はどちら？

A　無声音　　B　有声音

5 [z] はどちら？

A　両唇音　　B　歯茎音

6 [p] はどちら？

A　破裂音　　B　摩擦音

7 ／ン／はどちら？

A　促音　　B　撥音（はつおん）

8「ガ」「ヲ」「ニ」などの助詞の種類は？

A　格助詞　　B　とりたて助詞

9 「空を飛ぶ」の「を」が表す意味は？

A　対象　　B　場所

10 「彼女と結婚する」の「と」と同じ意味の「と」はどちら？

A　彼とけんかする　　B　彼と遊びに行く

11 「きれい」の形容詞の種類は？

A　イ形容詞　　B　ナ形容詞

12 「大きい」の形容詞の種類は？

A　感覚形容詞　　B　属性形容詞

13 「はっきり」の副詞の種類は？

A　様態副詞　　B　陳述副詞

14 「お酒」の「お」はどちら？

A　自由形態素　　B　拘束形態素

15 「山々」という語の種類は？

A　畳語　　B　機能語

16 「ステーキが焼ける音」の名詞修飾の種類は？

A　内の関係　　B　外の関係

17 「話そう」の活用形は？

A　命令形　　B　意向形

18「切る」のテ形に関するものは？

A 撥音便（はつおん）　　B 促音便

19「今着いたところだ」の文法のカテゴリーは？

A テンス　　B アスペクト

20 非過去のテンスを表すことができるのはどちら？

A ル形　　B タ形

21「私は足を踏まれた」という受け身の種類は？

A 迷惑の受け身　　B 持ち主の受け身

22「くれる」のニ格にくるものは？

A 与え手　　B 受け手

23「ドアが閉まる」の動詞の種類は？

A 自動詞　　B 他動詞

24「～ている」が付くと、変化や動作の結果の継続を表す動詞は？

A 継続動詞　　B 瞬間動詞

25「教える」の動詞の種類は？

A 一段動詞　　B 五段動詞

26「はじめまして。リーと申します」の敬語の種類は？

A 謙譲語Ⅰ　　B 謙譲語Ⅱ

27 美化語に当たるのはどちら？

A　お茶を飲む　　　B　先生のおかばん

28「使わせていただけませんか」の表現の種類は？

A　依頼表現　　　B　許可を求める表現

29「次の演目はシェークスピアだ」の比喩の種類は？

A　隠喩　　　B　換喩

30「出席／欠席」のような対義関係の種類は？

A　背反的対義　　　B　両極的対義

31 ダイクシスはどちら？

A　今週　　　B　翌週

32「経済」の語種は？

A　和語　　　B　漢語

33 平仮名の文字の種類は？

A　表音文字　　　B　表意文字

34「梅雨（つゆ）」の読み方は？

A　音読み　　　B　熟字訓

第5章　言語
用語チェック問題　解答

	答え				
1	B	A SVO言語	→P.241	B SOV言語	→P.241
2	B	A 孤立語	→P.241	B 膠着語	→P.241
3	A	A アクセント	→P.245	B イントネーション	→P.247
4	B	A 無声音	→P.251	B 有声音	→P.251
5	B	A 両唇音	→P.252	B 歯茎音	→P.252
6	A	A 破裂音	→P.254	B 摩擦音	→P.254
7	B	A 促音	→P.258	B 撥音	→P.258
8	A	A 格助詞	→P.272	B とりたて助詞	→P.274
9	B	A 対象	→P.272	B 場所	→P.272
10	A	A 彼とけんかする	→P.272	B 彼と遊びに行く	→P.272
11	B	A イ形容詞	→P.274	B ナ形容詞	→P.274
12	B	A 感覚形容詞	→P.275	B 属性形容詞	→P.274
13	A	A 様態副詞	→P.275	B 陳述副詞	→P.275
14	B	A 自由形態素	→P.278	B 拘束形態素	→P.278
15	A	A 畳語	→P.281	B 機能語	→P.279
16	B	A 内の関係	→P.283	B 外の関係	→P.283
17	B	A 命令形	→P.285	B 意向形	→P.285
18	B	A 撥音便	→P.287	B 促音便	→P.287
19	B	A テンス	→P.288	B アスペクト	→P.288
20	A	A ル形	→P.289	B タ形	→P.290
21	B	A 迷惑の受け身	→P.294	B 持ち主の受け身	→P.294
22	B	A 与え手	→P.298	B 受け手	→P.298
23	A	A 自動詞	→P.295	B 他動詞	→P.295
24	B	A 継続動詞	→P.290	B 瞬間動詞	→P.291
25	A	A 一段動詞	→P.297	B 五段動詞	→P.297
26	B	A 謙譲語Ⅰ	→P.303	B 謙譲語Ⅱ	→P.304
27	A	A お茶を飲む	→P.304	B 先生のおかばん	→P.303
28	B	A 依頼表現	→P.305	B 許可を求める表現	→P.307
29	B	A 隠喩	→P.310	B 換喩	→P.310
30	A	A 背反的対義	→P.309	B 両極的対義	→P.309
31	A	A 今週	→P.311	B 翌週	→P.311
32	B	A 和語	→P.314	B 漢語	→P.314
33	A	A 表音文字	→P.315	B 表意文字	→P.316
34	B	A 音読み	→P.318	B 熟字訓	→P.317

参考文献

「社会・文化・地域」

池田光穂 編(2012)『コンフリクトと移民—新しい研究の射程』大阪大学出版会

加納千恵子・魏 娜(2013)「留学生に対する日本語教育のアーティキュレーションの問題：2012年5月筑波大学留学生センター補講コースにおけるJ-GAPアンケート調査の結果から」,『筑波大学留学生センター日本語教育論集』(28), p.105-124, 筑波大学留学生センター

神吉宇一「キーワードで読み解く日本語教育現代史」(『月刊日本語』2009.4.から1年続いた連載)アルク

河原俊昭 編著(2004)『自治体の言語サービス—多言語社会への扉をひらく』春風社

河原俊昭・野山 広 編(2007)『外国人住民への言語サービス』明石書店

清水睦美・すたんどばいみー 編著(2009)『いちょう団地発! 外国人の子どもたちの挑戦』岩波書店

関 正昭・平高史也 編(1997)『日本語教育史 (NAFL選書)』アルク

関 正昭(1997)『日本語教育史研究序説』スリーエーネットワーク

田尻英三 編(2009)『日本語教育政策ウォッチ2008—定住化する外国人施策をめぐって』ひつじ書房

田尻英三・田中 宏・吉野 正・山西優二・山田 泉(2004)『外国人の定住と日本語教育』ひつじ書房

田中慎也・木村哲也・宮崎里司 編(2009)『移民時代の言語教育　言語政策のフロンティア(1)』ココ出版

多仁安代(2000)『大東亜共栄圏と日本語』勁草書房

日本語教育政策マスタープラン研究会(2010)『日本語教育でつくる社会—私たちの見取り図』ココ出版

春原憲一郎 編(2009)『移動労働者とその家族のための言語政策—生活者のための日本語教育』ひつじ書房

みなみななみ 著・「外国につながる子どもたちの物語」編集委員会 編(2009)『まんが　クラスメイトは外国人』明石書店

外務省HP　http://www.mofa.go.jp/mofaj/index.html

経済産業省HP　http://www.meti.go.jp/

文部科学省HP　http://www.mext.go.jp/

文化庁HP　http://www.bunka.go.jp/

国際移住機関HP　http://www.iomjapan.org/

日本ユネスコ協会連盟HP　http://www.unesco.or.jp/

国連難民高等弁務官事務所HP　http://www.unhcr.or.jp/html/index.html

国際協力機構HP　http://www.jica.go.jp

国際交流基金HP　http://www.jpf.go.jp/j/

日本学生支援機構HP　http://www.jasso.go.jp/

入国管理局HP　http://www.immi-moj.go.jp/index2.html（2012）
国立国語研究所HP　http://www.ninjal.ac.jp/
日本国際教育支援協会HP　http://www.jees.or.jp/
日本語教育振興協会HP　http://www.nisshinkyo.org
日本貿易振興機構HP　http://www.jetro.go.jp/indexj.html
日本漢字能力検定協会HP　http://www.kanken.or.jp/index.php
CLARINET　http://www.mext.go.jp/a_menu/shotou/clarinet/main7_a2.htm
かすたねっと　https://casta-net.mext.go.jp/

「言語と社会」

岡本佐智子(2008)『日本語教育能力試験に合格するための社会言語学10』アルク
金水 敏(2003)『ヴァーチャル日本語―役割語の謎』岩波書店
滝浦真人(2008)『ポライトネス入門』研究社
田中克彦(1981)『ことばと国家』岩波書店
町田 健 編・中井精一 著(2005)『社会言語学のしくみ』研究社
ペネロピ・ブラウン、S・C・レヴィンソン 著、田中典子 監訳(2011)『ポライトネス―言語使用における、ある普遍現象』研究社
ルイ=ジャン・カルヴェ 著、西山教行 訳(2000)『言語政策とは何か』白水社
J・L・オースティン 著、坂本百大 訳(1978)『言語と行為』大修館書店
P・グライス 著、清塚邦彦 訳(1998)『論理と会話』勁草書房

「言語と心理」

卯城祐司 編著(2009)『英語リーディングの科学―「読めたつもり」の謎を解く』研究社
大関浩美(2010)『日本語を教えるための第二言語習得論入門』くろしお出版
苧阪満里子(2002)『ワーキングメモリ―脳のメモ帳』新曜社
門田修平(2007)『シャドーイングと音読の科学』コスモピア
河上誓作 編著(1996)『認知言語学の基礎』研究社
小柳かおる(2019)『認知的アプローチから見た第二言語習得 ―日本語の文法習得と教室指導の効果』くろしお出版
コリン・ベーカー 著、岡 秀夫 訳・編(1996)『バイリンガル教育と第二言語習得』大修館書店
ジーン・レイヴ、エティエンヌ・ウェンガー 著、佐伯 胖 訳(1993)『状況に埋め込まれた学習―正統的周辺参加』産業図書
大学英語教育学会(監修)小嶋英夫・尾関直子・廣森友人(編集)『成長する英語学習者：学習者要因と自律学習』大修館書店
高野陽太郎(2002)「外国語を使うとき―思考の一時的な低下」海保博之・柏崎秀子(編著)『日本語教育のための心理学』15-28.
中島和子(2001)『バイリンガル教育の方法―12歳までに親と教師ができること』アルク

中山俊秀・大谷直輝(編) (2020)『認知言語学と談話機能言語学の有機的接点：用法基盤モデルに基づく新展開』ひつじ書房

バトラー後藤裕子(2003)『多言語社会の言語文化教育―英語を第二言語とする子どもへのアメリカ人教師たちの取り組み』くろしお出版

八代京子・町恵理子・小池浩子・吉田友子(2009)『異文化トレーニング―ボーダレス社会を生きる』三修社

渡辺文夫(1995)『異文化接触の心理学－その現状と理論』川島書店

渡辺文夫(2002)『異文化と関わる心理学－グローバリゼーションの時代を生きるために』サイエンス社

Bill VanPatten & Alessandro G. Benati (2010) Key Terms in Second Language Acquisition. Continuum Intl Pub Group.

Jack C. Richards & Richard Schmidt (2010) Longman Dictionary of Language Teaching and Applied Linguistics (4th Edition). Pearson ESL

Lourdes Ortega. (2008) Understanding Second Language Acquisition. Hodder Education

Rod Ellis (1994)The Study of Second Language Acquisition. Oxford University Press.

Rod Ellis (2008)The Study of Second Language Acquisition. (2nd ed.) Oxford University Press.

「言語と教育」

池田伸子(2003)『CALL導入と開発と実践―日本語教育でのコンピュータの活用』くろしお出版

池田玲子・舘岡洋子(2007)『ピア・ラーニング入門―創造的な学びのデザインのために』ひつじ書房

石井 敏・久米昭元・遠山 淳・平井一弘・松本 茂・御堂岡 潔 編(1997)『異文化コミュニケーション・ハンドブック―基礎知識から応用・実践まで』有斐閣

石田敏子(1995)『改訂新版　日本語教授法』大修館書店

石田敏子(1992)『入門日本語テスト法』大修館書店

伊東祐郎(2005)『NAFL22巻　日本語教育評価法』アルク

岡崎敏雄(1989)『日本語教育の教材―分析・使用・作成 (NAFL選書)』アルク

岡崎敏雄・岡崎 眸(1997)『日本語教育の実習―理論と実践』アルク

小河原義朗・木谷直之(2020)『「再話」を取り入れた日本語授業　初中級からの読解』凡人社

奥野由紀子編(2018)『日本語教師のためのCLIL(内容言語統合型学習)入門』凡人社

鎌田 修・川口義一・鈴木 睦 編著(2007)『日本語教授法ワークショップ(増補版)』凡人社

栗原伸一(2011)『入門統計学―検定から多変量解析・実験計画法まで―』オーム社

小池生夫・井出祥子・河野守夫・鈴木 博・田中春美・田辺洋二・水谷 修 編(2003)『応用言語学事典』研究社

國分康孝 編(1990)『カウンセリング辞典』誠信書房

国立国語研究所 編（2004）『日本語教育指導参考書22　日本語教育のための文法用語』財務省印刷局

小林ミナ（2010）『日本語教育能力検定試験に合格するための教授法37』アルク

近藤安月子・小森和子 編（2012）『研究社日本語教育事典』研究社

ジャック・C・リチャーズ、シオドア・S・ロジャーズ 著・アントニー・アルジェイミー、高見澤 孟 監訳（2007）『アプローチ&メソッド　世界の言語　教授・指導法』東京書籍

城生佰太郎・福盛貴 弘・斎藤純男 編（2011）『音声学基本事典』勉誠出版

鈴木紳郎（2009）『やさしい日本語指導11　日本語教育と評価』凡人社

高浦勝義（2004）『絶対評価とルーブリックの理論と実際』黎明書房

高見澤孟（1989）『新しい外国語教授法と日本語教育（NAFL選書）』アルク

玉木欽也 編著（2010）『これ一冊でわかるeラーニング専門家の基本―ICT・ID・著作権から資格取得準備まで』東京電機大学出版局

中島義明・安藤清志・子安増生・坂野雄二・繁桝算男・立花政夫・箱田裕司 編（1999）『心理学辞典』有斐閣

西口光一（1995）『日本語教師トレーニングマニュアル４　日本語教授法を理解する本　歴史と理論編―解説と演習』バベルプレス

日本教育工学会 編（2000）『教育工学事典』実教出版

日本語教育学会 編（2005）『新版日本語教育事典』大修館書店

日本語教育学会 編（1991）『日本語テストハンドブック』大修館書店

『日本語教師読本』編集部 編（1988）『日本語教育入門用語集（NAFL選書）』アルク

ヒューマンアカデミー（2011）『日本語教育教科書　日本語教育能力検定試験　完全攻略ガイド　第２版』翔泳社

松田岳士・原田満里子（2007）『eラーニングのためのメンタリング―学習者支援の実践』東京電機大学出版局

三牧陽子（1996）『日本語教師トレーニングマニュアル５　日本語教授法を理解する本　実践編―解説と演習』バベルプレス

むさしの参加型学習実践研究会（2005）『やってみよう「参加型学習」！―日本語教室のための４つの手法～理念と実践～』スリーエーネットワーク

八代京子・町惠理子・小池浩子・磯貝友子（1998）『異文化トレーニング―ボーダレス社会を生きる』三修社

山﨑英則・片上宗二 編（2003）『教育用語辞典』ミネルヴァ書房

横溝紳一郎 著・日本語教育学会 編（2000）『日本語教師のためのアクション・リサーチ』凡人社

D.W.ジョンソン・R.T.ジョンソン・K.A.スミス（2001）『学生参加型の大学授業　協同学習への実践ガイド』玉川大学出版部

日本語教師篠崎大司研究室：http://www.kanjifumi.jp

「言語」

庵 功雄（2017）『一歩進んだ日本語文法の教え方１』くろしお出版

庵 功雄(2018)『一歩進んだ日本語文法の教え方2』くろしお出版
江副隆秀(2007)『日本語の助詞は二列』創拓社出版
沖森卓也・木村義之・陳力衛・山本真吾(2006)『図解日本語』三省堂
沖森卓也(2010)『はじめて読む日本語の歴史』ペレ出版
沖森卓也編(2010)『日本語ライブラリー　日本語史概略』朝倉出版
風間喜代三・松村一登・町田 健・上野善道(2004)『言語学　第2版』東京大学出版会
川原繁人(2018)『ビジュアル音声学』三省堂
窪園晴夫(1999)『現代言語学入門2　日本語の音声』岩波書店
小林ミナ(2005)『NAFL11巻　日本語の文法ー応用』アルク
近藤安月子・小森和子 編(2012)『研究社日本語教育事典』研究社
斎藤純男(2006)『日本語音声学入門　改訂版』三省堂
斎藤純男・田口善久・西村義樹 編(2015)『明解言語学辞典』三省堂
三省堂編修所 編(2011)『新しい国語表記ハンドブック　第六版』三省堂
城生佰太郎・福盛貴弘・斎藤純男 編(2011)『音声学基本事典』勉誠出版
白川博之 監修、庵功雄・高梨信乃・中西久実子・山田敏弘 著(2001)『中上級を教える人のための日本語文法ハンドブック』スリーエーネットワーク
寺村秀夫(1982)『日本語のシンタクスと意味Ⅰ』くろしお出版
寺村秀夫(1984)『日本語のシンタクスと意味Ⅱ』くろしお出版
寺村秀夫(1991)『日本語のシンタクスと意味Ⅲ』くろしお出版
中山緑朗・飯田晴巳 監修(2013)『品詞別学校文法講座　第一巻品詞総論』明治書院
中山緑朗・飯田晴巳 監修(2013)『品詞別学校文法講座　第三巻動詞・形容詞・形容動詞』明治書院
日本語教育学会 編(2005)『日本語教育事典(新版)』大修館書店
野田尚史(1996)『新日本語文法選書1　「は」と「が」』くろしお出版
前田直子(2009)『日本語の複文　条件文と原因・理由文の記述的研究』くろしお出版
益岡隆志(1993)『24週日本語文法ツアー』くろしお出版
益岡隆志・田窪行則 共著(1992)『基礎日本語文法ー改訂版ー』くろしお出版
益岡隆志(1997)『新日本語文法選書2　複文』くろしお出版
松岡 弘 監修、庵 功雄・高梨信乃・中西久美子・山田敏弘 著(2000)『初級を教える人のための日本語文法ハンドブック』スリーエーネットワーク
松崎 寛・河野俊之(2005)『NAFL7巻　日本語の音声Ⅰ』アルク
松崎 寛・河野俊之(2005)『NAFL8巻　日本語の音声Ⅱ』アルク
松崎 寛・河野俊之(2018)『日本語教育 よくわかる音声』アルク
山内博之(2005)『NAFL10巻　日本語の文法ー基礎』アルク
J. C. Catford(1988) *A Practical Introduction To Phonetics*, Oxford University Press
Peter Ladefoged,・Sandra Ferrari Disner 著、田村幸誠・貞光宮城 訳(2021)『母音と子音　ー音声学の世界に踏み出そうー』開拓社

索　引

カ

コ

サ

シ

タ

チ

ヒ

フ

ヘ

ホ

マ

ミ

●著者紹介(五十音順)
岩田一成　聖心女子大学現代教養学部教授（「社会・文化・地域」担当）
大関浩美　麗澤大学国際学部・同大学院言語教育研究科教授（「言語と心理」担当）
篠﨑大司　別府大学文学部教授／株式会社篠研 代表取締役（「言語と教育」担当）
世良時子　上智大学言語教育研究センター嘱託講師（「言語」担当）
本田弘之　北陸先端科学技術大学院大学(JAIST)名誉教授（「言語と社会」担当）

日本語教員試験　対策用語集

発行日　2024年4月19日(初版)
2024年9月13日(第3刷)

著　者　岩田一成、大関浩美、篠﨑大司、世良時子、本田弘之
編　集　株式会社アルク日本語編集部、青山美佳
校　正　岡田英夫
デザイン・DTP　株式会社アレマ
イラスト　たくわかつし
協　力　青山豊
印刷・製本　萩原印刷株式会社
発行者　天野智之
発行所　株式会社アルク
〒141-0001
東京都品川区北品川 6-7-29 ガーデンシティ品川御殿山
Website: https://www.alc.co.jp/

落丁本、乱丁本は弊社にてお取り替えいたしております。
Web お問い合わせフォームにてご連絡ください。
https://www.alc.co.jp/inquiry/

ご購入いただいた書籍の最新サポート情報は、以下の「製品サポート」ページでご提供いたします。
製品サポート: https://www.alc.co.jp/usersupport/

本書は、2019年アルク刊行の『改訂版 日本語教育能力検定試験に合格するための用語集』を増補改訂したものです。

Printed in Japan.
PC:7024041
ISBN:978-4-7574-4085-2